GOBLIN SLAYER!
BRAND NEW DAY

1

Story: Kumo Kagyu
Artwork: Masahiro Ikeno
Character Design: Noboru Kannatuki

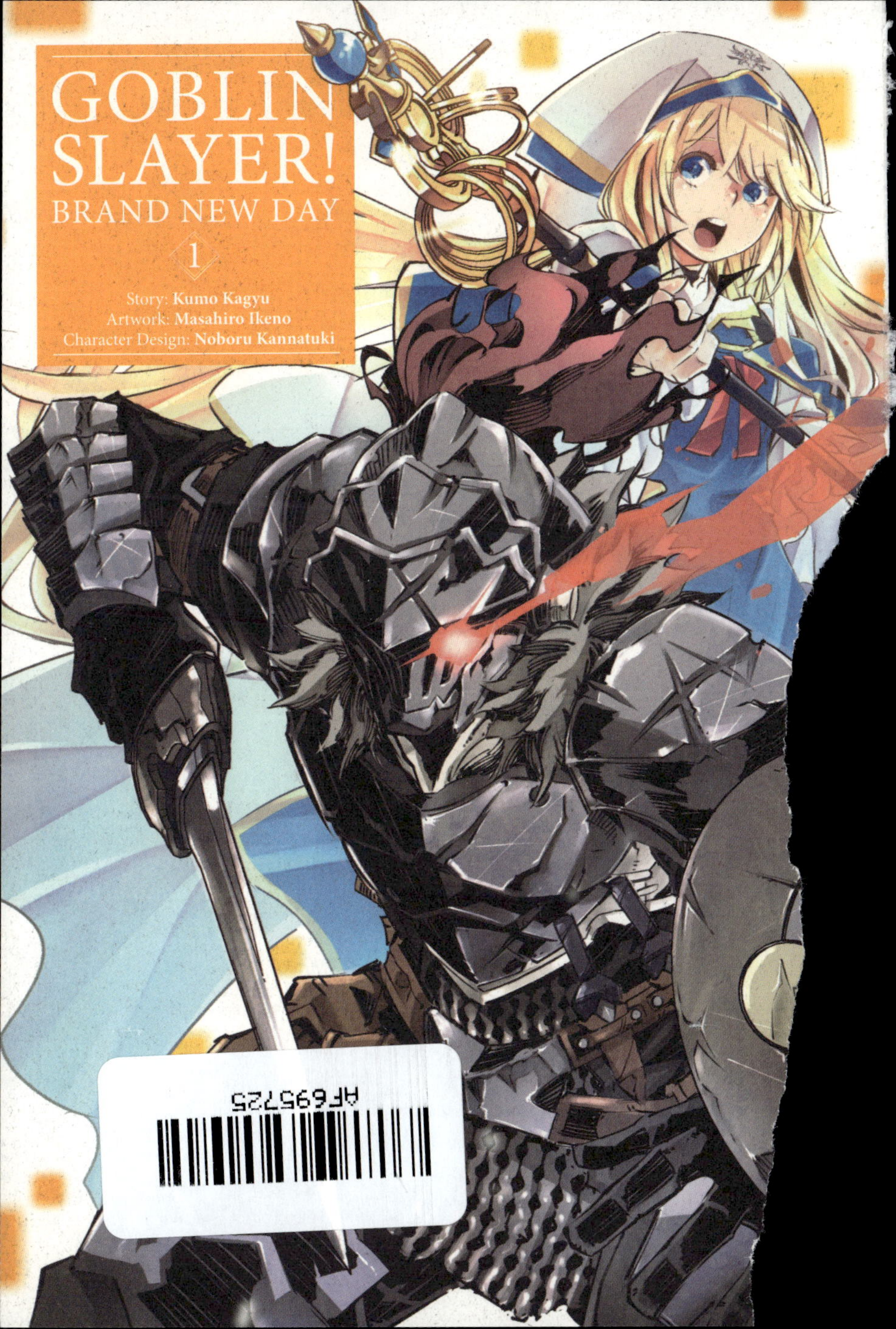

GOBLIN SLAYER!

BRAND NEW DAY

Volume 1

INHALT

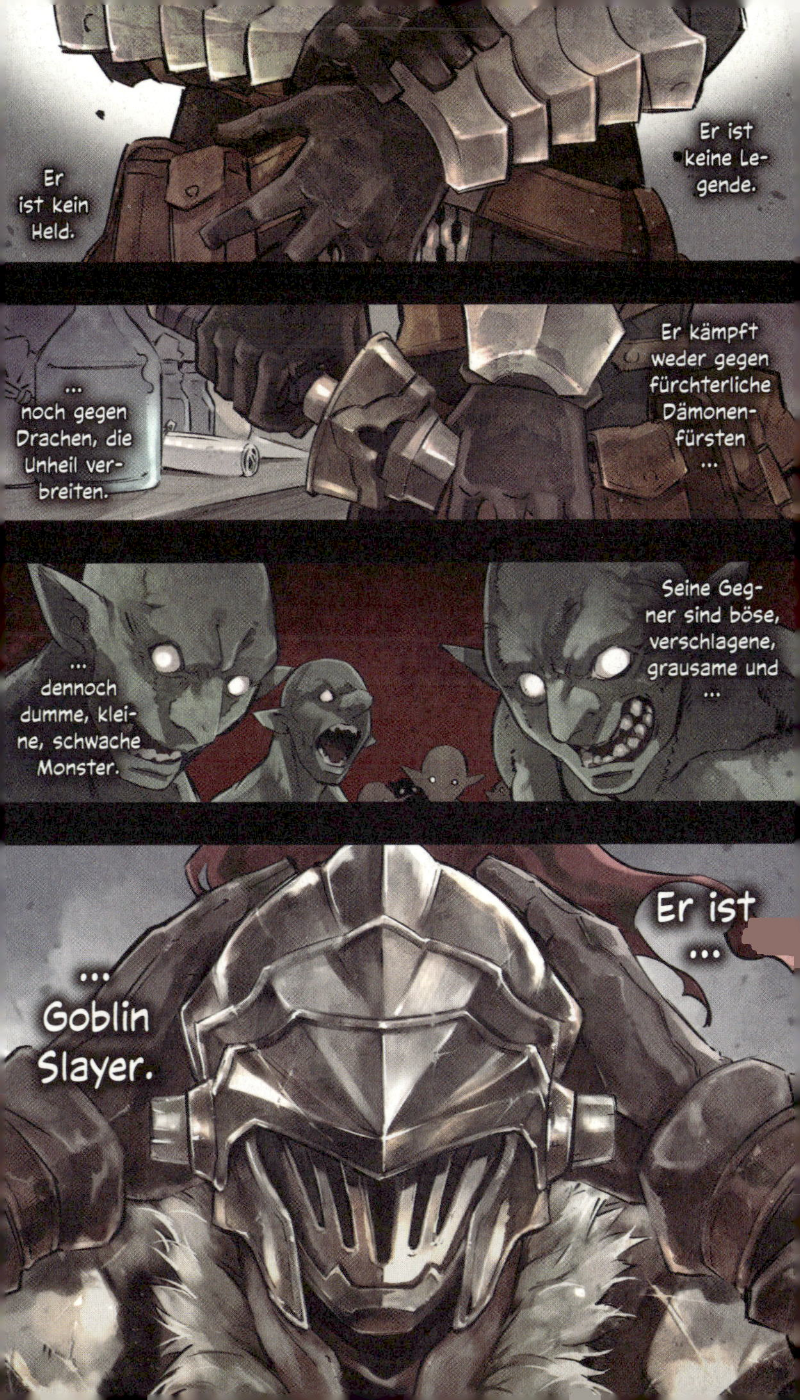
Er ist keine Legende.
Er ist kein Held.
Er kämpft weder gegen fürchterliche Dämonenfürsten ...
... noch gegen Drachen, die Unheil verbreiten.
Seine Gegner sind böse, verschlagene, grausame und ...
... dennoch dumme, kleine, schwache Monster.
Er ist ...
... Goblin Slayer.

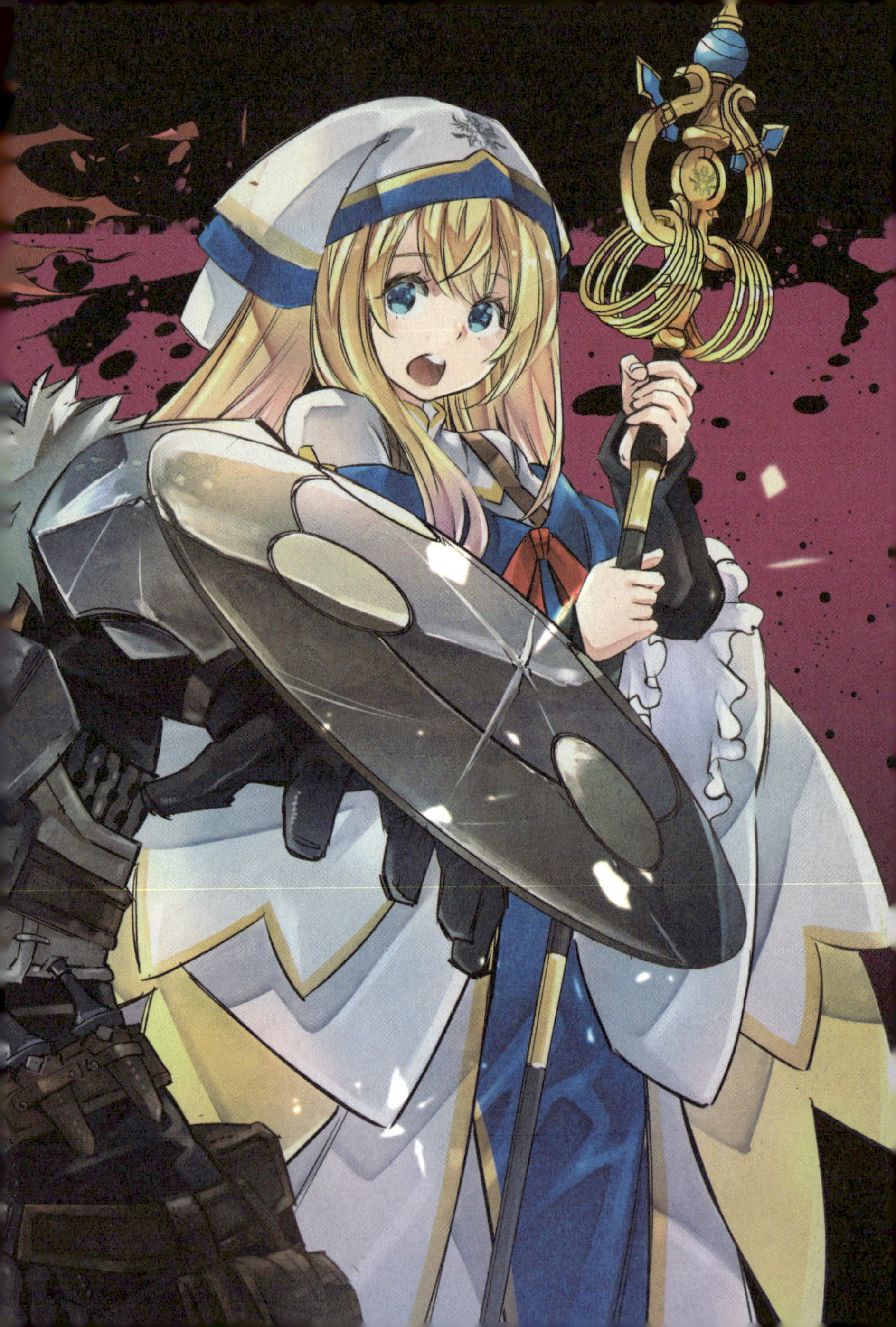

Kapitel 1

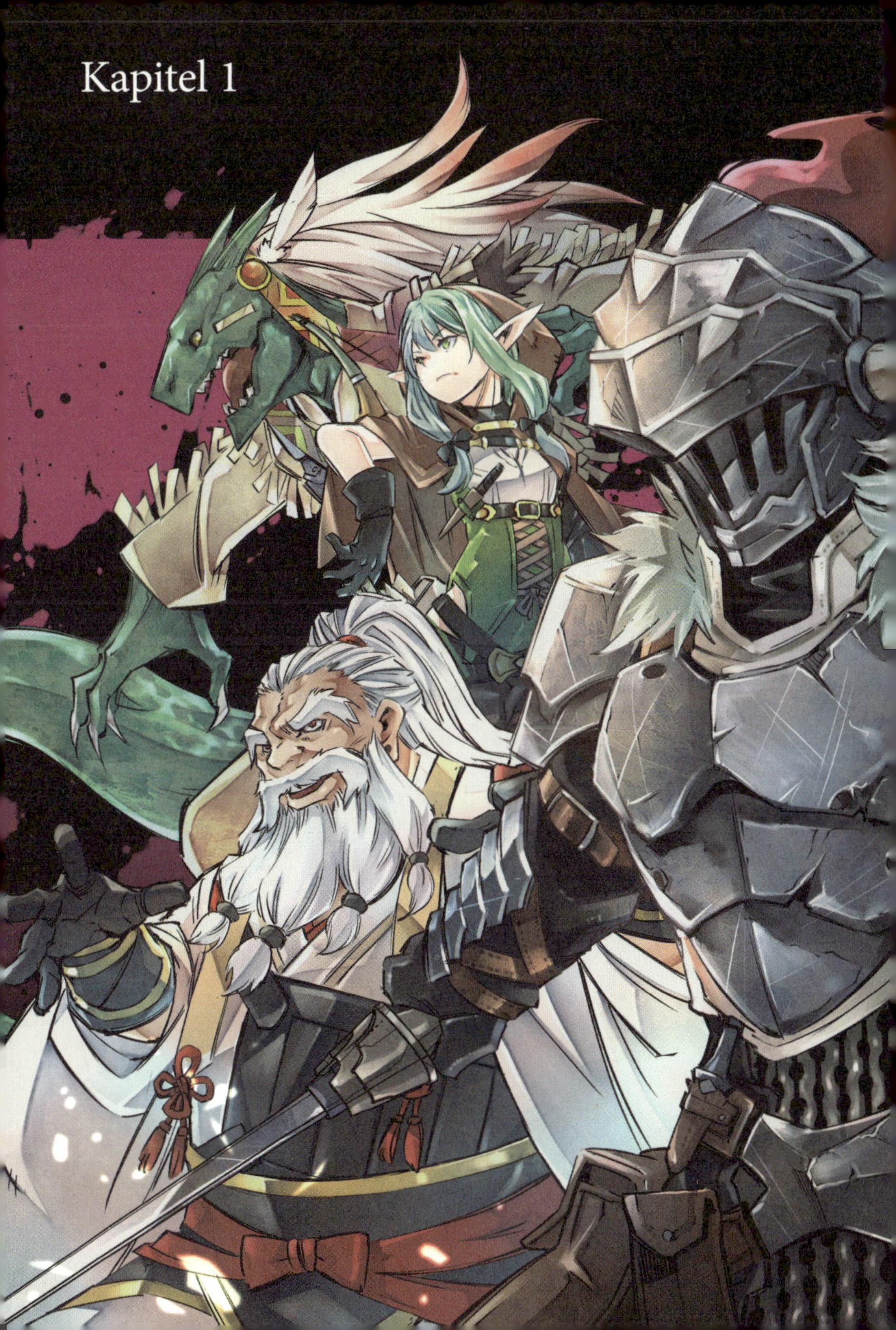

GOBLIN SLAYER!

The dice decide their fate

BRAND NEW DAY

Kapitel 1:
Der Krieger-Anfänger und die Heilige in Ausbildung

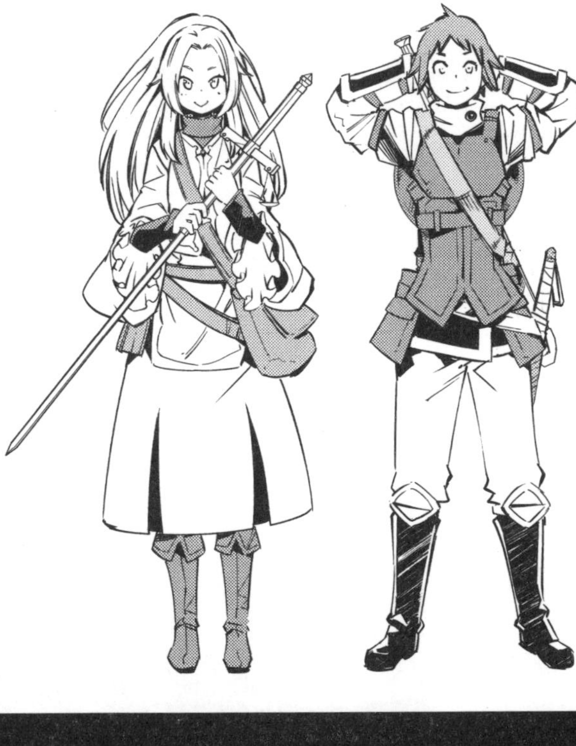

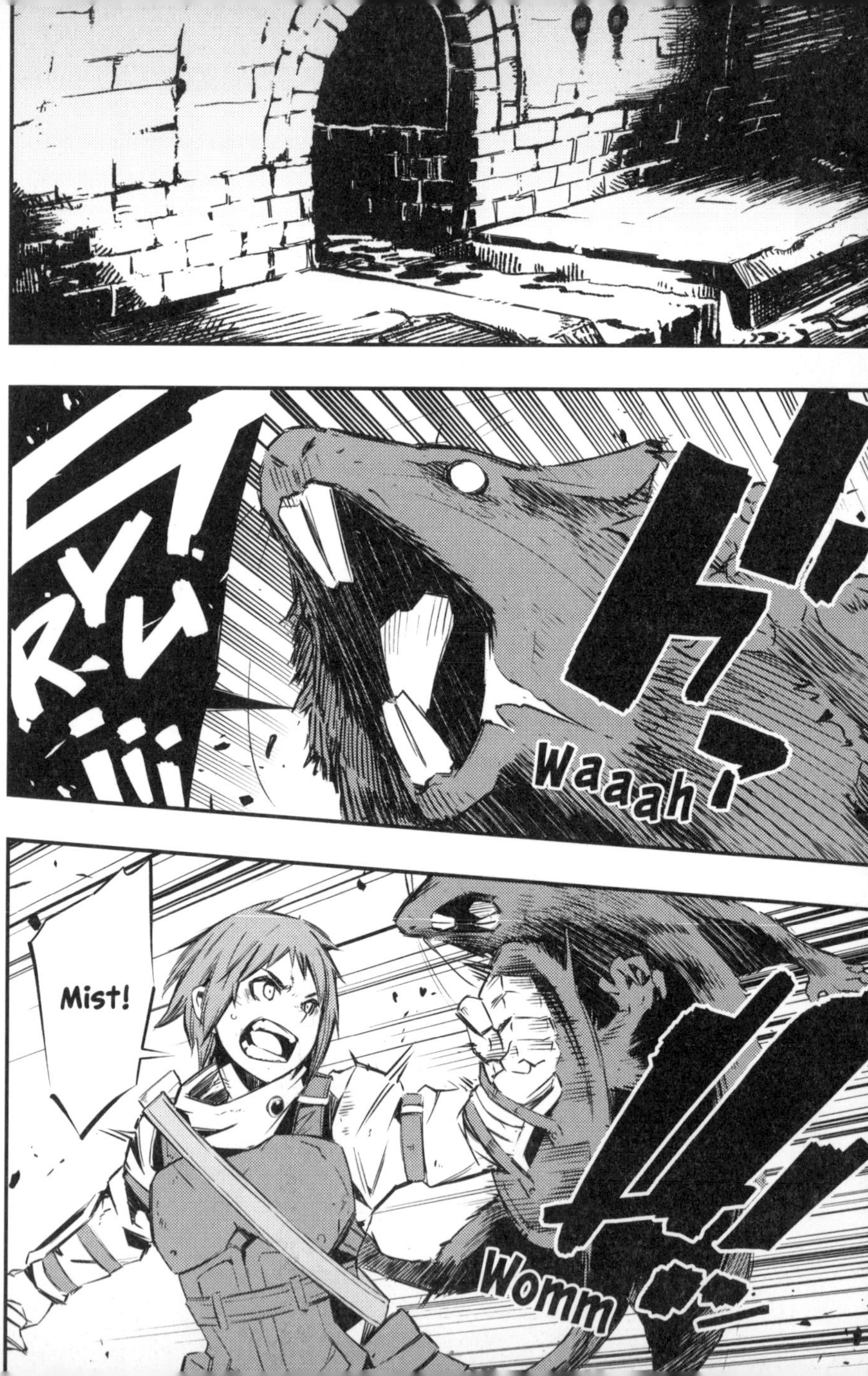
Waaah!
Mist!
Womm

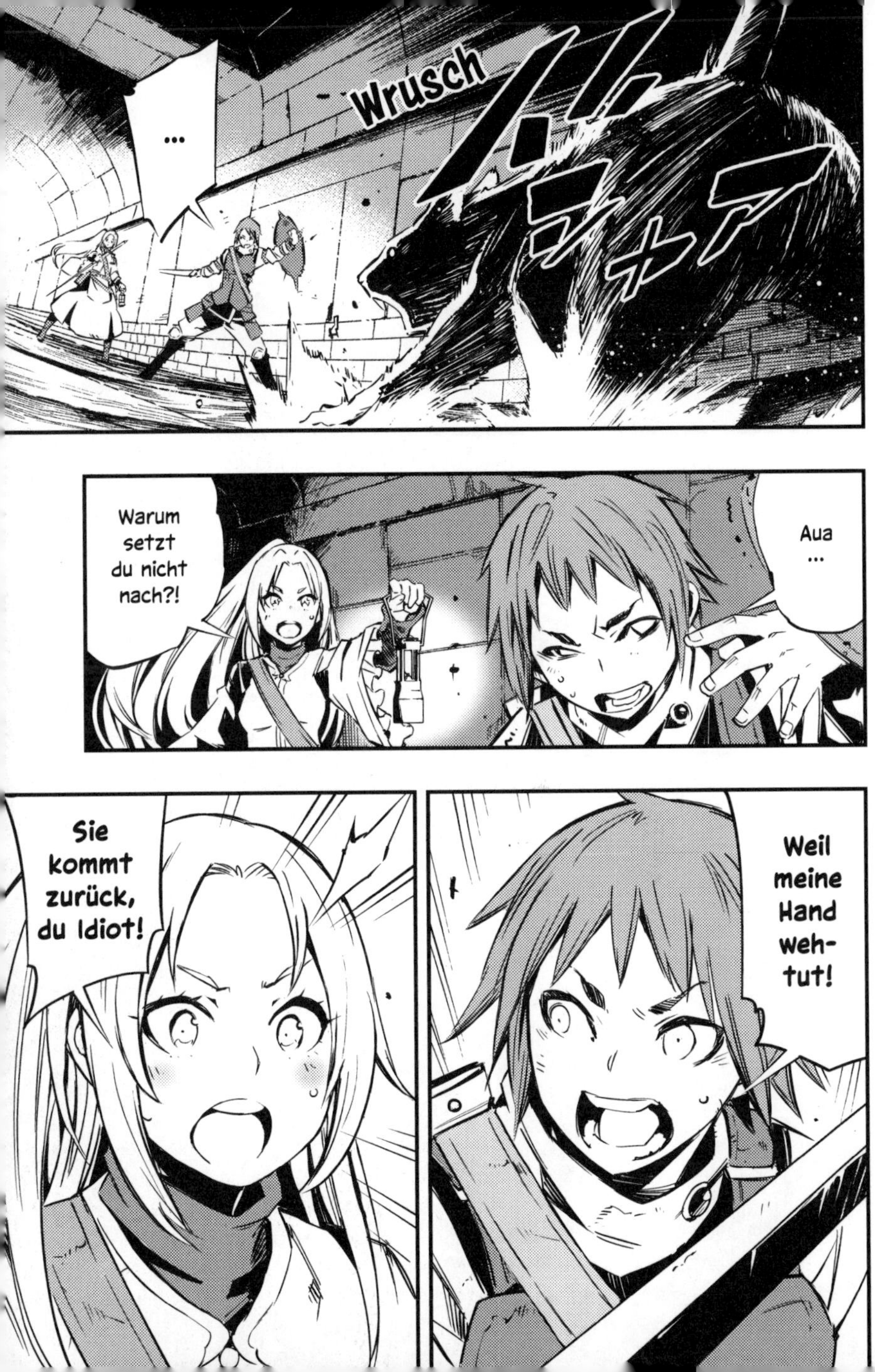
Wrusch
...
Aua ...
Warum setzt du nicht nach?!
Weil meine Hand weh-tut!
Sie kommt zurück, du Idiot!

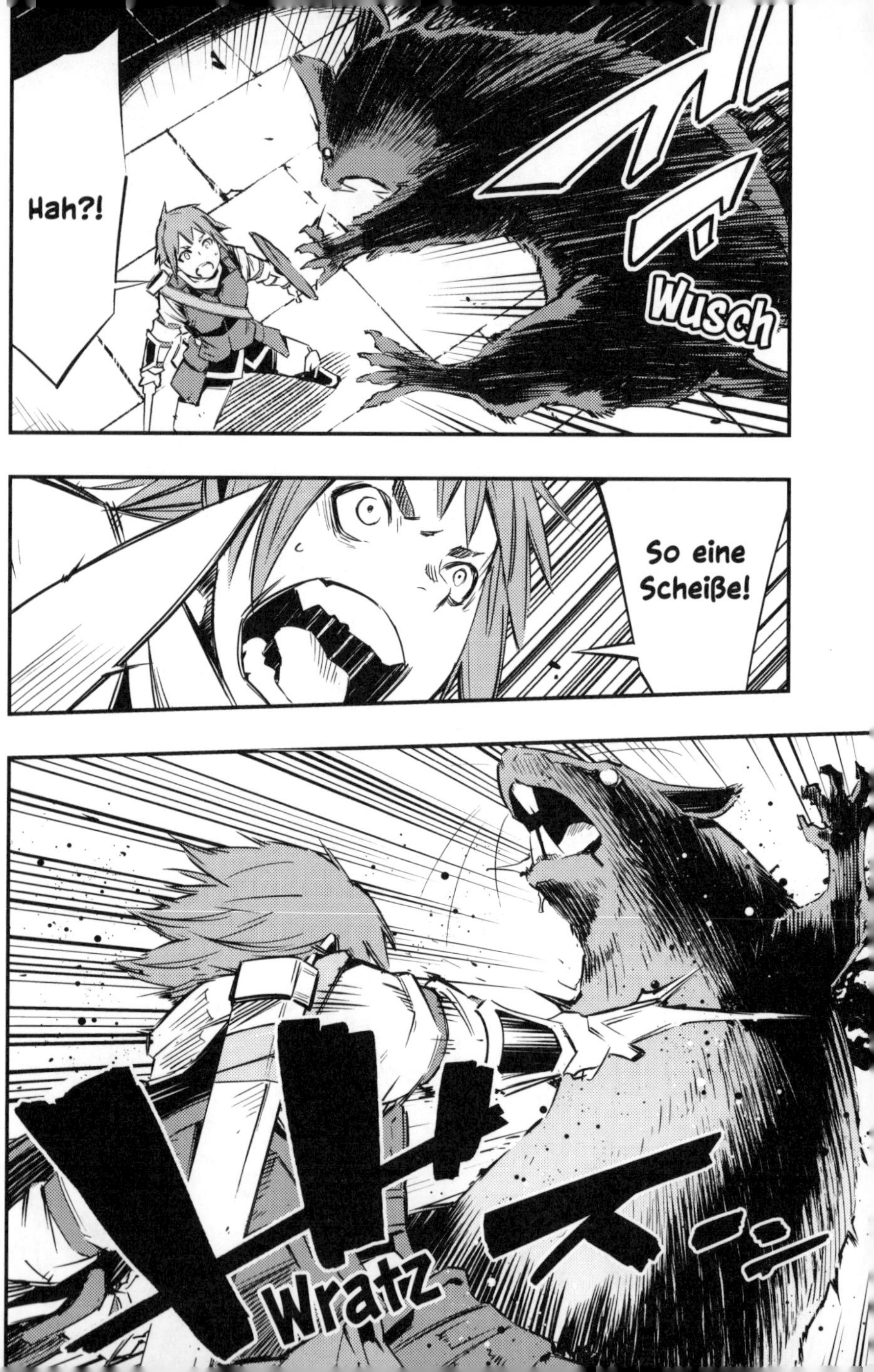
Wusch
Hah?!
So eine Scheiße!
Wratz

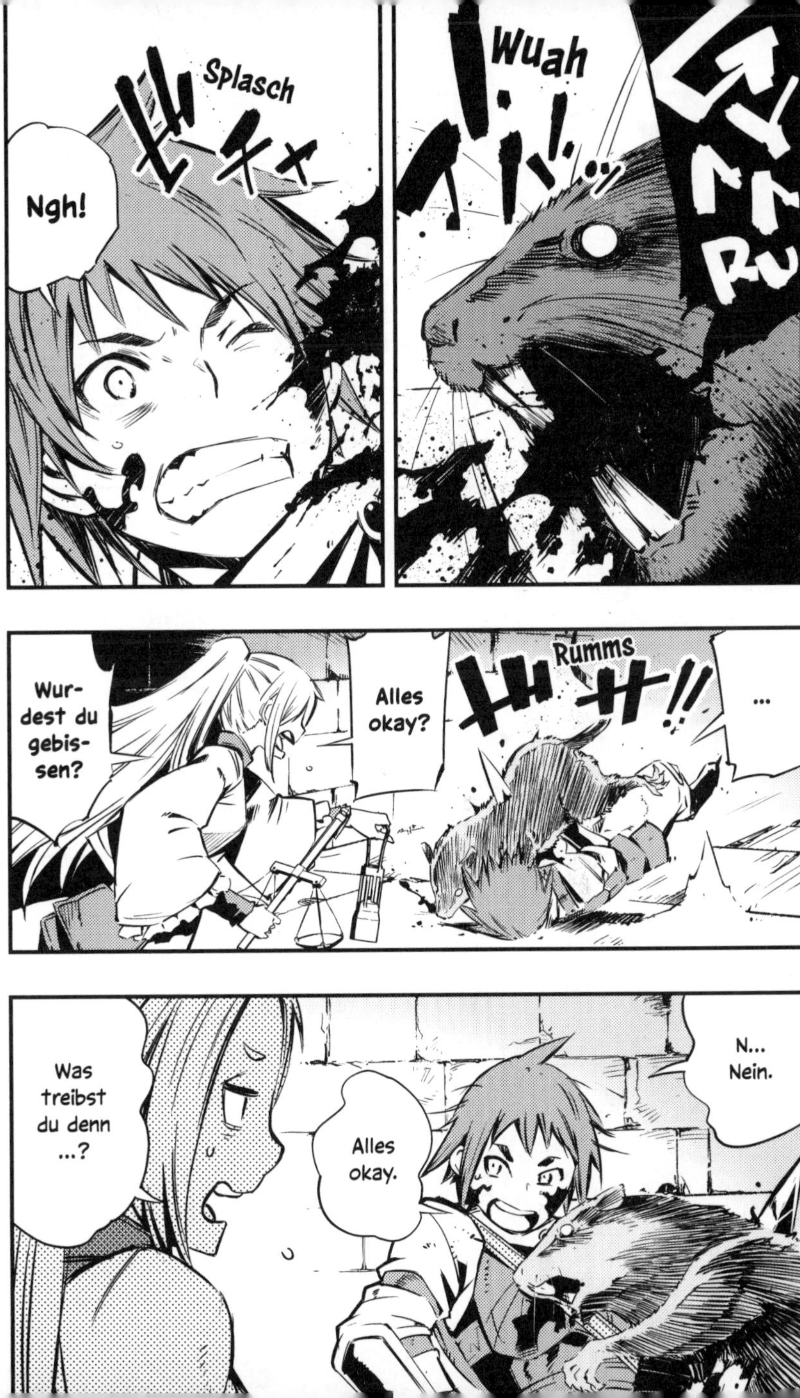
Wuah
Splasch
Ngh!
Rumms
...
Alles okay?
Wurdest du gebissen?
N... Nein.
Alles okay.
Was treibst du denn ...?

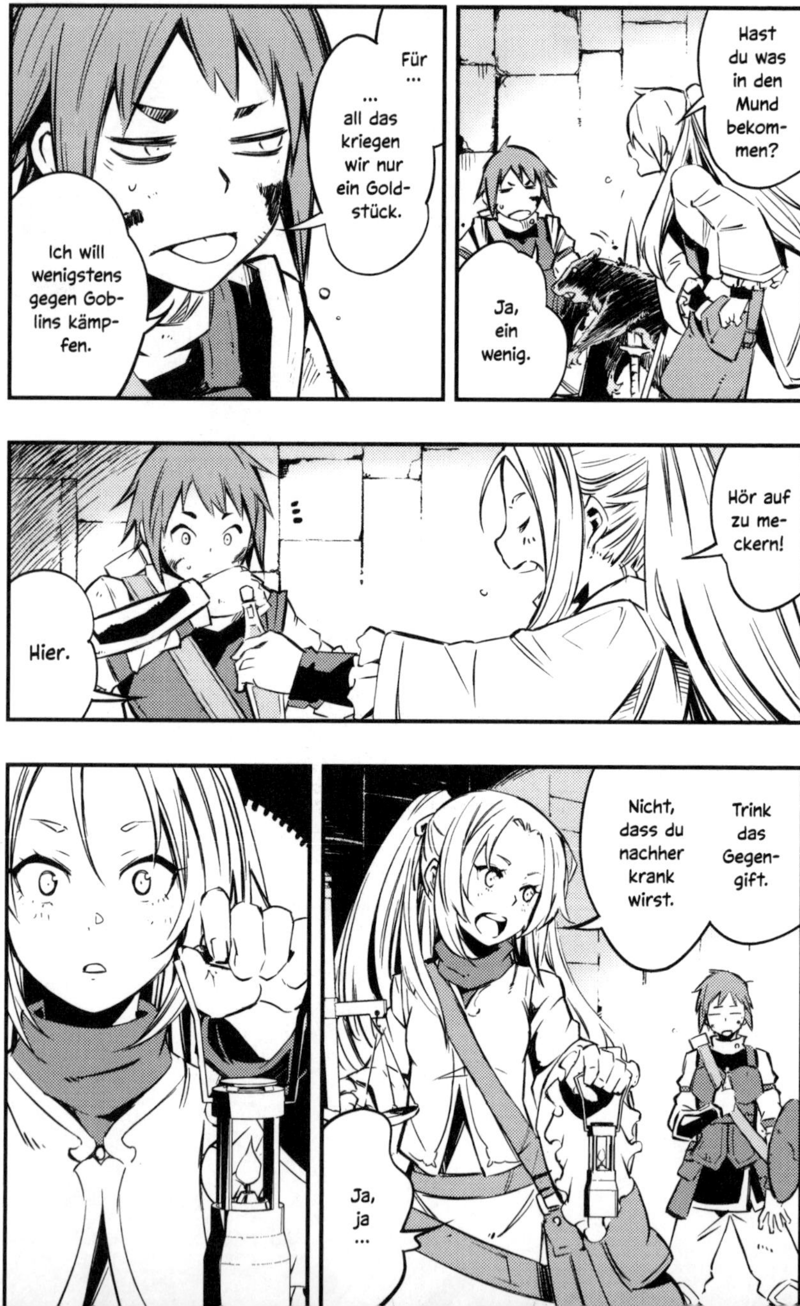
Hast du was in den Mund bekommen?
Ja, ein wenig.
Für ...
... all das kriegen wir nur ein Goldstück.
Ich will wenigstens gegen Goblins kämpfen.
Hör auf zu meckern!
Hier.
Trink das Gegengift.
Nicht, dass du nachher krank wirst.
Ja, ja ...

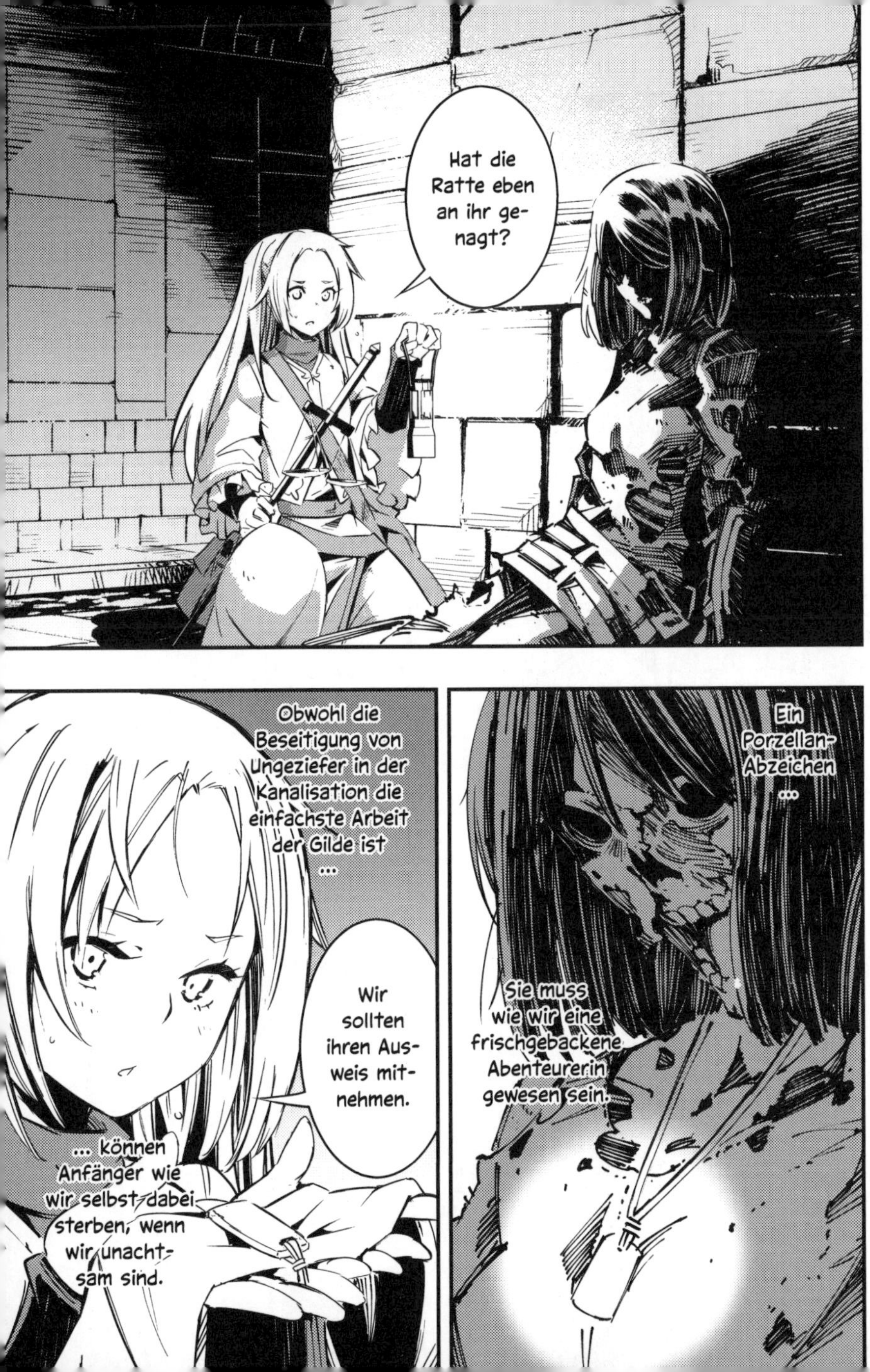
Hat die Ratte eben an ihr ge-nagt?
Ein Porzellan-Abzeichen ...
Sie muss wie wir eine frischgebackene Abenteurerin gewesen sein.
Obwohl die Beseitigung von Ungeziefer in der Kanalisation die einfachste Arbeit der Gilde ist ...
Wir sollten ihren Aus-weis mit-nehmen.
... können Anfänger wie wir selbst dabei sterben, wenn wir unacht-sam sind.

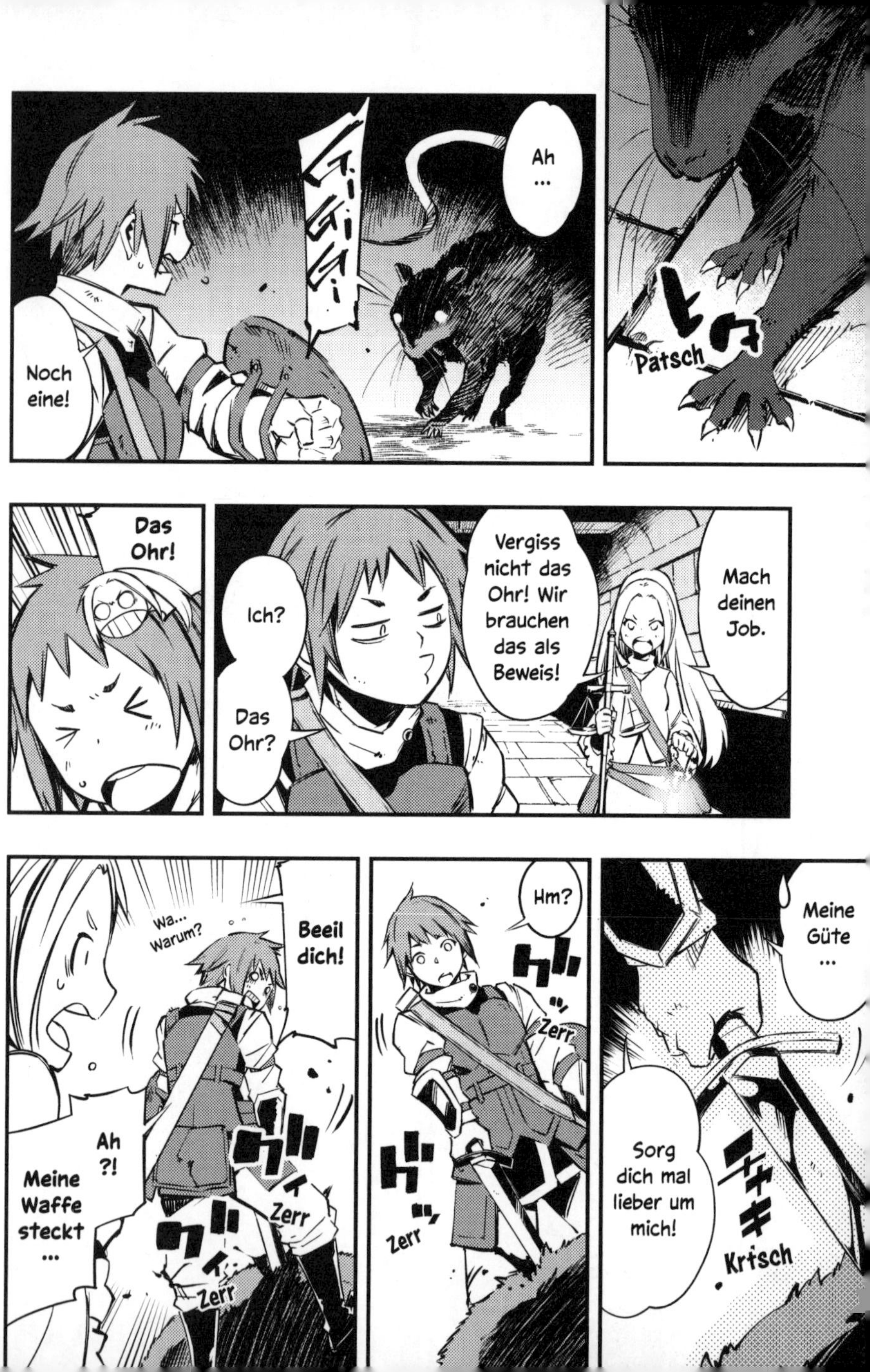

Patsch
Ah ...
Noch eine!
Mach deinen Job.
Vergiss nicht das Ohr! Wir brauchen das als Beweis!
Ich?
Das Ohr?
Das Ohr!
Meine Güte ...
Sorg dich mal lieber um mich!
Krtsch
Hm?
Zerr
Zerr
Beeil dich!
Wa... Warum?
Ah ?!
Meine Waffe steckt ...
Zerr
Zerr

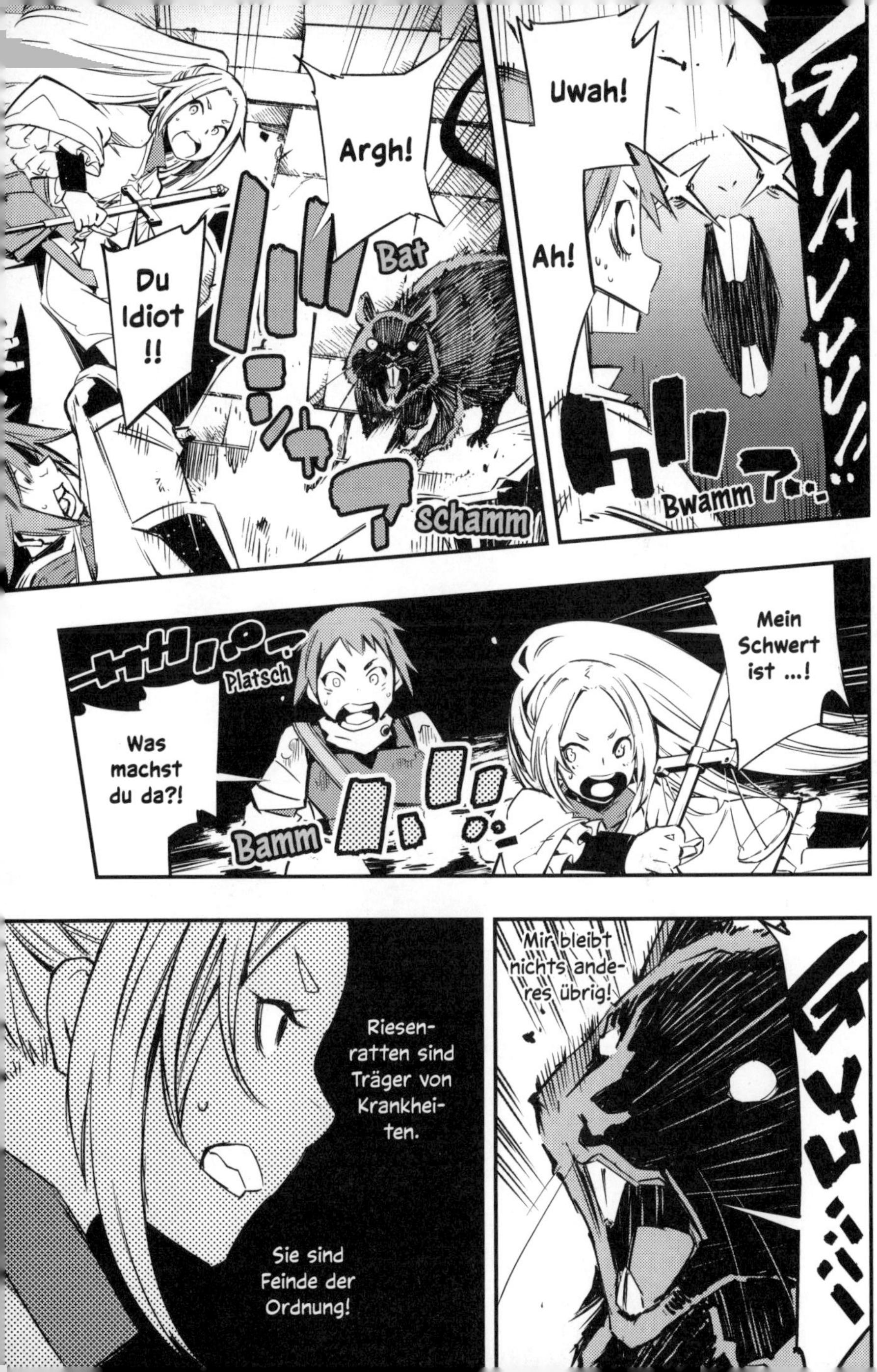

Uwah!
Ah!
Bwamm
Argh!
Du Idiot!!
Bat
schamm
Mein Schwert ist ...!
Platsch
Was machst du da?!
Bamm
Mir bleibt nichts anderes übrig!
Riesenratten sind Träger von Krankheiten.
Sie sind Feinde der Ordnung!

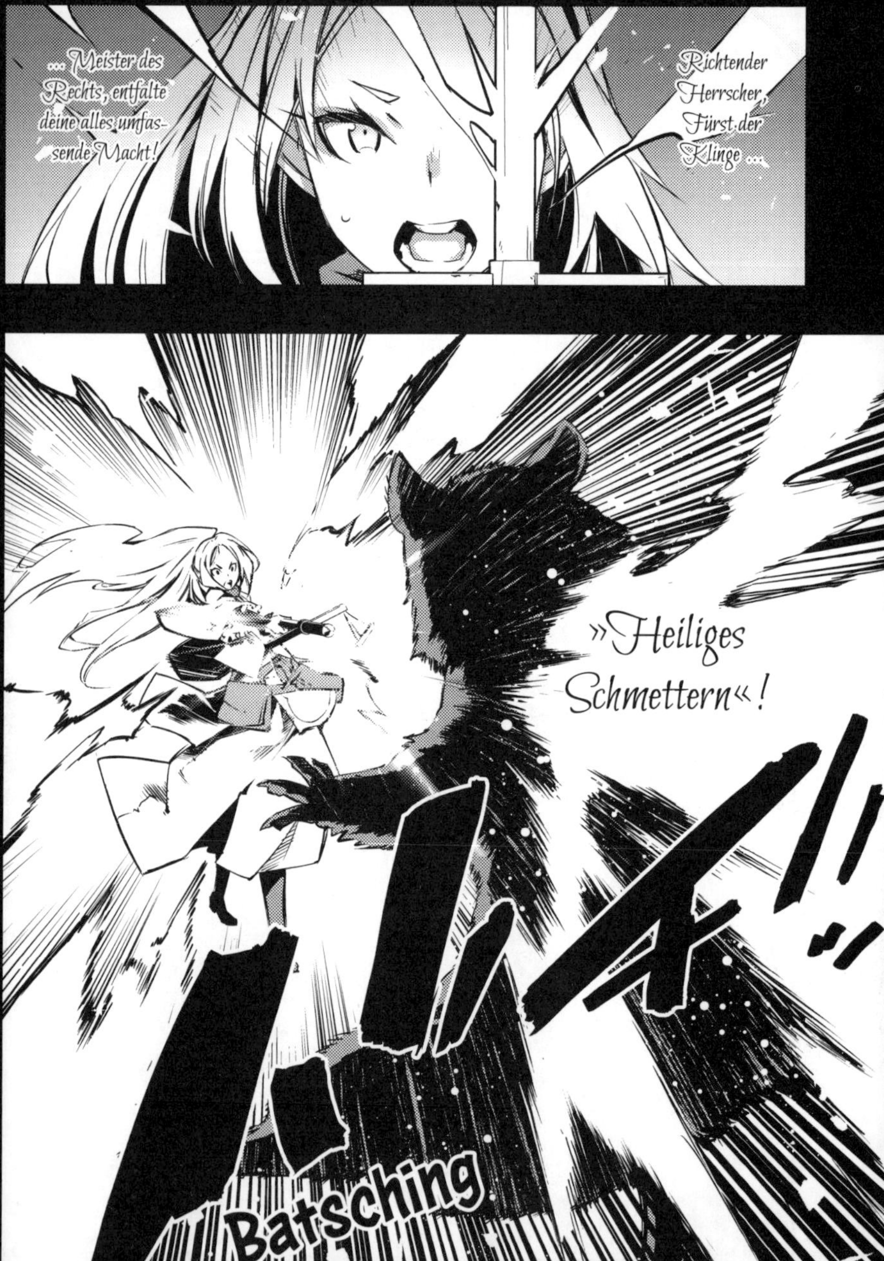

Richtender Herrscher, Fürst der Klinge …
… Meister des Rechts, entfalte deine alles umfassende Macht!
»Heiliges Schmettern«!
Batsching

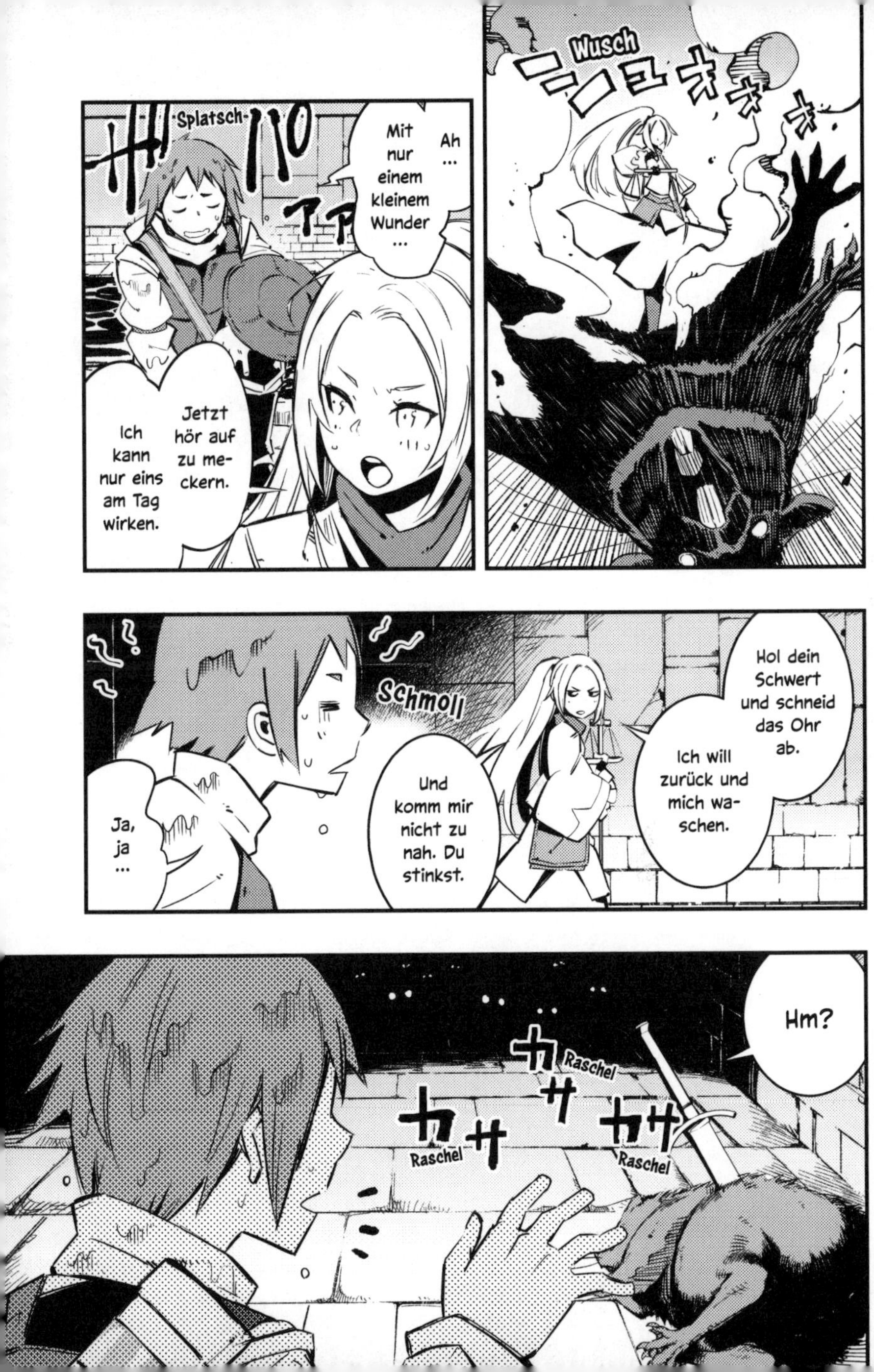
Wusch
Splatsch
Ah ...
Mit nur einem kleinem Wunder ...
Jetzt hör auf zu meckern.
Ich kann nur eins am Tag wirken.
Hol dein Schwert und schneid das Ohr ab.
Ich will zurück und mich waschen.
Schmoll
Und komm mir nicht zu nah. Du stinkst.
Ja, ja ...
Hm?
Raschel
Raschel
Raschel

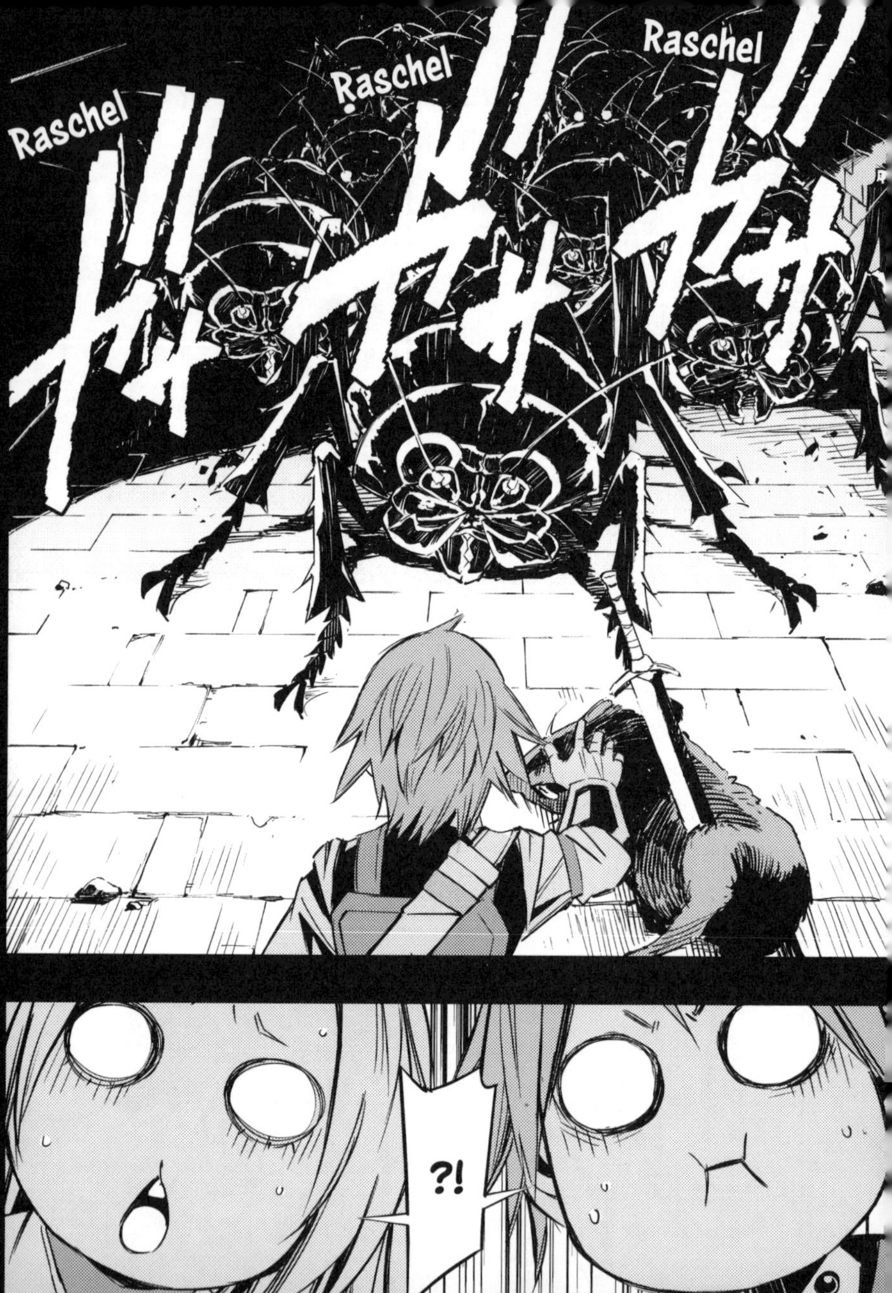
Raschel
Raschel
Raschel
?!

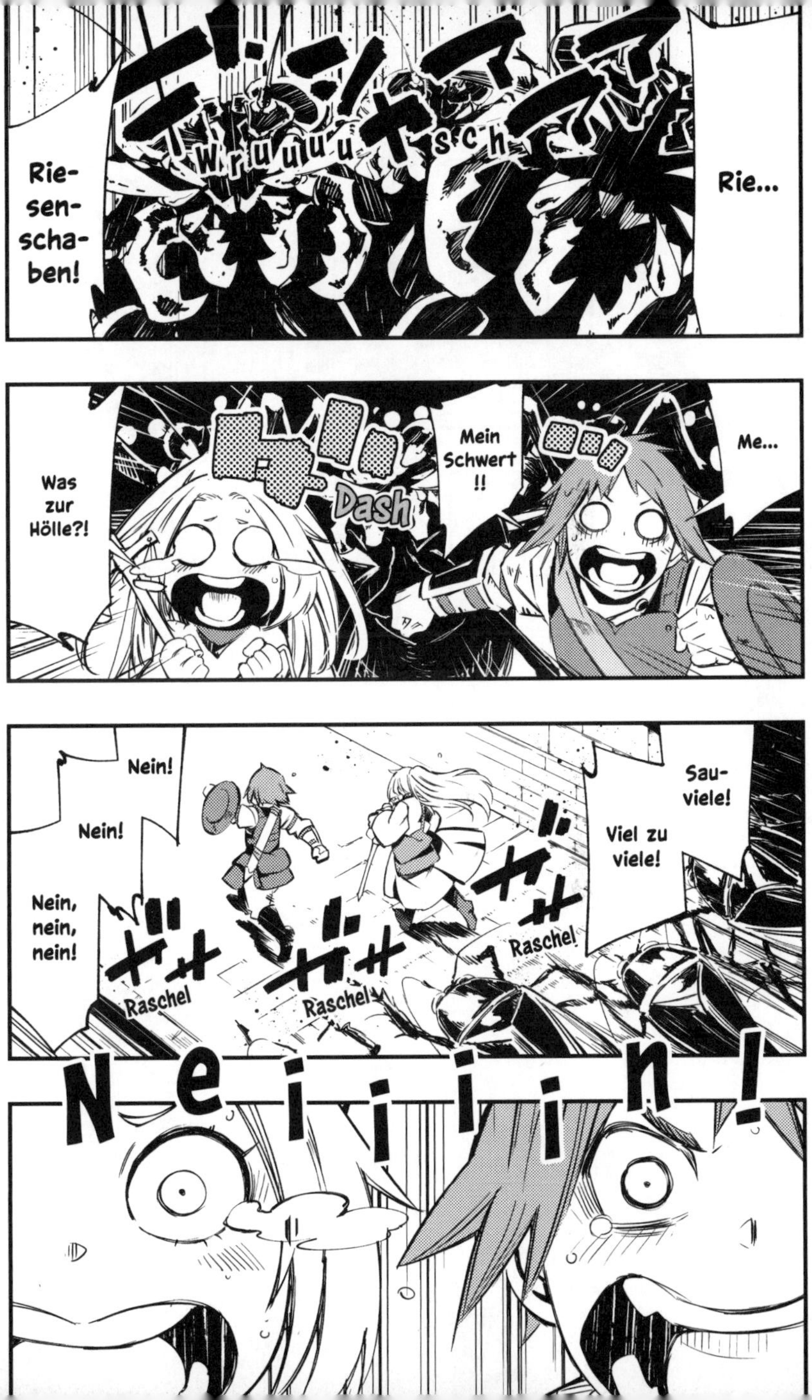
Wruuuusch
Rie...
Riesen-schaben!
Me...
Mein Schwert !!
Dash
Was zur Hölle?!
Sau-viele!
Viel zu viele!
Raschel
Nein!
Nein!
Nein, nein, nein!
Raschel
Raschel
Neiiiin!

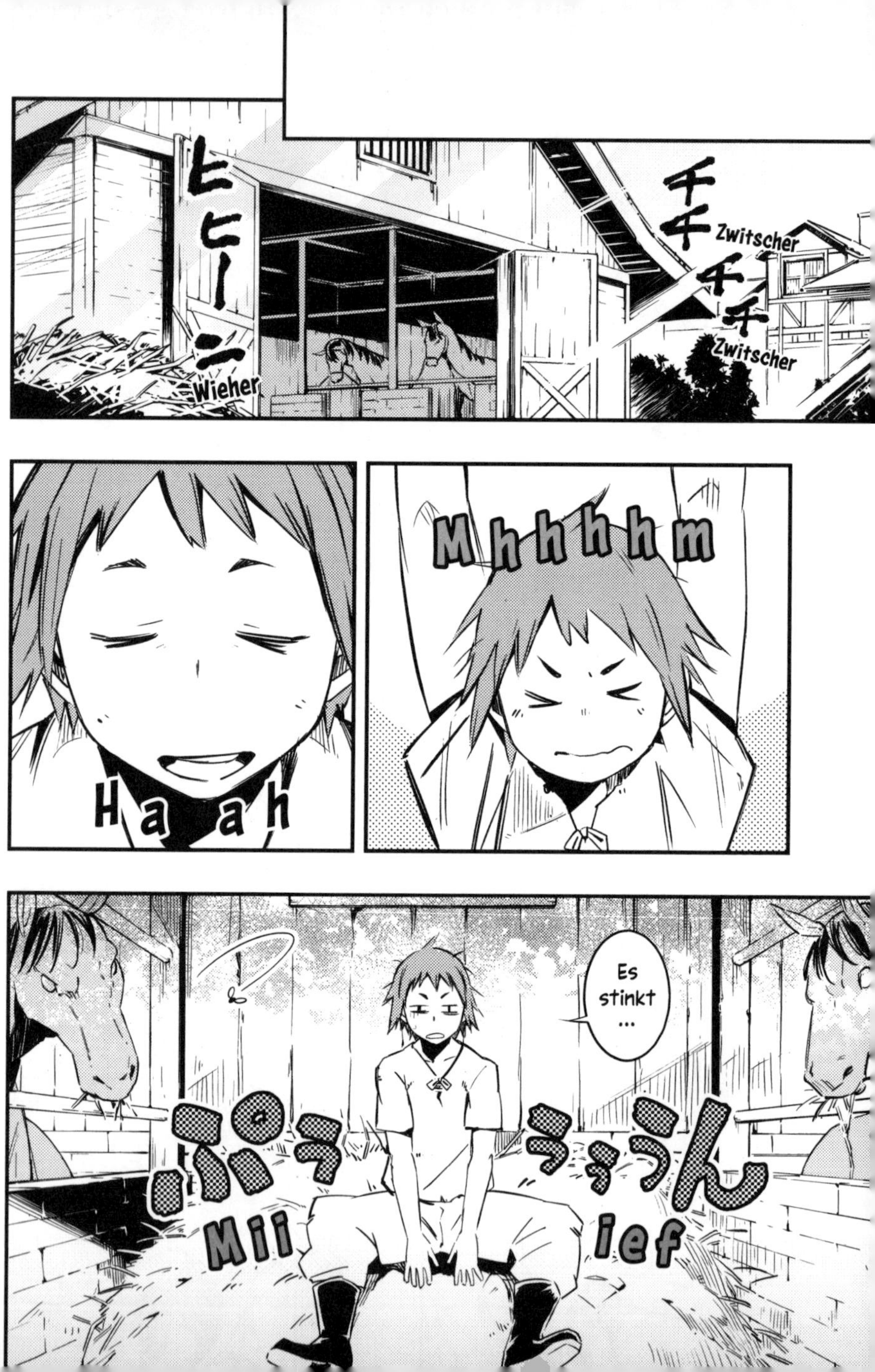

チチ
Zwitscher
チチ
Zwitscher
ヒヒーン
Wieher
Mhhhhm
Haah
Es stinkt ...
ぷううぅうん
Mii ief

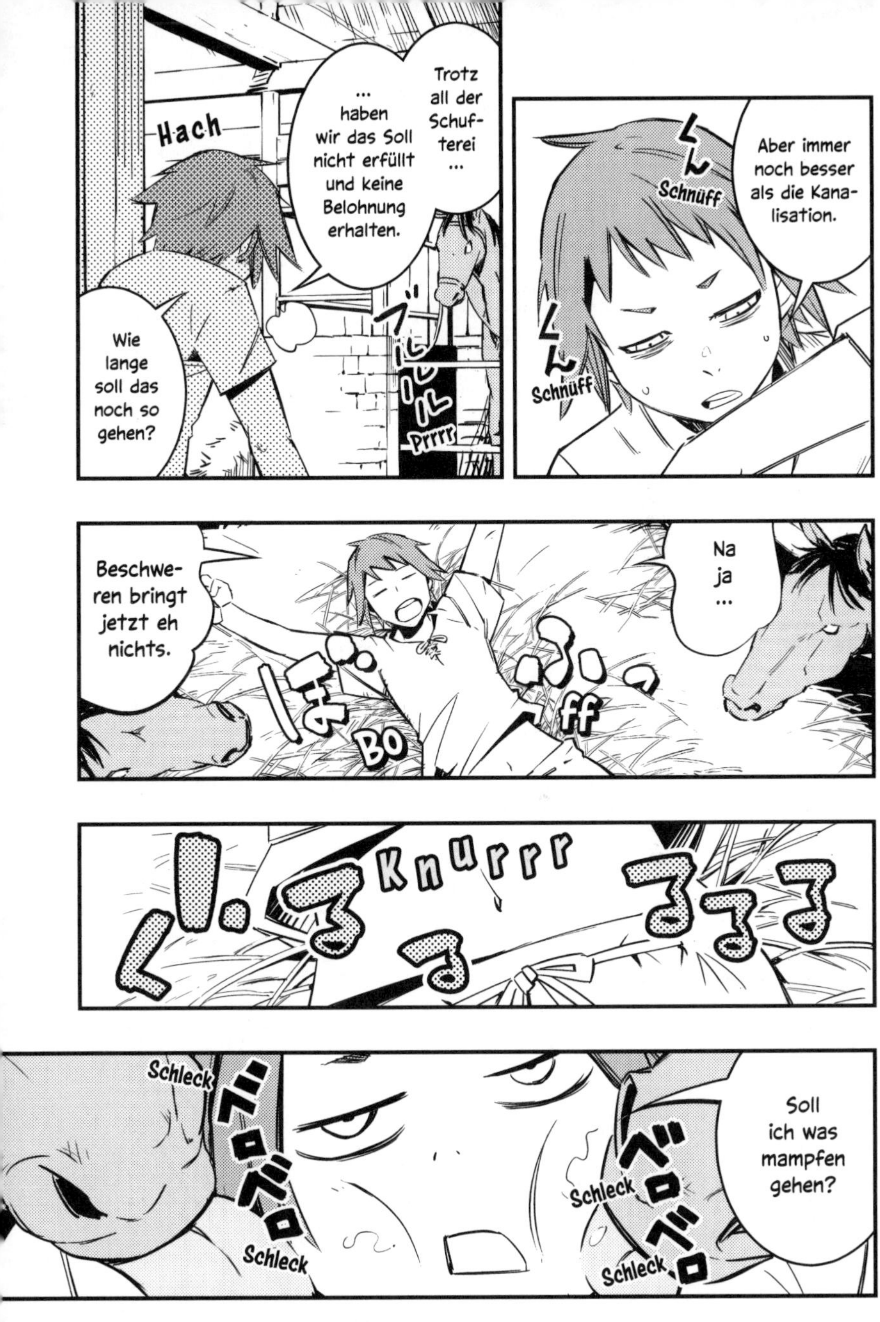
Schnüff
Aber immer noch besser als die Kanalisation.
Schnüff
Trotz all der Schufterei ...
... haben wir das Soll nicht erfüllt und keine Belohnung erhalten.
Hach
Prrrr
Wie lange soll das noch so gehen?
Na ja ...
Beschweren bringt jetzt eh nichts.
Bo
ff
Knurrr
Soll ich was mampfen gehen?
Schleck
Schleck
Schleck
Schleck

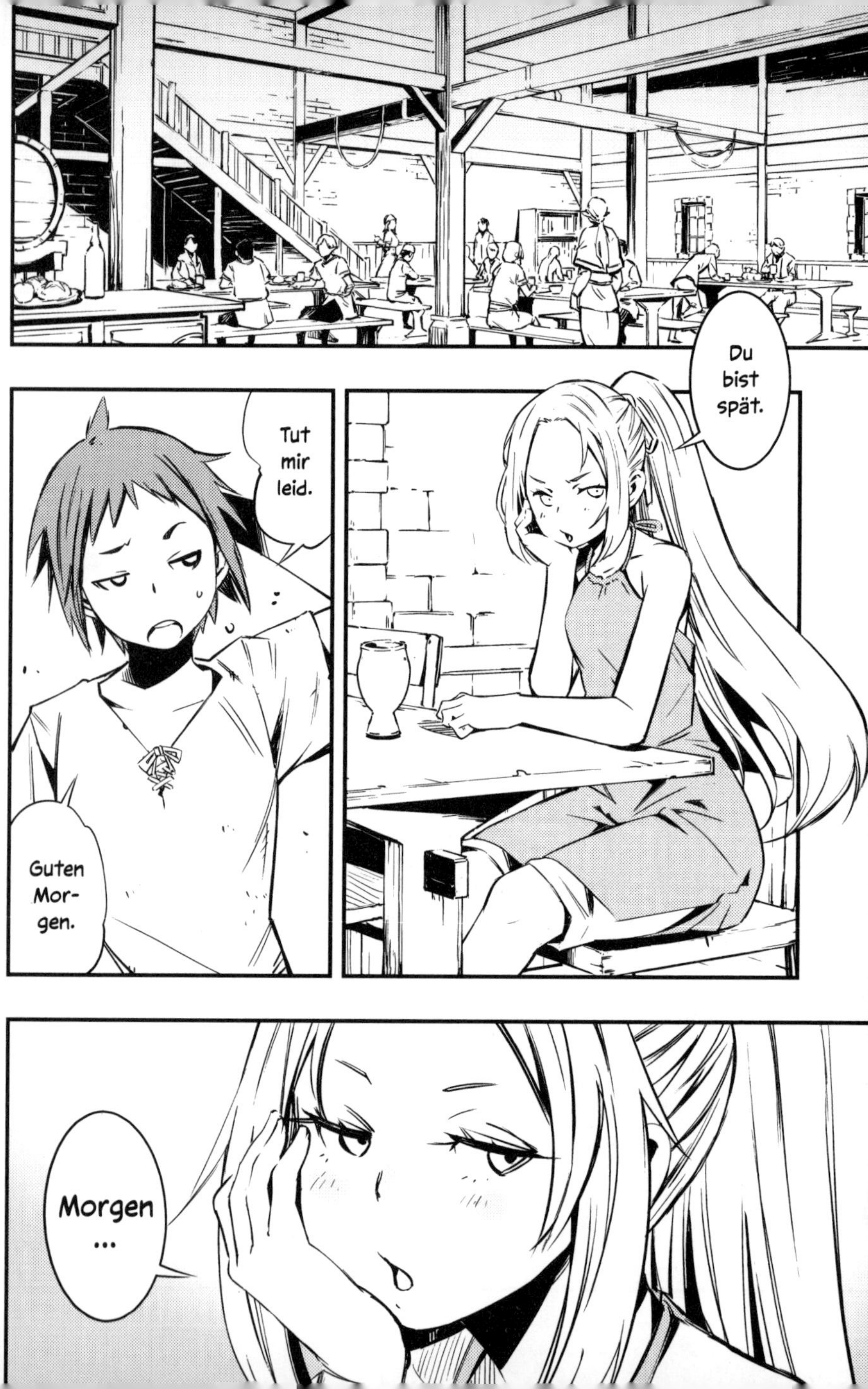

Du bist spät.
Tut mir leid.
Guten Morgen.
Morgen ...

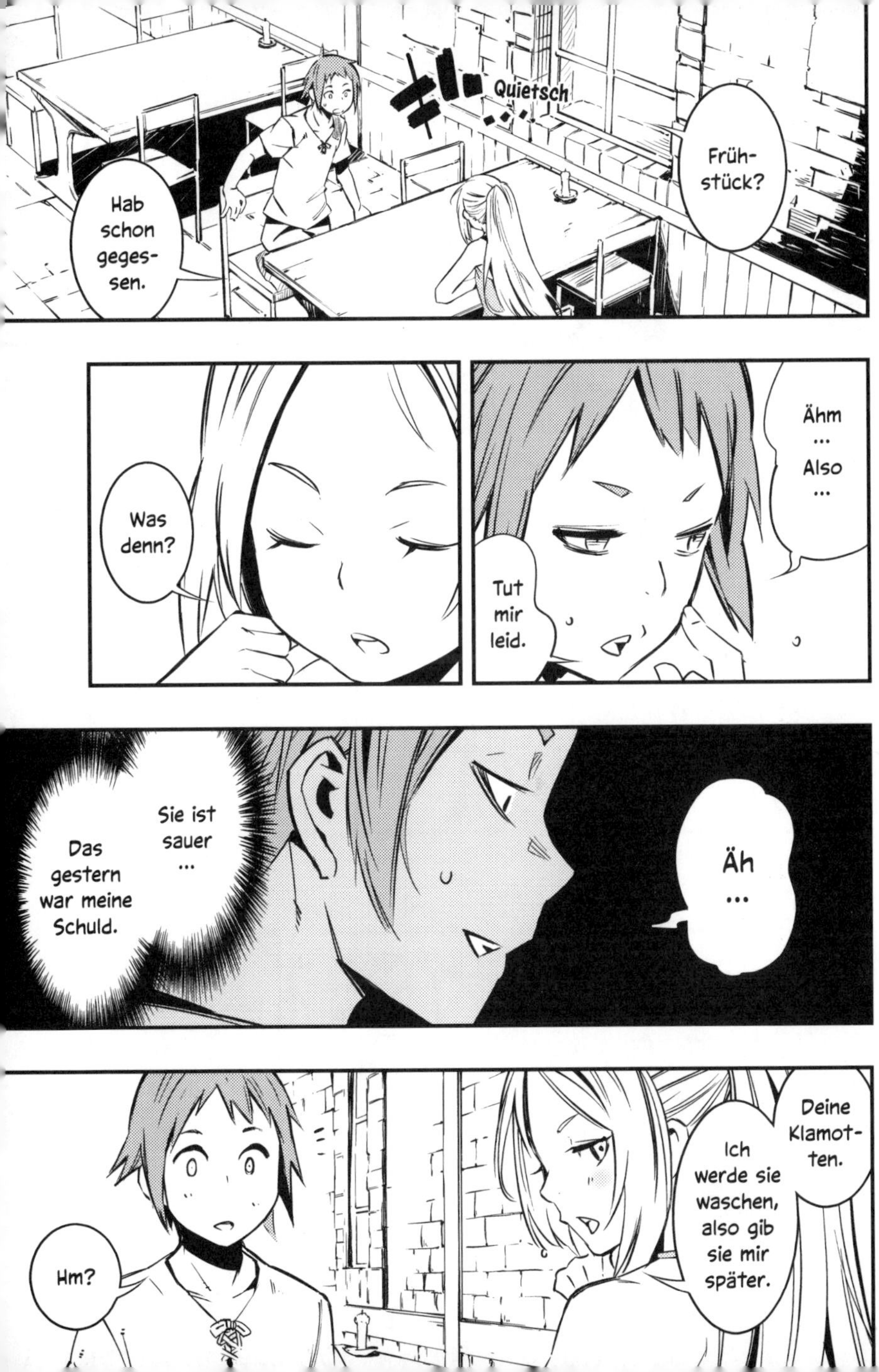
Quietsch
Frühstück?
Hab schon gegessen.
Ähm ... Also ...
Tut mir leid.
Was denn?
Äh ...
Sie ist sauer ...
Das gestern war meine Schuld.
Deine Klamotten.
Ich werde sie waschen, also gib sie mir später.
Hm?

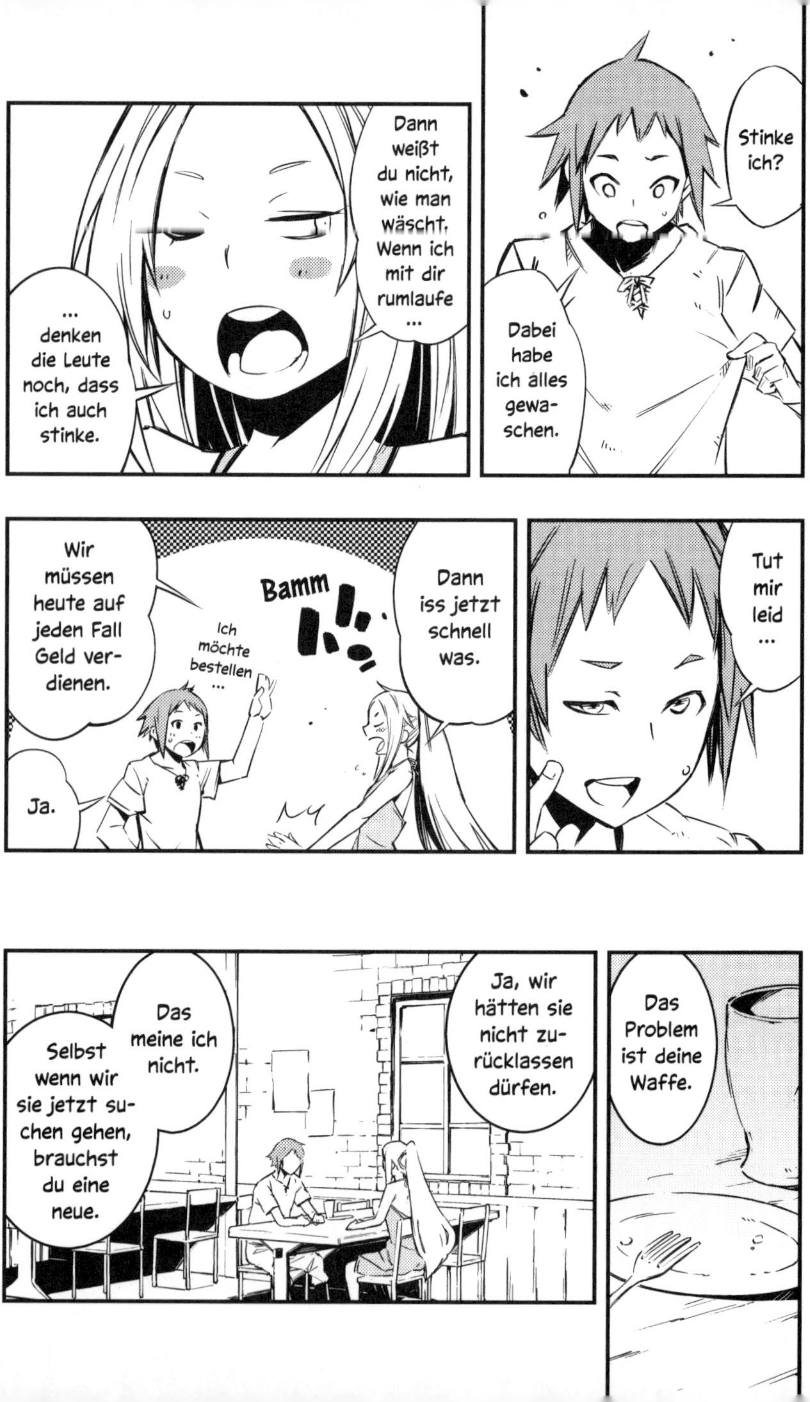
Stinke ich?
Dabei habe ich alles gewa-schen.
Dann weißt du nicht, wie man wäscht. Wenn ich mit dir rumlaufe ...
... denken die Leute noch, dass ich auch stinke.
Tut mir leid ...
Dann iss jetzt schnell was.
Bamm
Ich möchte bestellen ...
Wir müssen heute auf jeden Fall Geld ver-dienen.
Ja.
Das Problem ist deine Waffe.
Ja, wir hätten sie nicht zu-rücklassen dürfen.
Das meine ich nicht.
Selbst wenn wir sie jetzt su-chen gehen, brauchst du eine neue.

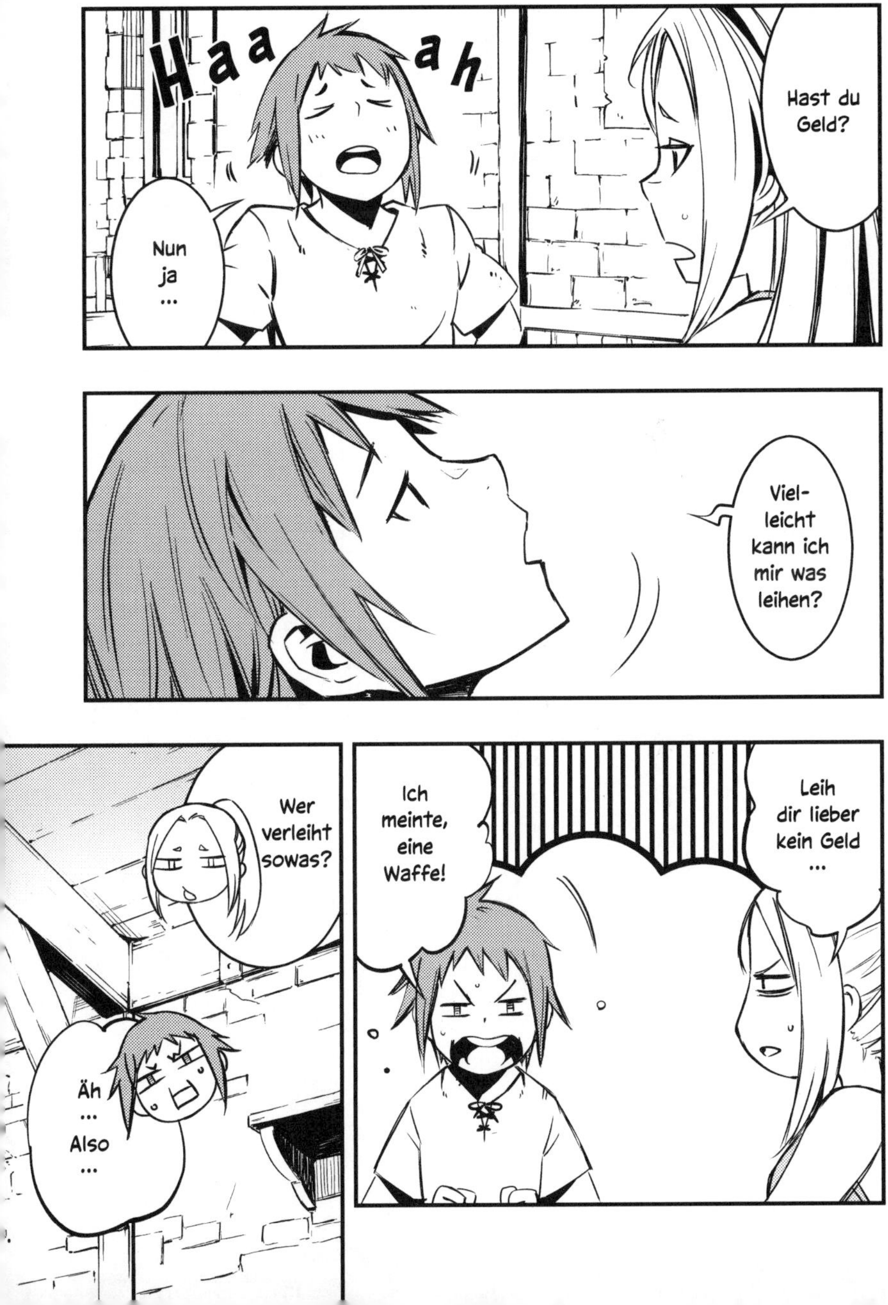
Hast du Geld?
Haaaah
Nun ja ...
Viel-leicht kann ich mir was leihen?
Leih dir lieber kein Geld ...
Ich meinte, eine Waffe!
Wer verleiht sowas?
Äh ... Also ...

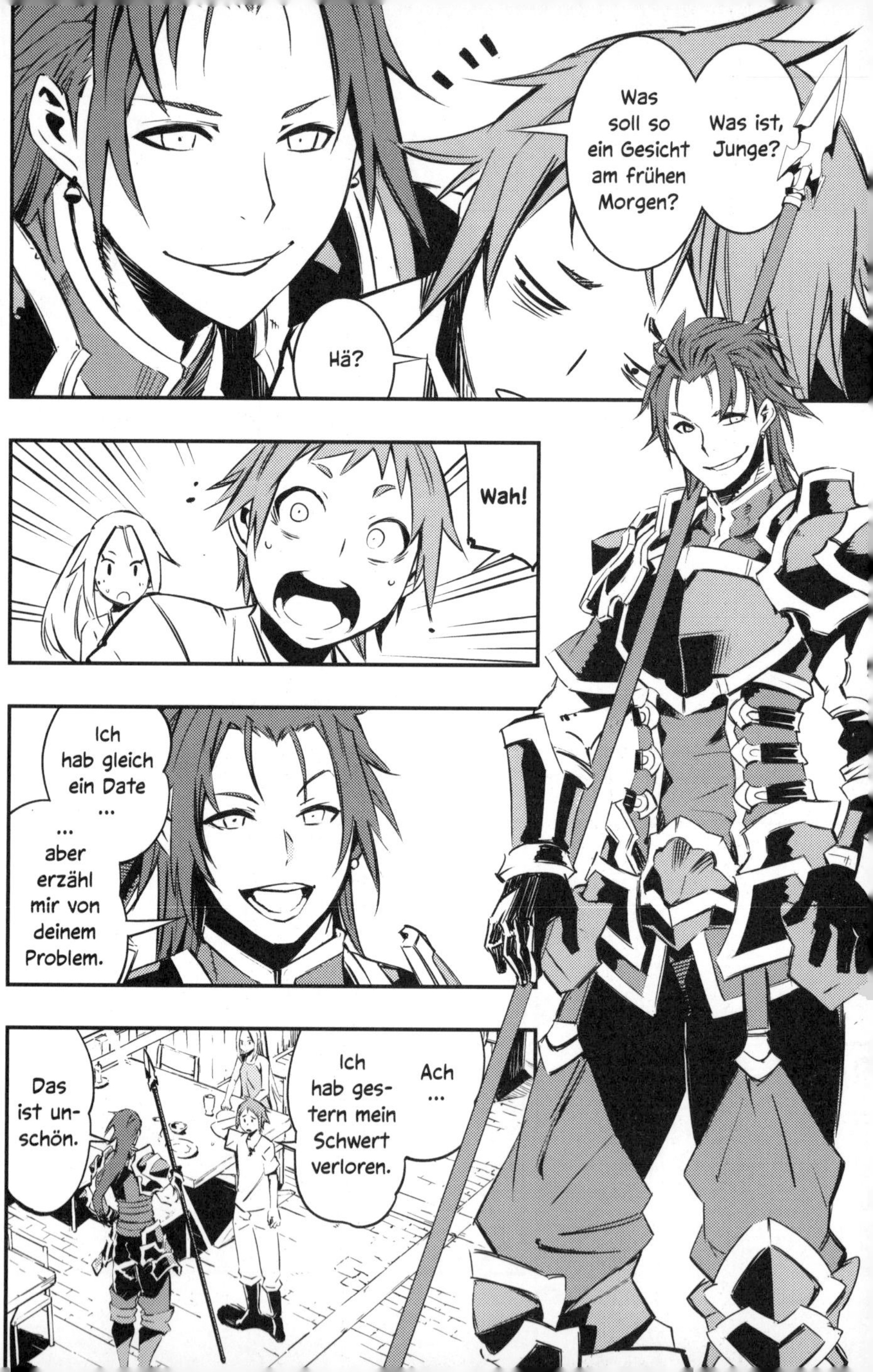

Was ist, Junge?
Was soll so ein Gesicht am frühen Morgen?
Hä?
Wah!
Ich hab gleich ein Date ...
... aber erzähl mir von deinem Problem.
Ach ...
Ich hab gestern mein Schwert verloren.
Das ist unschön.

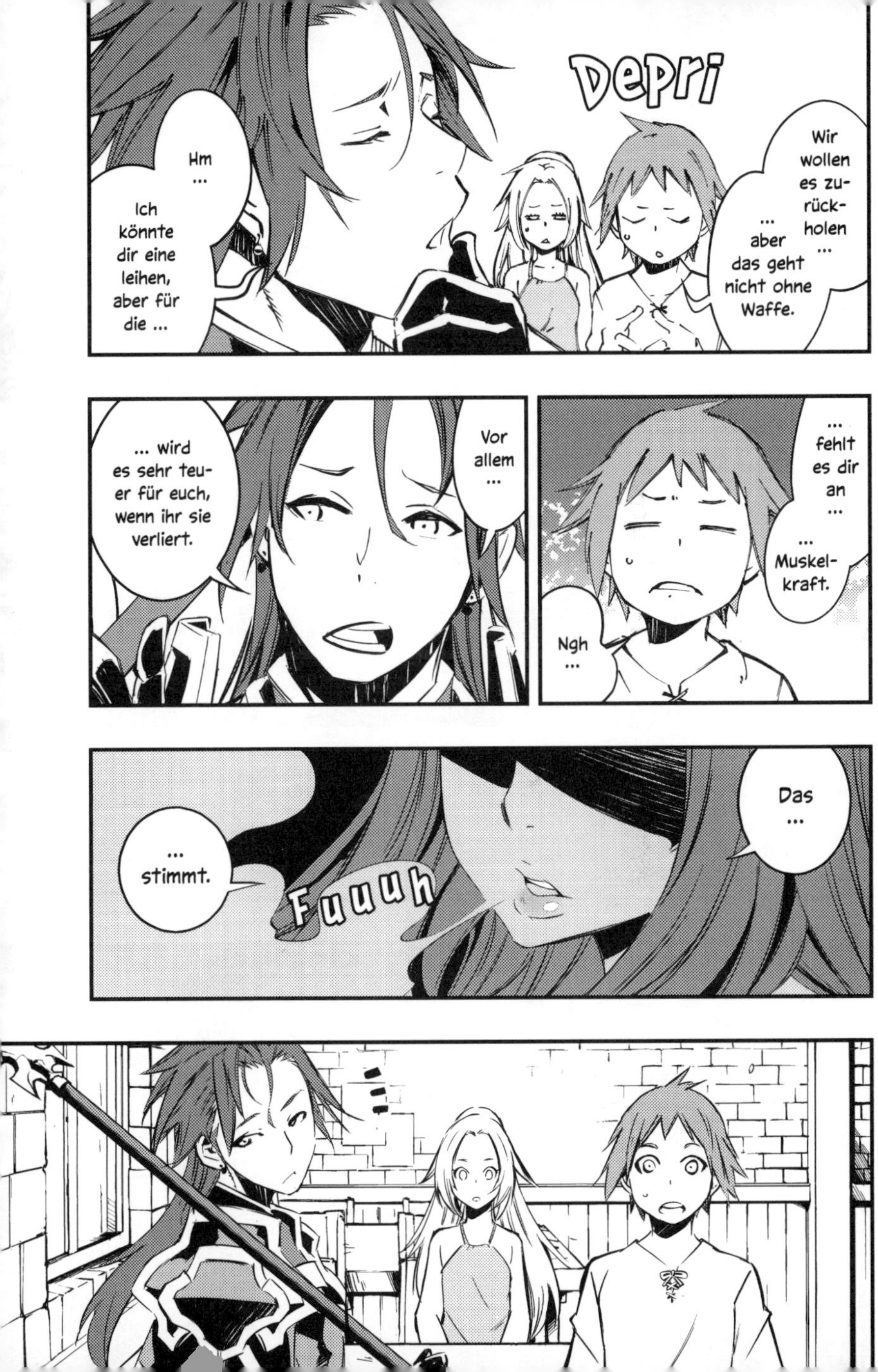

Depri
Wir wollen es zurückholen ...
... aber das geht nicht ohne Waffe.
Hm ...
Ich könnte dir eine leihen, aber für die ...
... fehlt es dir an ...
... Muskelkraft.
Ngh ...
Vor allem ...
... wird es sehr teuer für euch, wenn ihr sie verliert.
Das ...
... stimmt.
Fuuuh

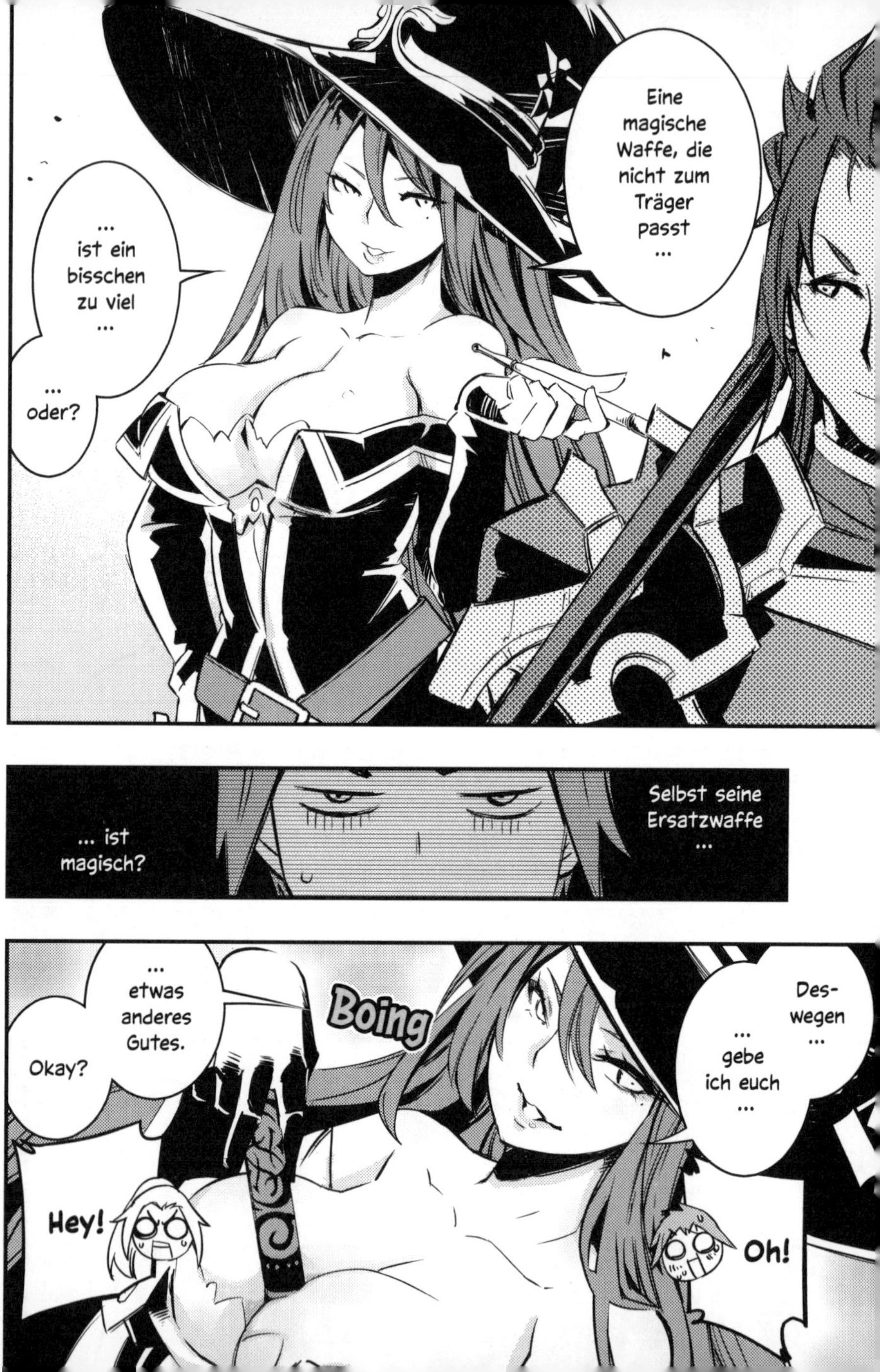
Eine magische Waffe, die nicht zum Träger passt ...
... ist ein bisschen zu viel ...
... oder?
Selbst seine Ersatzwaffe ...
... ist magisch?
Des-wegen ...
... gebe ich euch ...
Boing
... etwas anderes Gutes.
Okay?
Oh!
Hey!

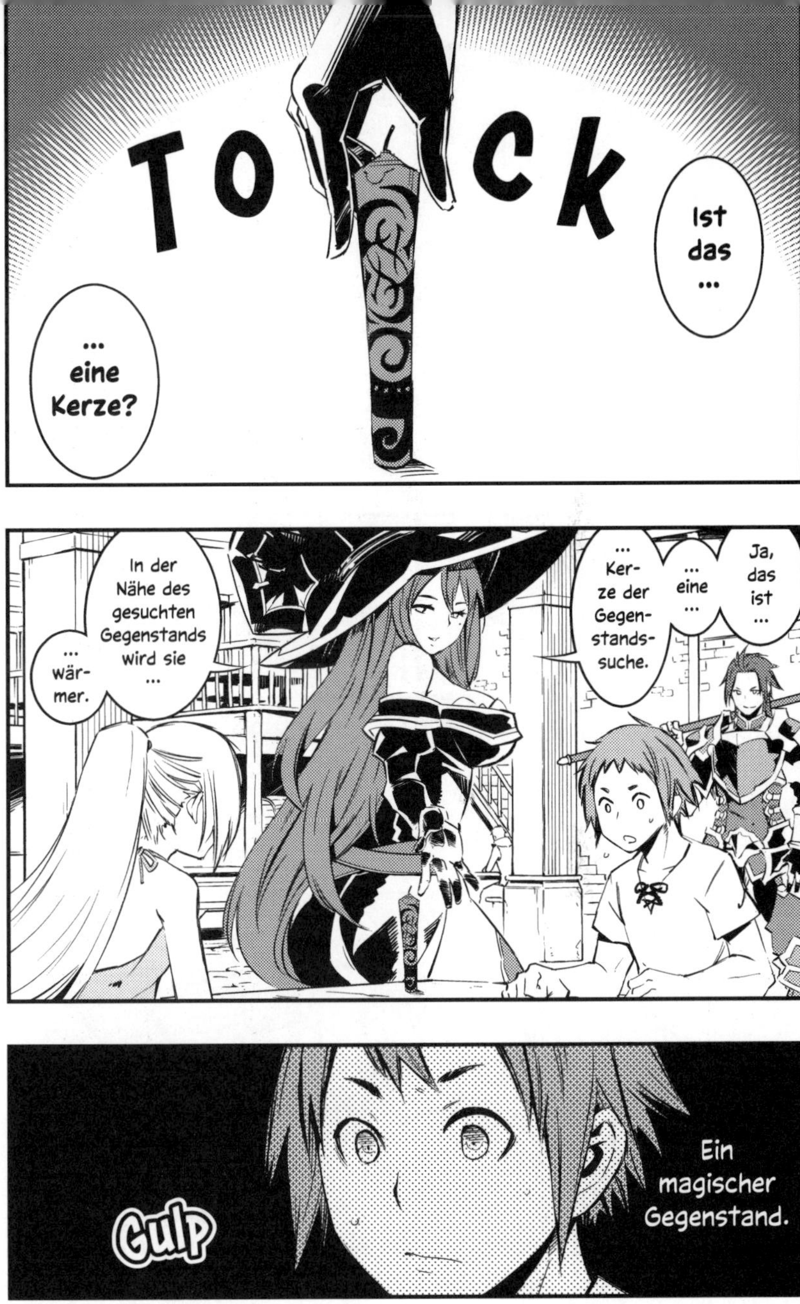
TOCK
Ist das ...
... eine Kerze?
Ja, das ist ...
... eine ...
... Kerze der Gegenstandssuche.
In der Nähe des gesuchten Gegenstands wird sie ...
... wärmer.
Ein magischer Gegenstand.
Gulp

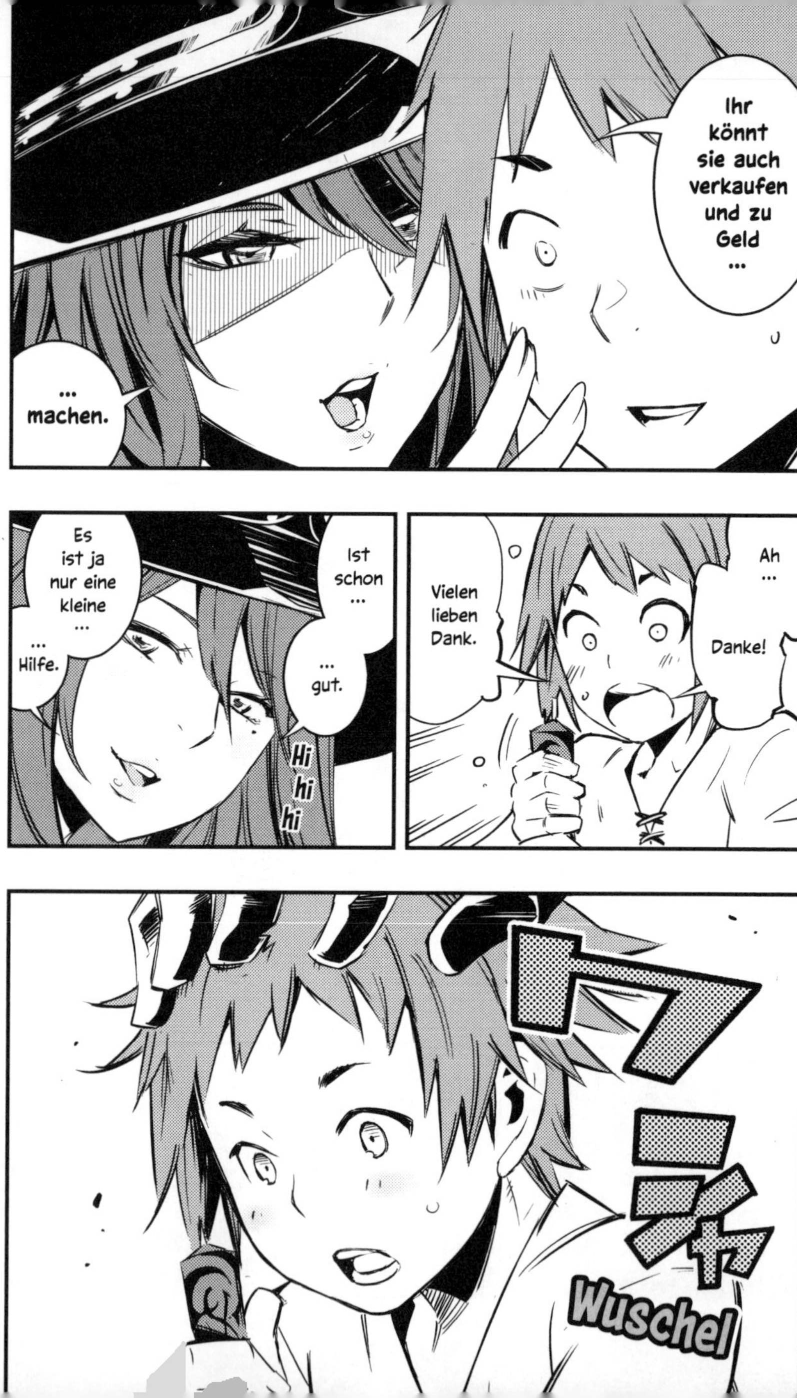
Ihr könnt sie auch verkaufen und zu Geld ...
... machen.
Ah ... Danke!
Vielen lieben Dank.
Ist schon ... ... gut.
Es ist ja nur eine kleine ... ... Hilfe.
Hi hi hi
Wuschel

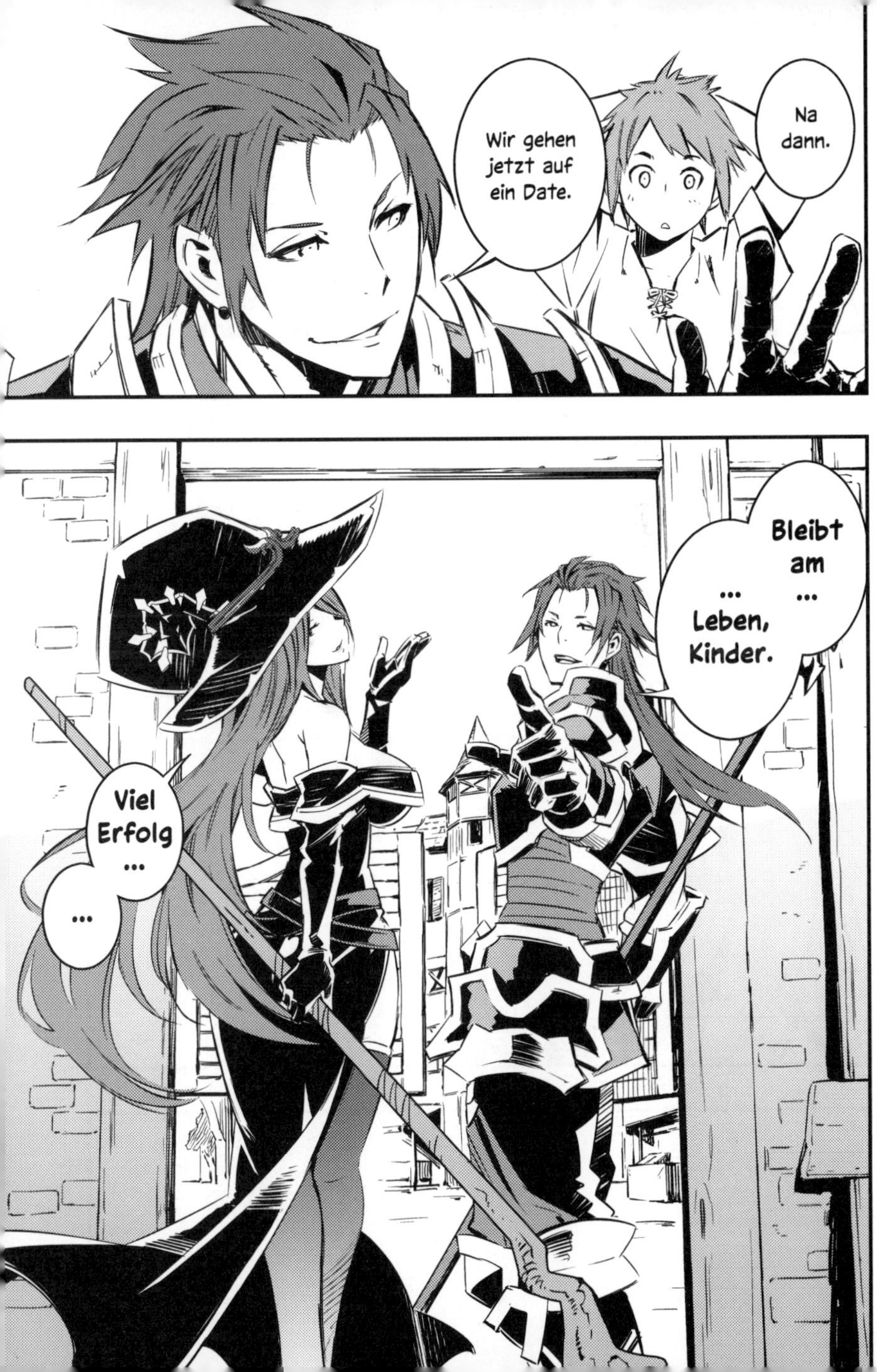
Na dann.
Wir gehen jetzt auf ein Date.
Bleibt am ... Leben, ... Kinder.
Viel Erfolg ...
...

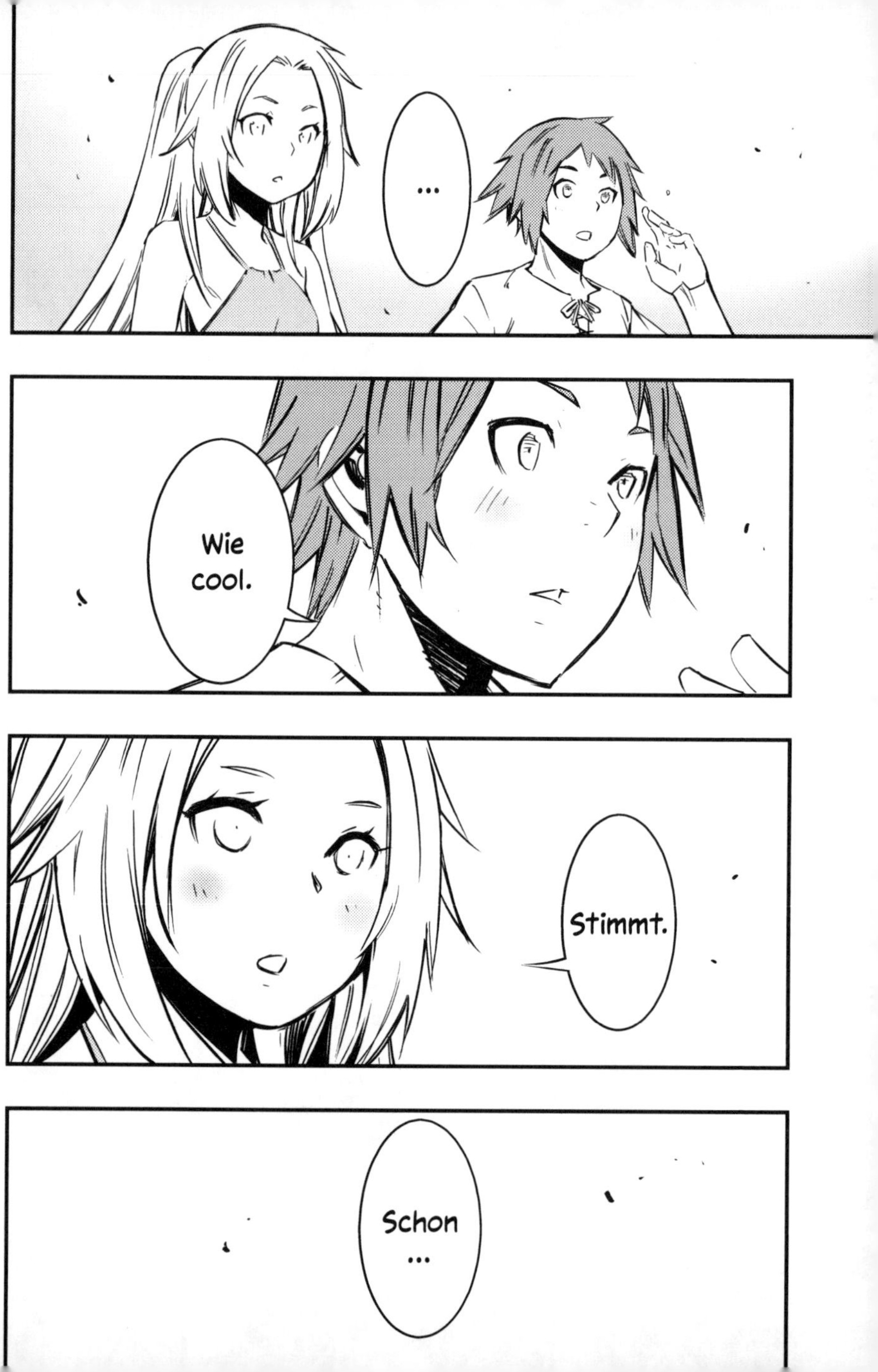
...
Wie cool.
Stimmt.
Schon ...

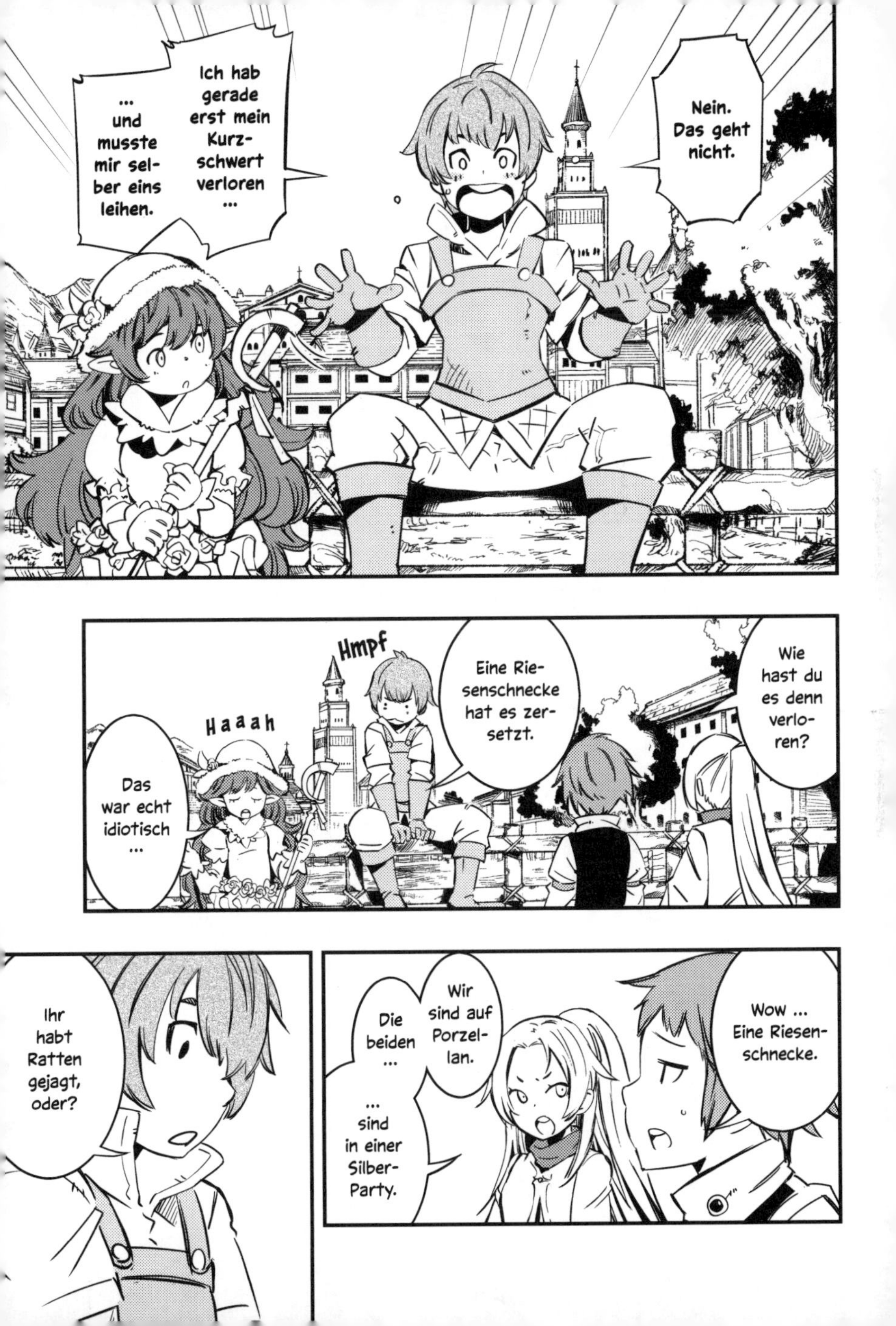
Nein. Das geht nicht.
Ich hab gerade erst mein Kurzschwert verloren ...
... und musste mir selber eins leihen.
Wie hast du es denn verloren?
Eine Riesenschnecke hat es zersetzt.
Hmpf
Haaah
Das war echt idiotisch ...
Wow ... Eine Riesenschnecke.
Wir sind auf Porzellan.
Die beiden ...
... sind in einer Silber-Party.
Ihr habt Ratten gejagt, oder?

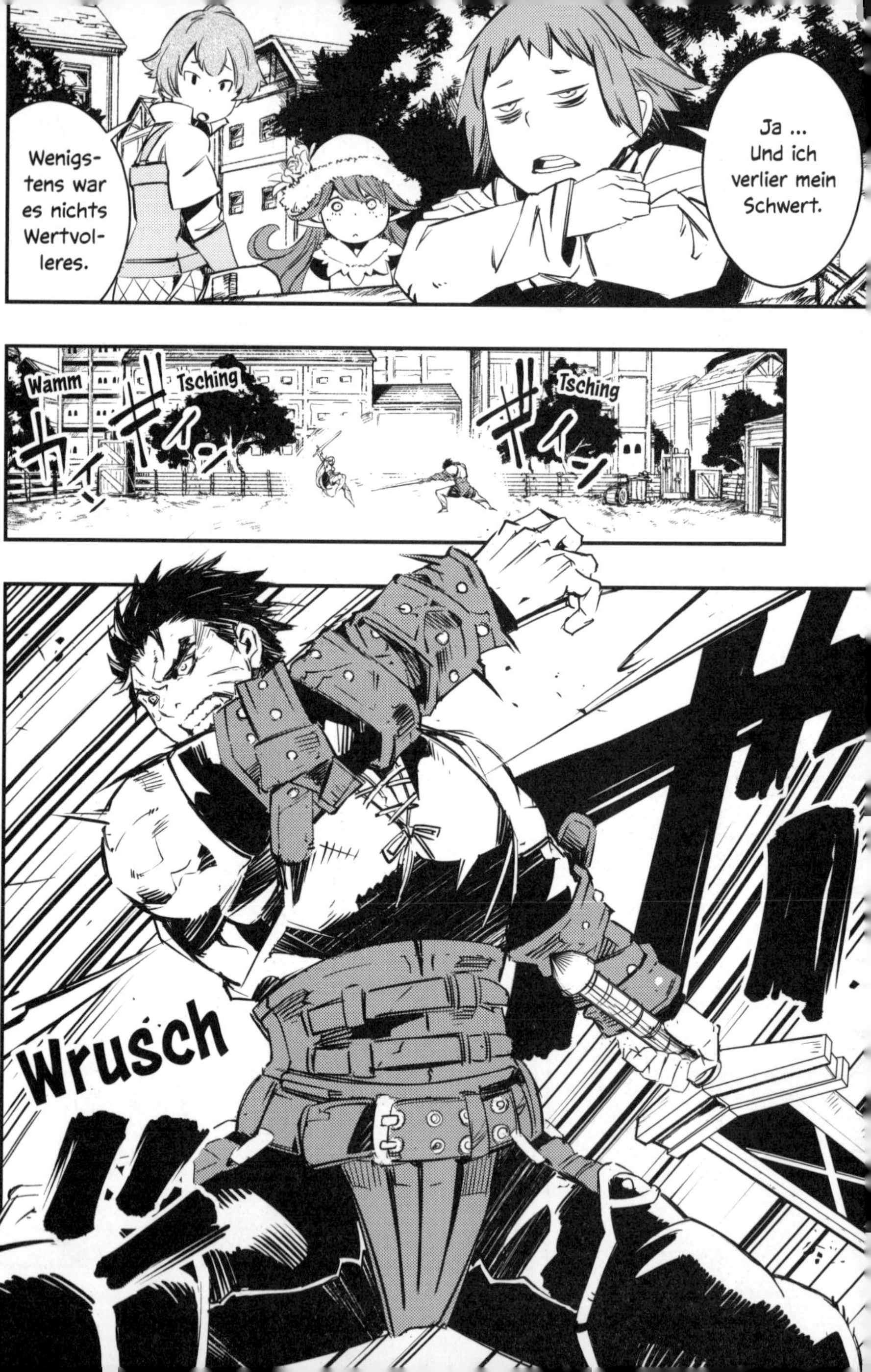
Ja ... Und ich verlier mein Schwert.
Wenigstens war es nichts Wertvolleres.
Tsching
Tsching
Wamm
Wrusch

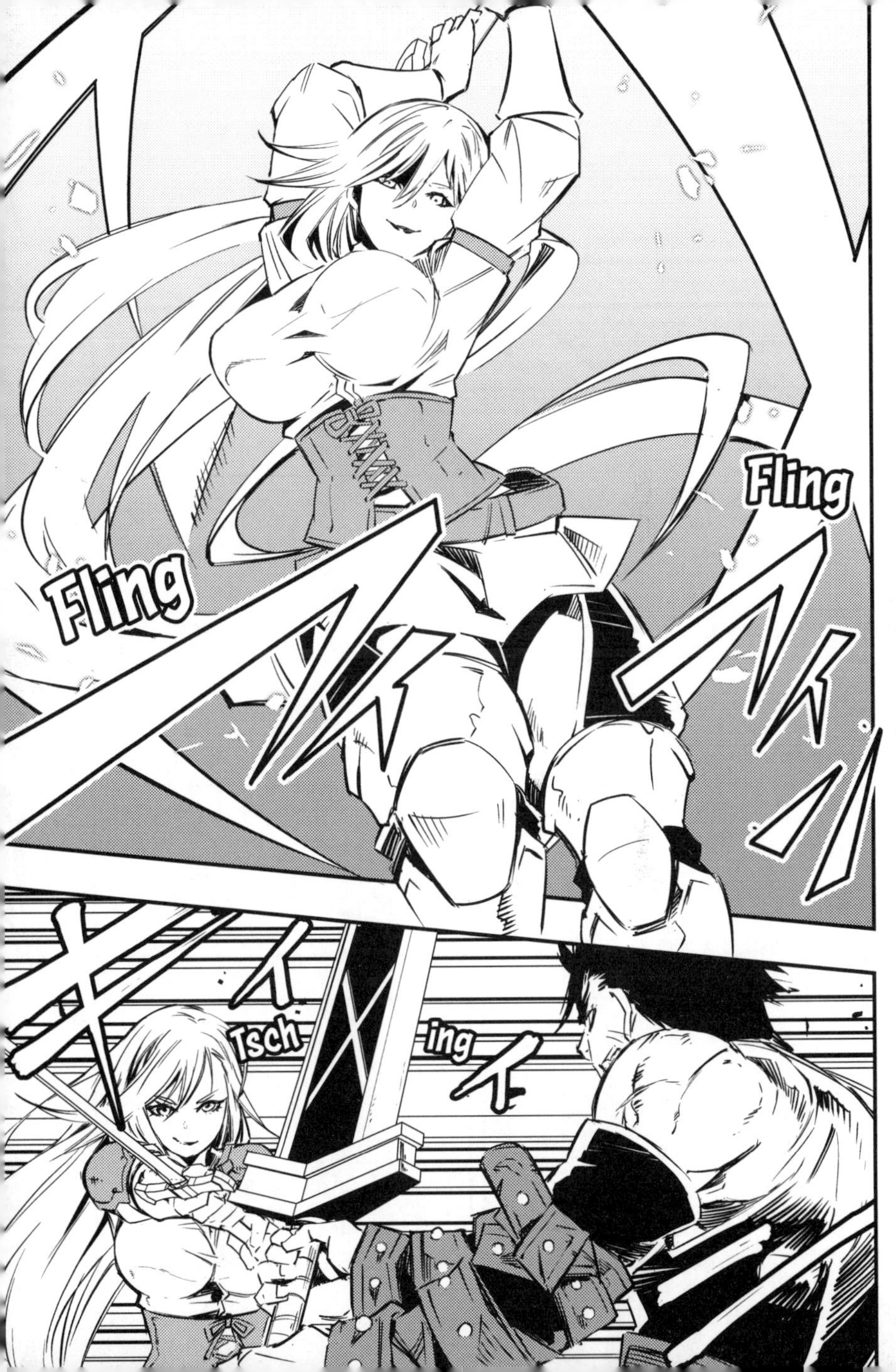
Fling
Fling
キイイ
Tsch
ing

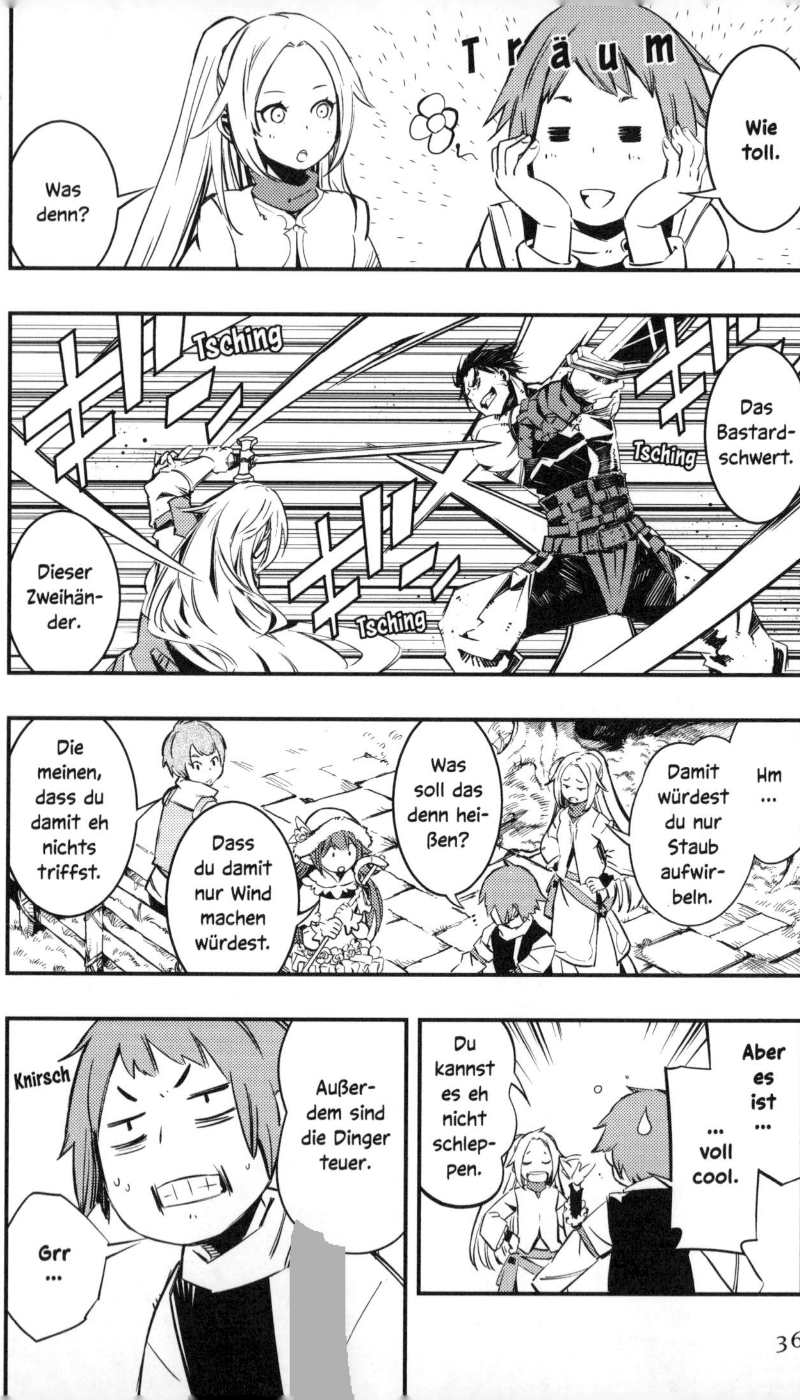
Träum
Wie toll.
Was denn?
Das Bastard-schwert.
Tsching
Tsching
Tsching
Dieser Zweihänder.
Hm ...
Damit würdest du nur Staub aufwirbeln.
Was soll das denn heißen?
Dass du damit nur Wind machen würdest.
Die meinen, dass du damit eh nichts triffst.
Aber es ist ... voll cool.
Du kannst es eh nicht schleppen.
Außerdem sind die Dinger teuer.
Knirsch
Grr ...

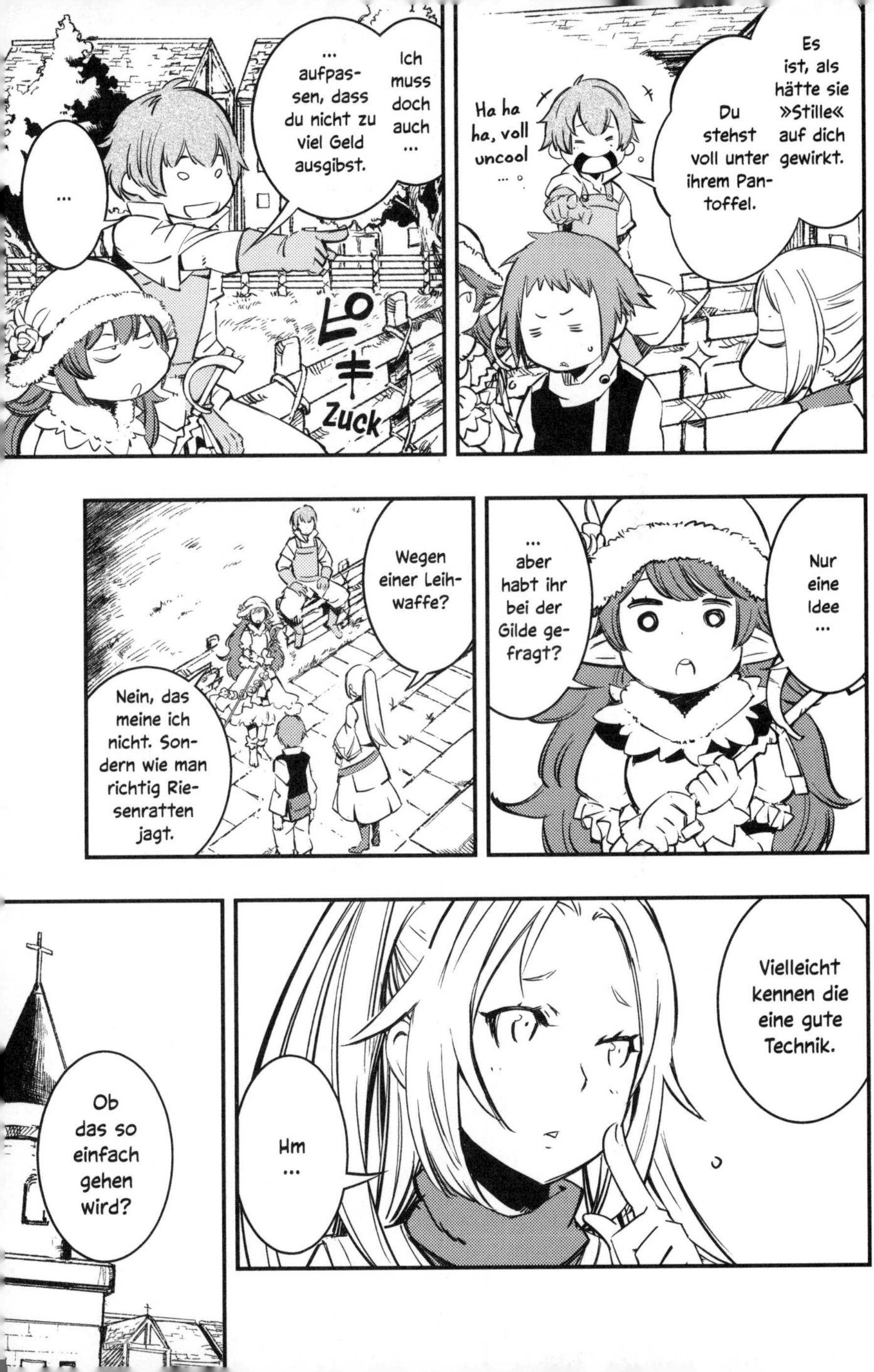

Ich muss doch auch …
… aufpassen, dass du nicht zu viel Geld ausgibst.
…
ZUCK
Es ist, als hätte sie »Stille« auf dich gewirkt.
Du stehst voll unter ihrem Pantoffel.
Ha ha ha, voll uncool …
Nur eine Idee …
… aber habt ihr bei der Gilde gefragt?
Wegen einer Leihwaffe?
Nein, das meine ich nicht. Sondern wie man richtig Riesenratten jagt.
Vielleicht kennen die eine gute Technik.
Hm …
Ob das so einfach gehen wird?

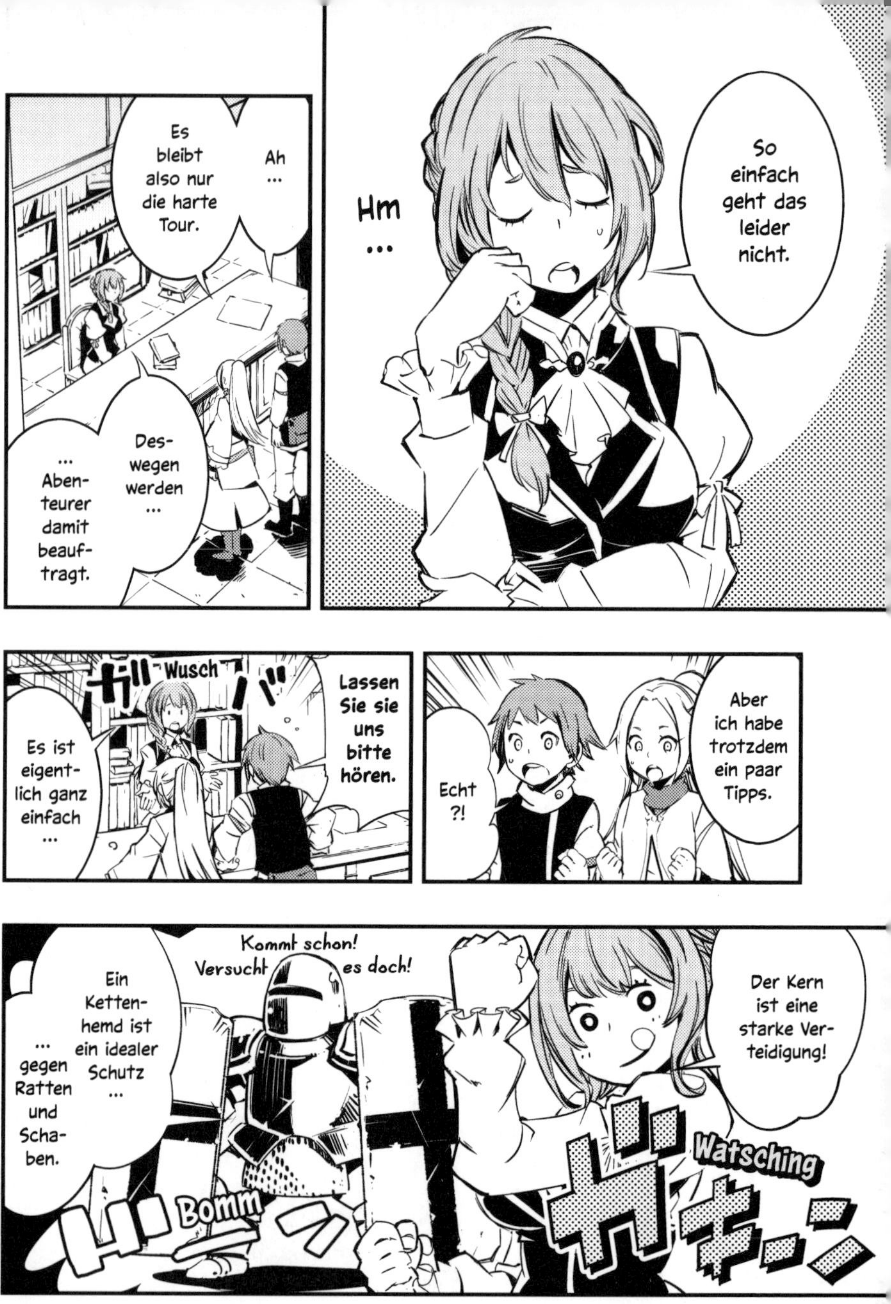
Hm ...
So einfach geht das leider nicht.
Ah ...
Es bleibt also nur die harte Tour.
Deswegen werden ...
... Abenteurer damit beauftragt.
Aber ich habe trotzdem ein paar Tipps.
Echt ?!
Lassen Sie sie uns bitte hören.
Wusch
Es ist eigentlich ganz einfach ...
Der Kern ist eine starke Verteidigung!
Watsching
Kommt schon! Versucht es doch!
Ein Kettenhemd ist ein idealer Schutz ...
... gegen Ratten und Schaben.
Bomm

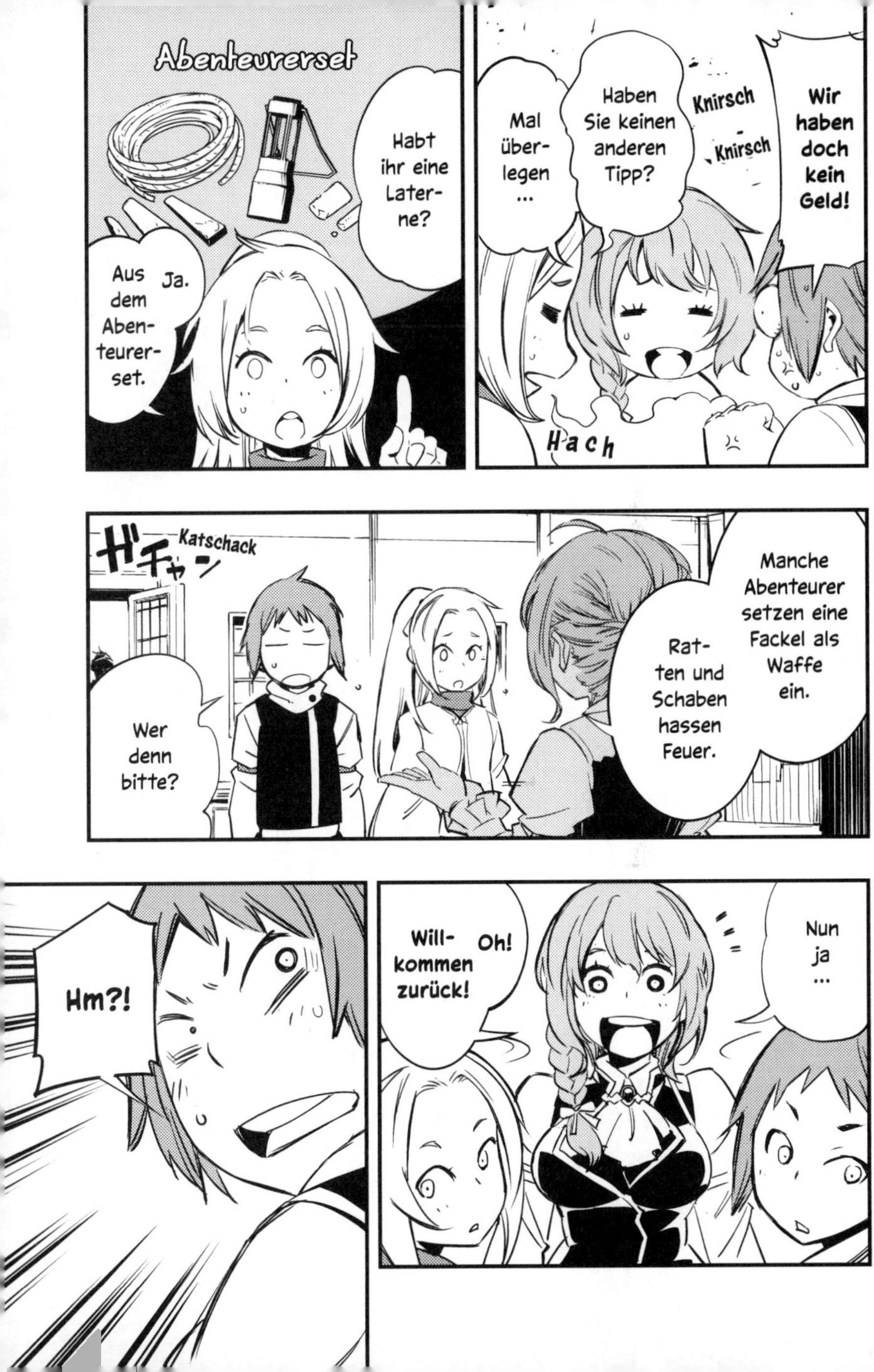

Wir haben doch kein Geld!
Knirsch - Knirsch
Haben Sie keinen anderen Tipp?
Mal über-legen ...
Hach
Abenteurerset
Habt ihr eine Later-ne?
Ja.
Aus dem Aben-teurer-set.
Manche Abenteurer setzen eine Fackel als Waffe ein.
Rat-ten und Schaben hassen Feuer.
Wer denn bitte?
ガチャン
Katschack
Nun ja ...
Oh!
Will-kommen zurück!
Hm?!

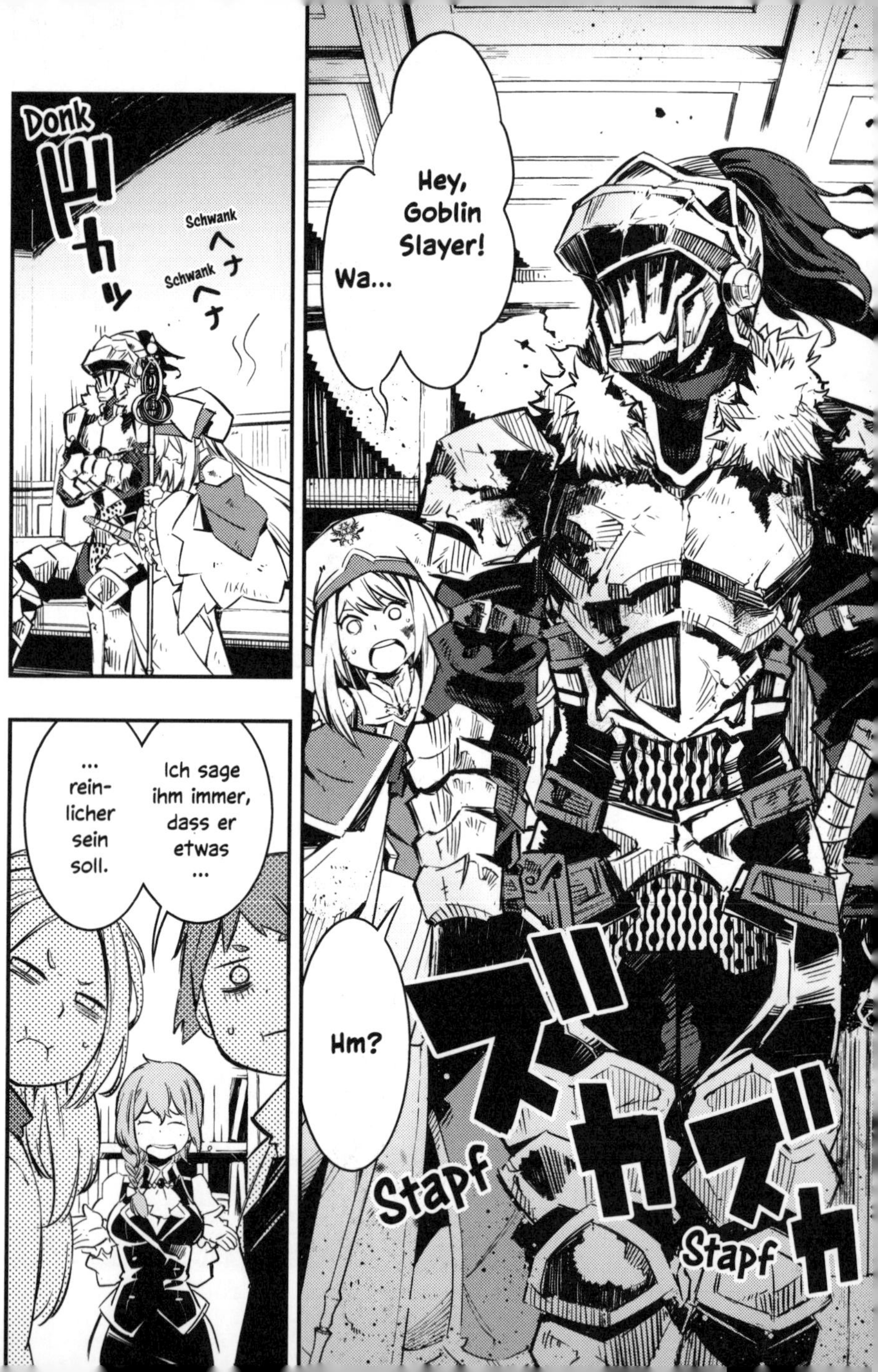
Hey, Goblin Slayer! Wa...
Hm?
Stapf
Stapf
Donk
Schwank
Schwank
Ich sage ihm immer, dass er etwas ...
... reinlicher sein soll.

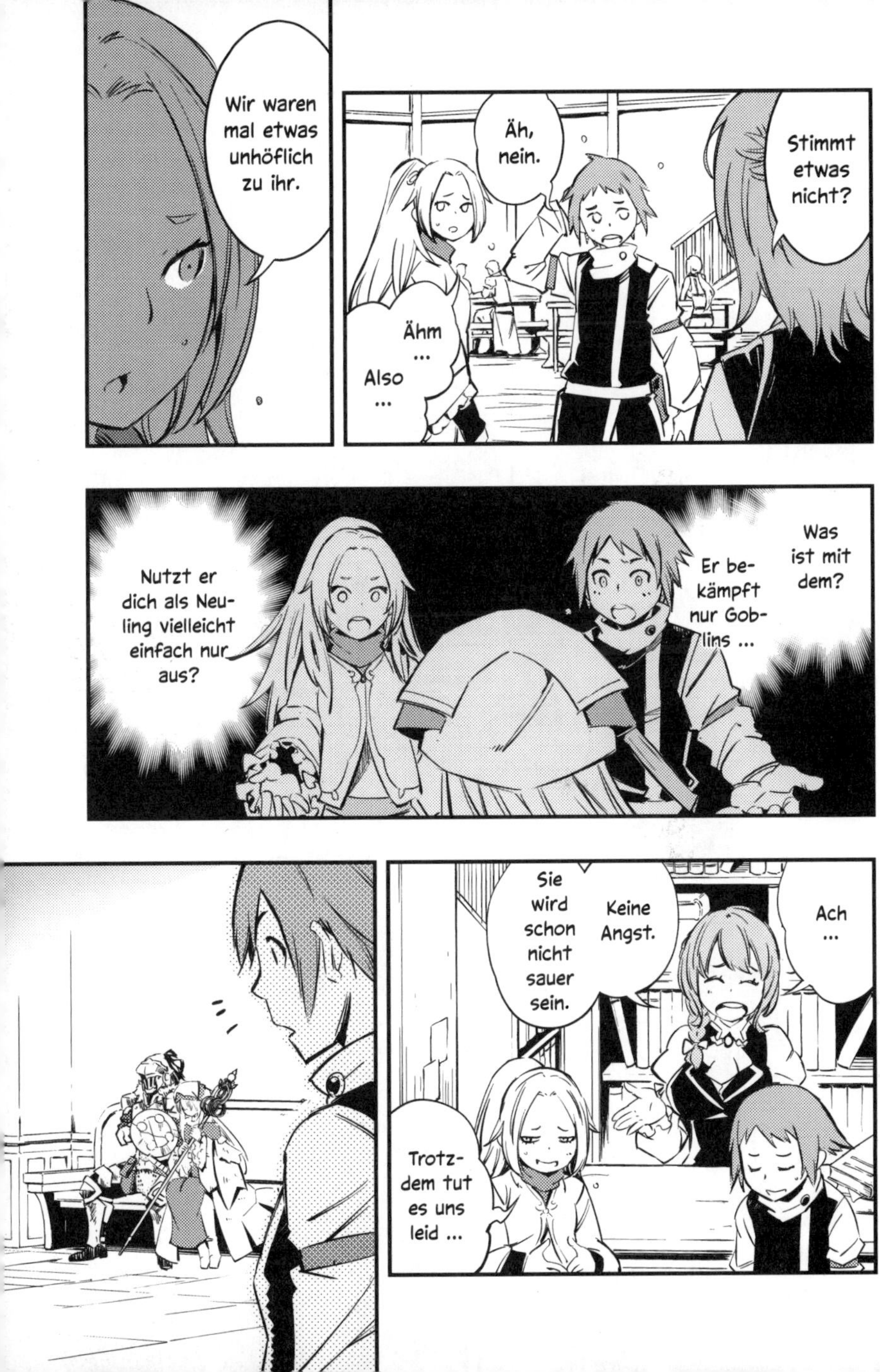
Stimmt etwas nicht?
Äh, nein.
Ähm ...
Also ...
Wir waren mal etwas unhöflich zu ihr.
Was ist mit dem?
Er bekämpft nur Goblins ...
Nutzt er dich als Neuling vielleicht einfach nur aus?
Ach ...
Keine Angst.
Sie wird schon nicht sauer sein.
Trotzdem tut es uns leid ...

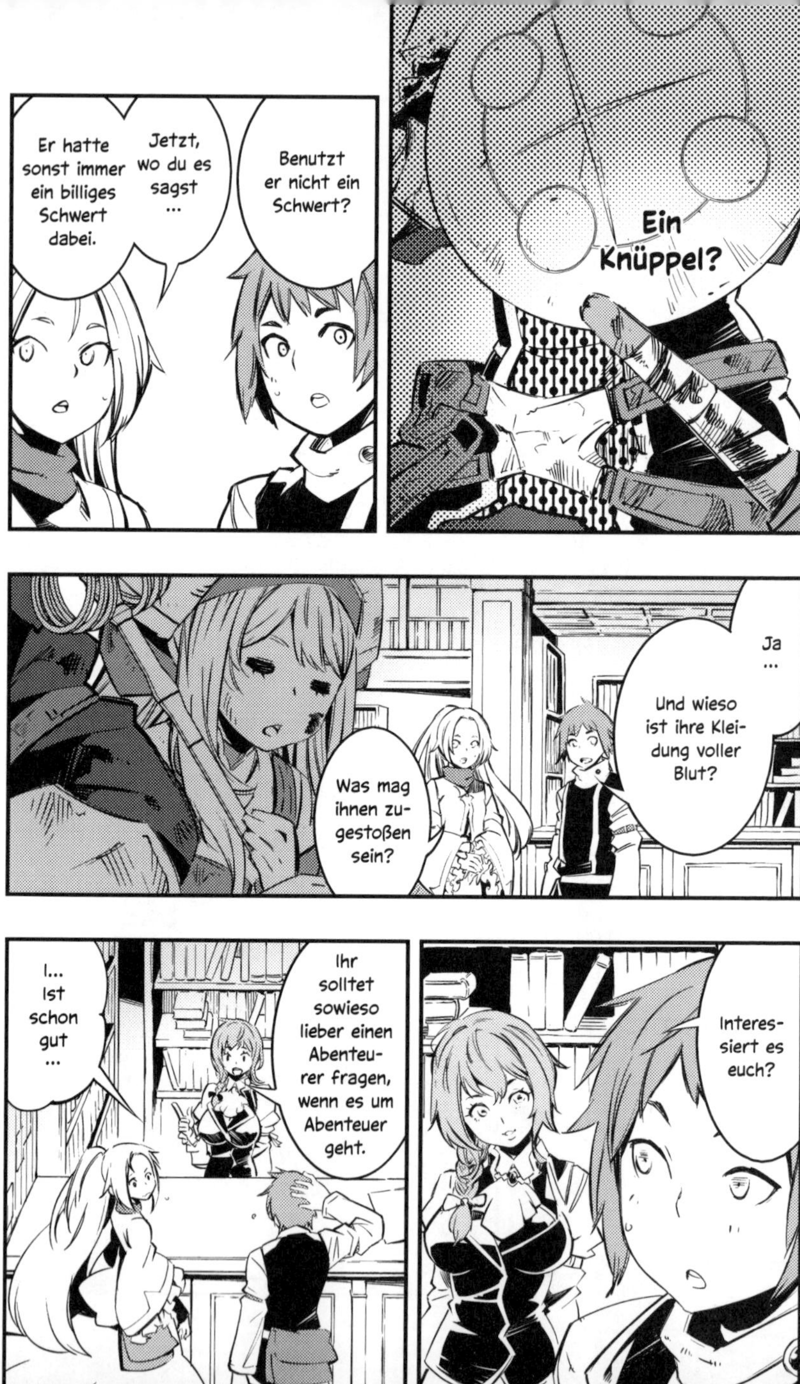
Ein Knüppel?
Benutzt er nicht ein Schwert?
Jetzt, wo du es sagst ...
Er hatte sonst immer ein billiges Schwert dabei.
Ja ...
Und wieso ist ihre Kleidung voller Blut?
Was mag ihnen zugestoßen sein?
Interessiert es euch?
Ihr solltet sowieso lieber einen Abenteurer fragen, wenn es um Abenteuer geht.
I... Ist schon gut ...

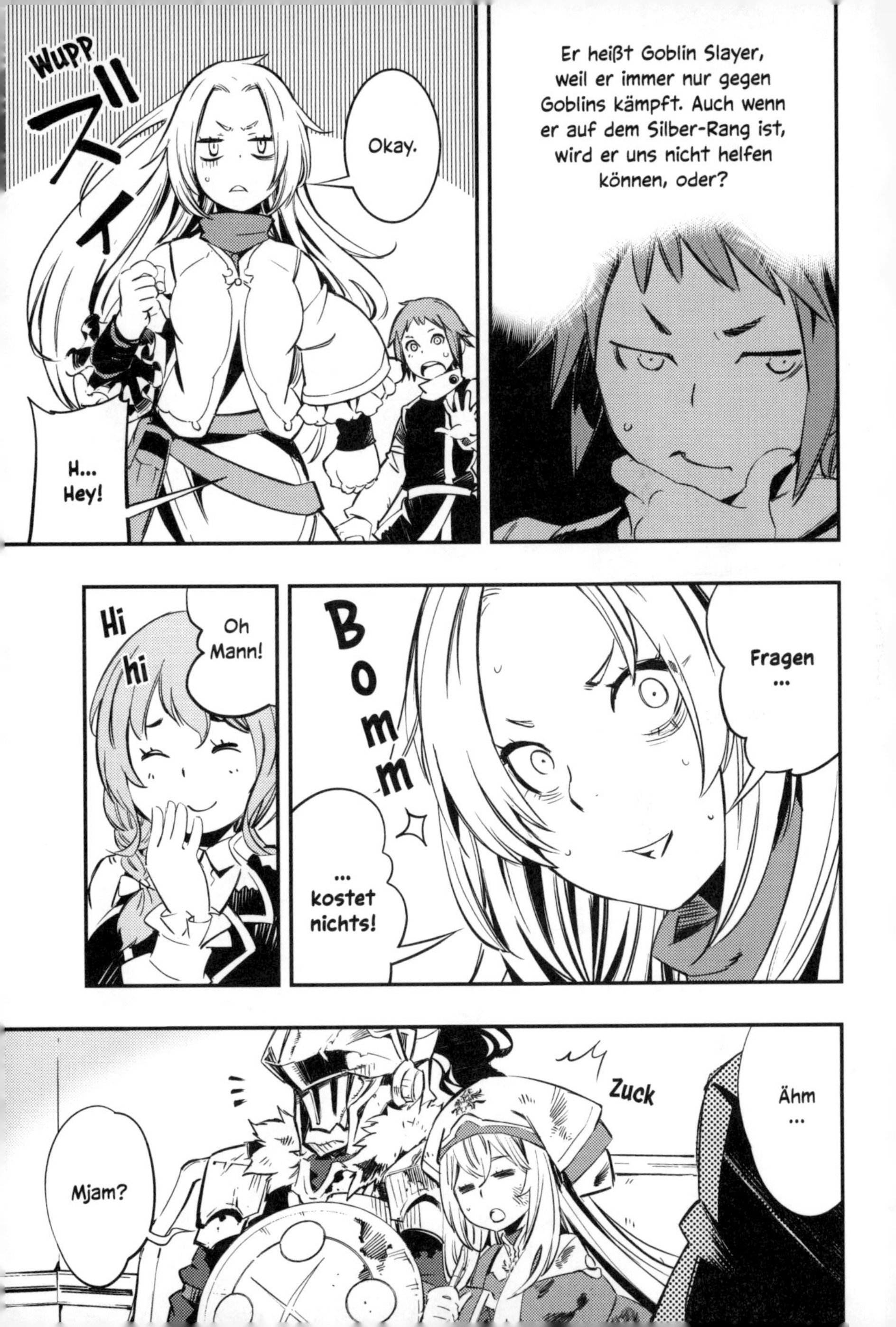
Er heißt Goblin Slayer, weil er immer nur gegen Goblins kämpft. Auch wenn er auf dem Silber-Rang ist, wird er uns nicht helfen können, oder?
Okay.
Wupp
H... Hey!
Fragen ...
... kostet nichts!
Bomm
Oh Mann!
Hi hi
Ähm ...
Zuck
Mjam?

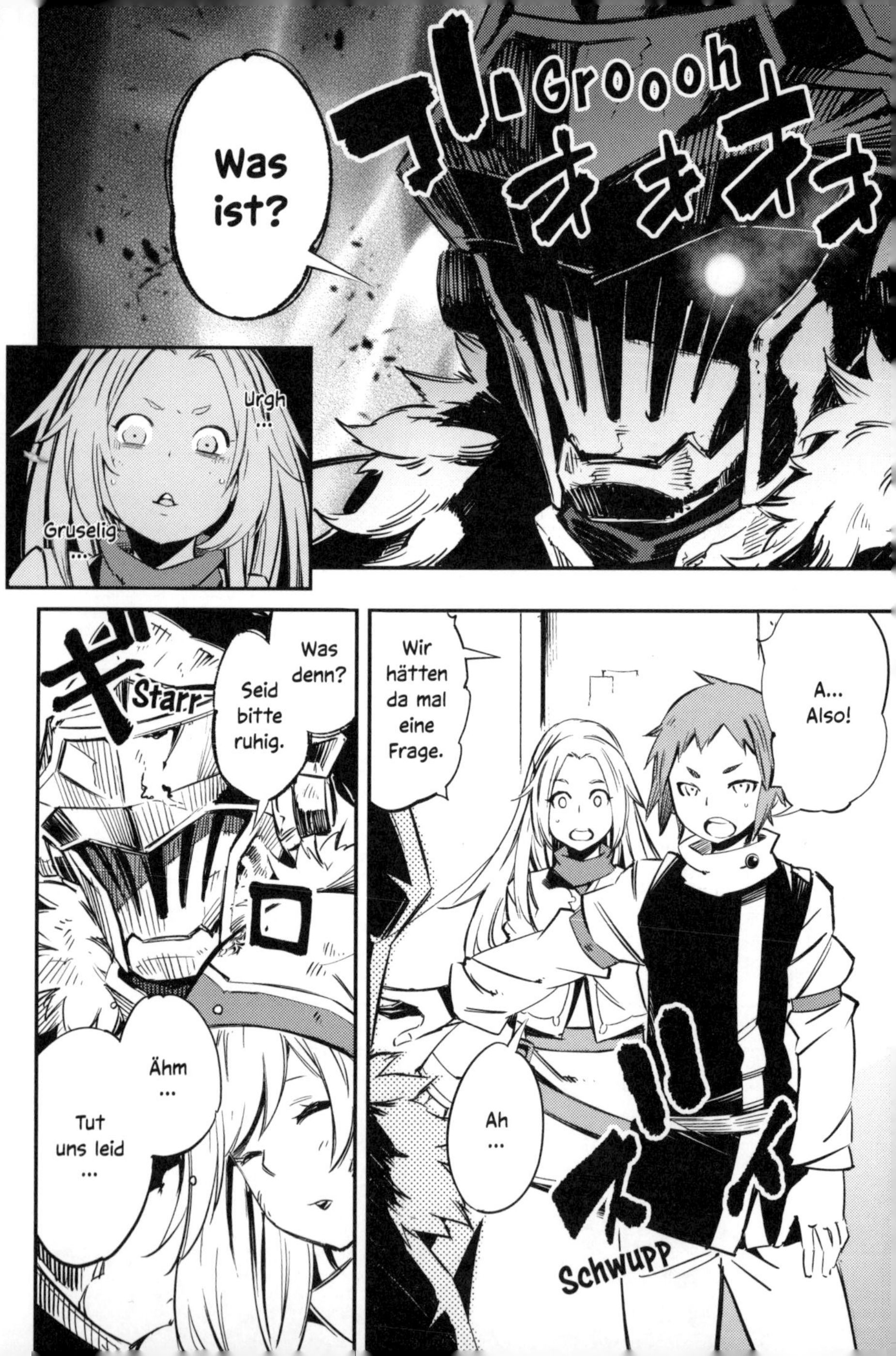
Groooh
Was ist?
Urgh ...
Gruselig ...
A... Also!
Wir hätten da mal eine Frage.
Was denn? Seid bitte ruhig.
Starr
Ah ...
Schwupp
Ähm ...
Tut uns leid ...

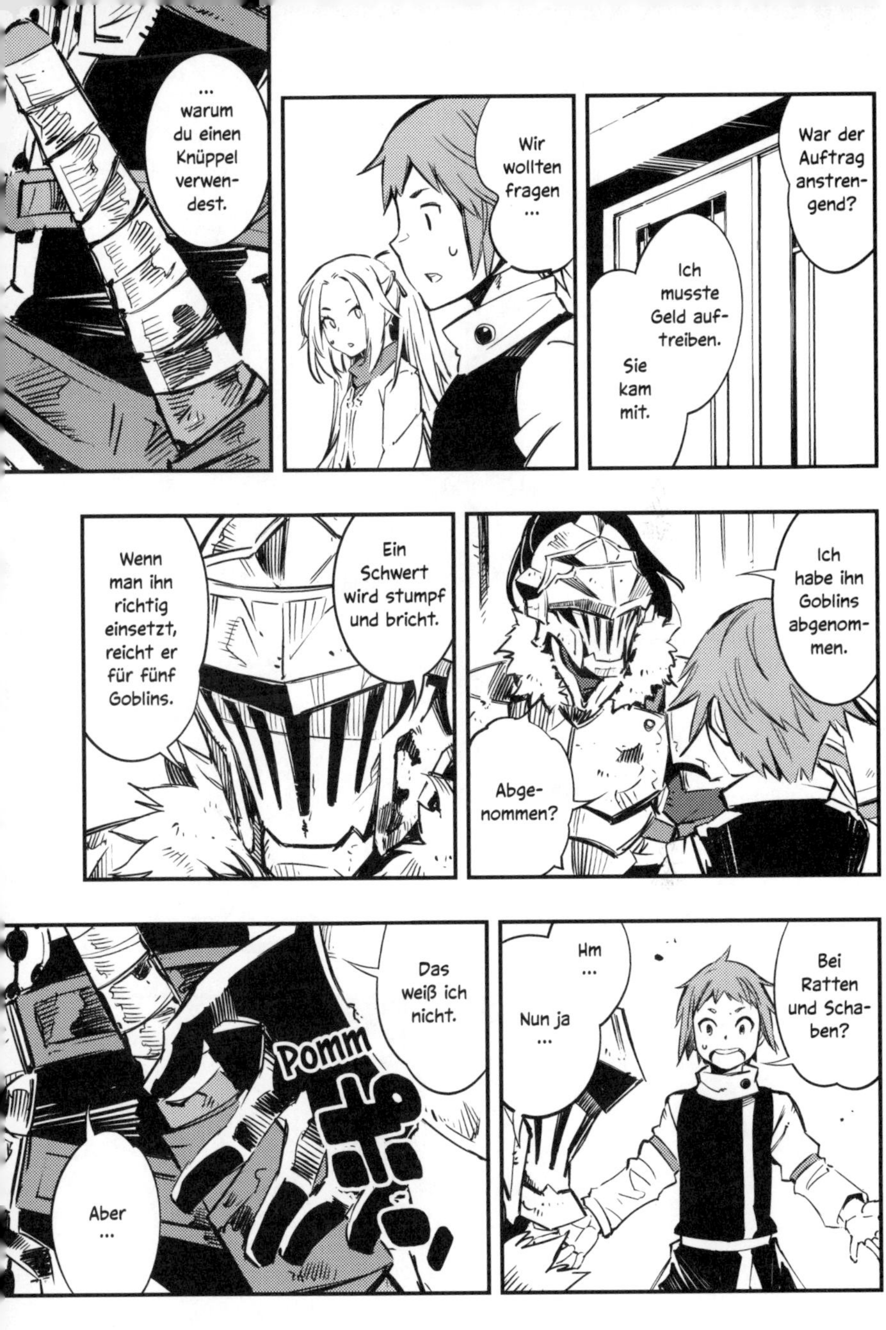
War der Auftrag anstrengend?
Ich musste Geld auftreiben.
Sie kam mit.
Wir wollten fragen ...
... warum du einen Knüppel verwendest.
Ich habe ihn Goblins abgenommen.
Abgenommen?
Ein Schwert wird stumpf und bricht.
Wenn man ihn richtig einsetzt, reicht er für fünf Goblins.
Bei Ratten und Schaben?
Hm ...
Nun ja ...
Das weiß ich nicht.
Pomm
Aber ...

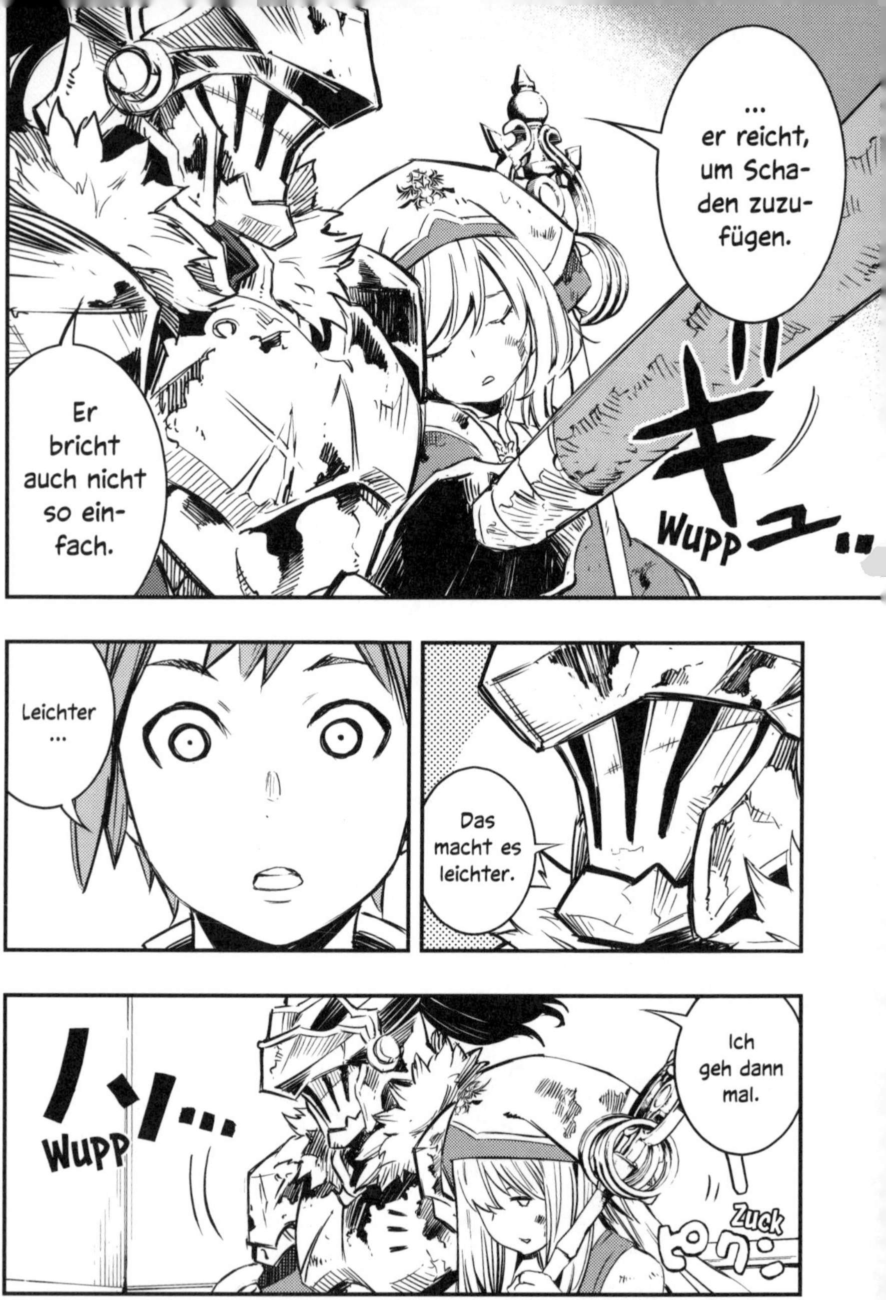
... er reicht, um Schaden zuzufügen.
Wupp
Er bricht auch nicht so einfach.
Das macht es leichter.
Leichter ...
Ich geh dann mal.
Zuck
Wupp

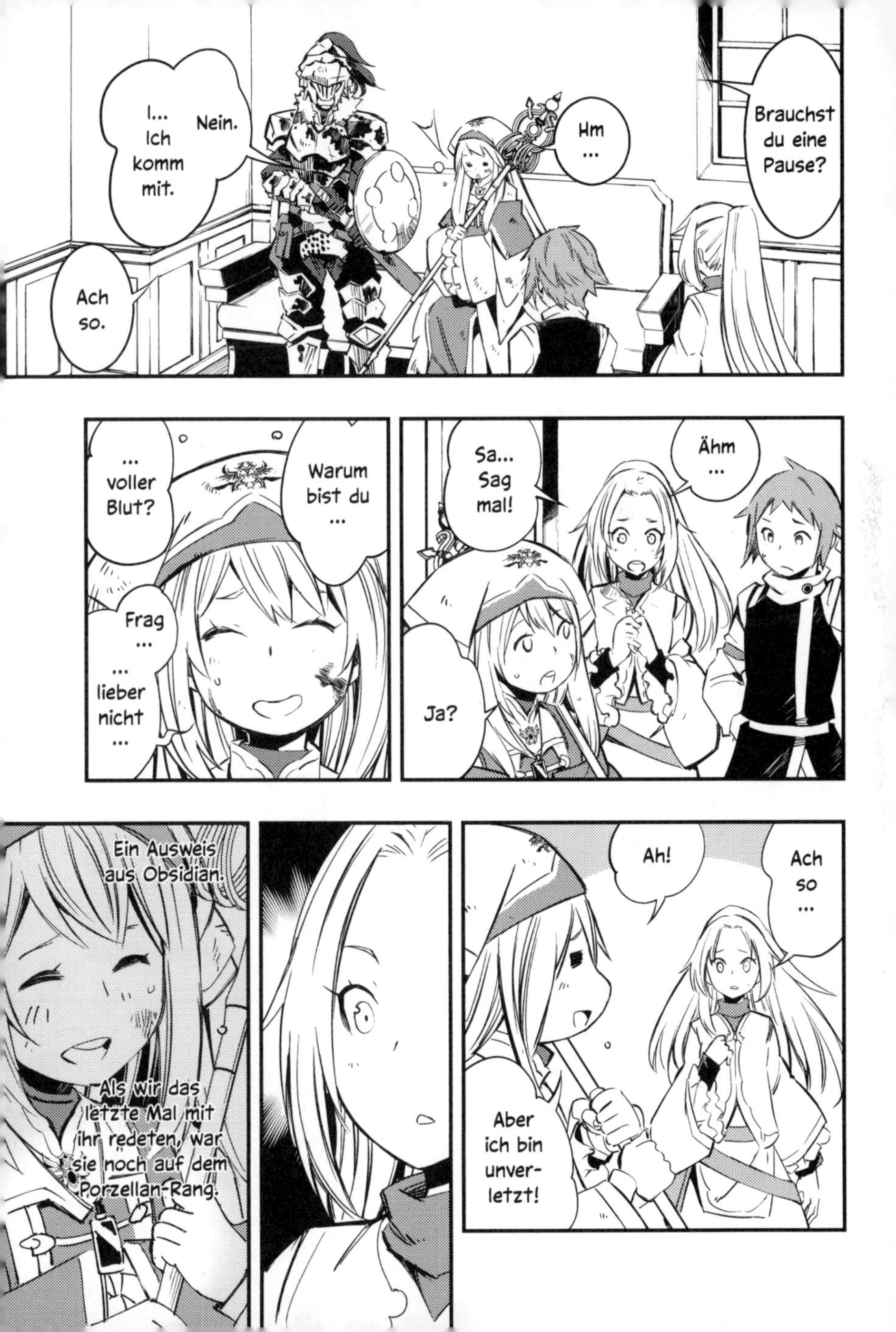
Brauchst du eine Pause?
Hm ...
Nein.
I... Ich komm mit.
Ach so.
Ähm ...
Sa... Sag mal!
Ja?
Warum bist du ...
... voller Blut?
Frag ...
... lieber nicht ...
Ach so ...
Ah!
Aber ich bin unver-letzt!
Ein Ausweis aus Obsidian.
Als wir das letzte Mal mit ihr redeten, war sie noch auf dem Porzellan-Rang.

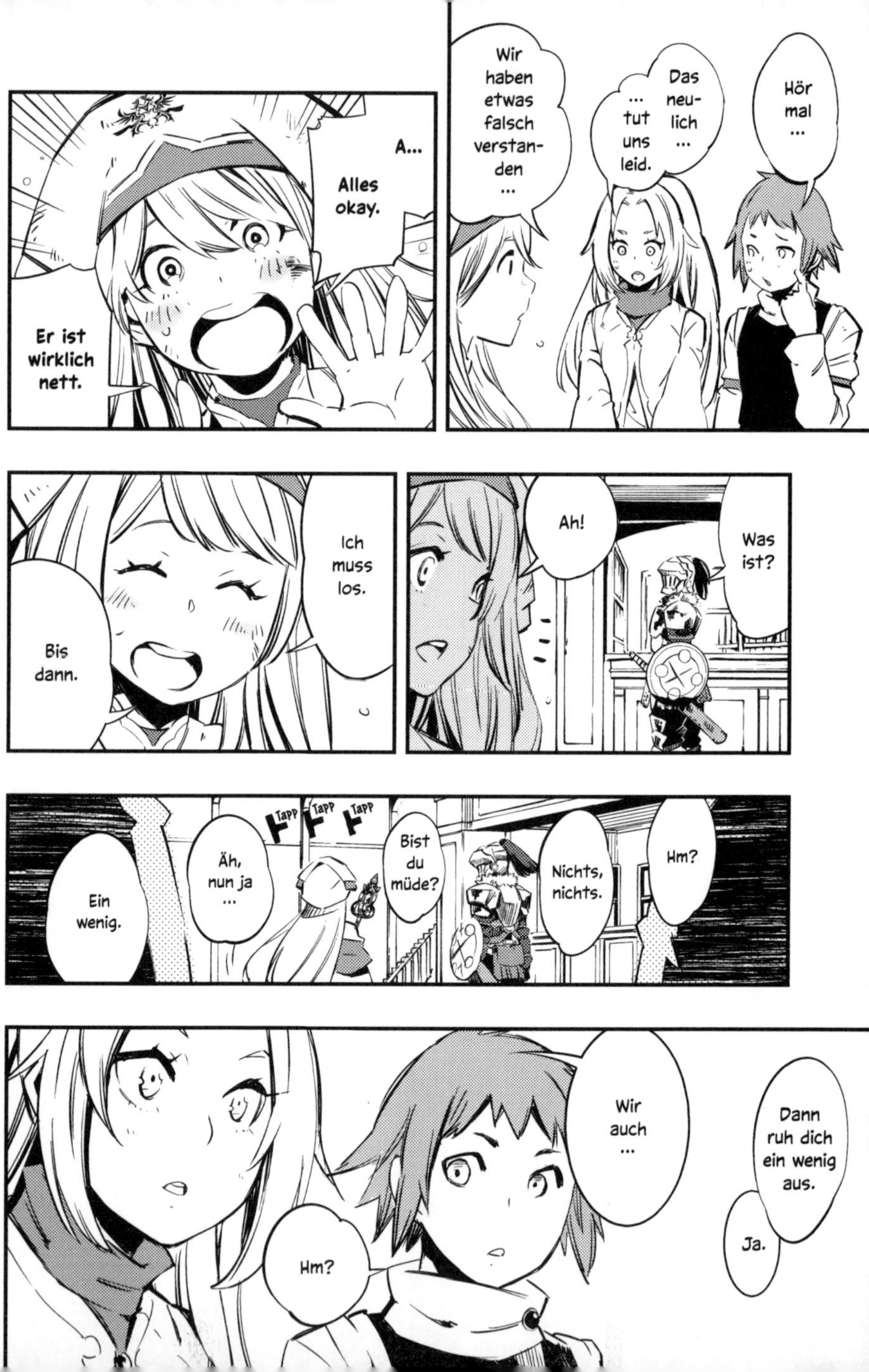
Hör mal ...
Das neulich ...
... tut uns leid.
Wir haben etwas falsch verstanden ...
A...
Alles okay.
Er ist wirklich nett.
Was ist?
Ah!
Ich muss los.
Bis dann.
Hm?
Nichts, nichts.
Bist du müde?
Tapp Tapp Tapp
Äh, nun ja ...
Ein wenig.
Dann ruh dich ein wenig aus.
Ja.
Wir auch ...
Hm?

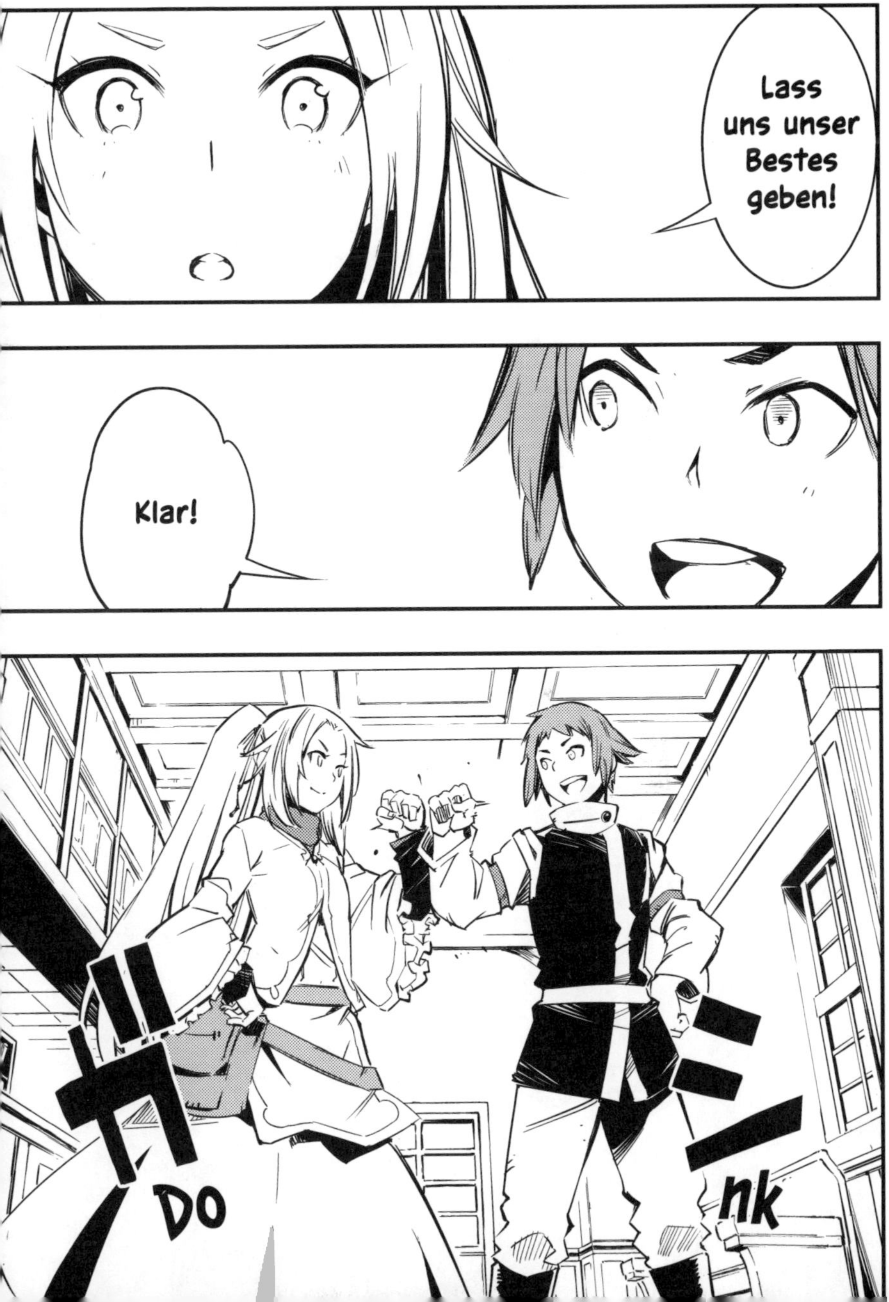
Lass uns unser Bestes geben!
Klar!
DO
nk

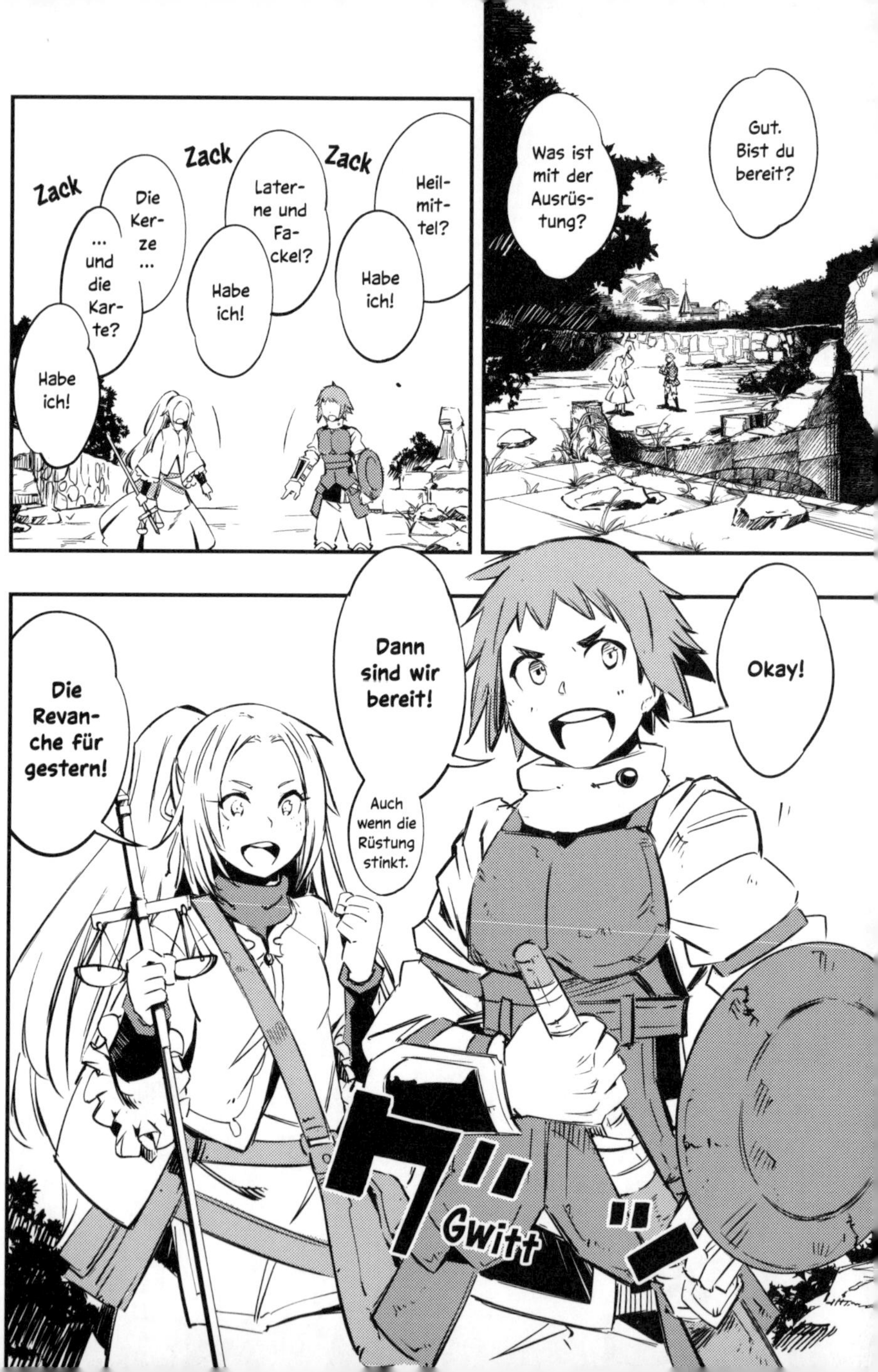
Gut. Bist du bereit?
Was ist mit der Ausrüstung?
Zack
Heilmittel?
Habe ich!
Zack
Laterne und Fackel?
Habe ich!
Zack
Die Kerze ...
... und die Karte?
Habe ich!
Okay!
Dann sind wir bereit!
Auch wenn die Rüstung stinkt.
Die Revanche für gestern!
Gwitt

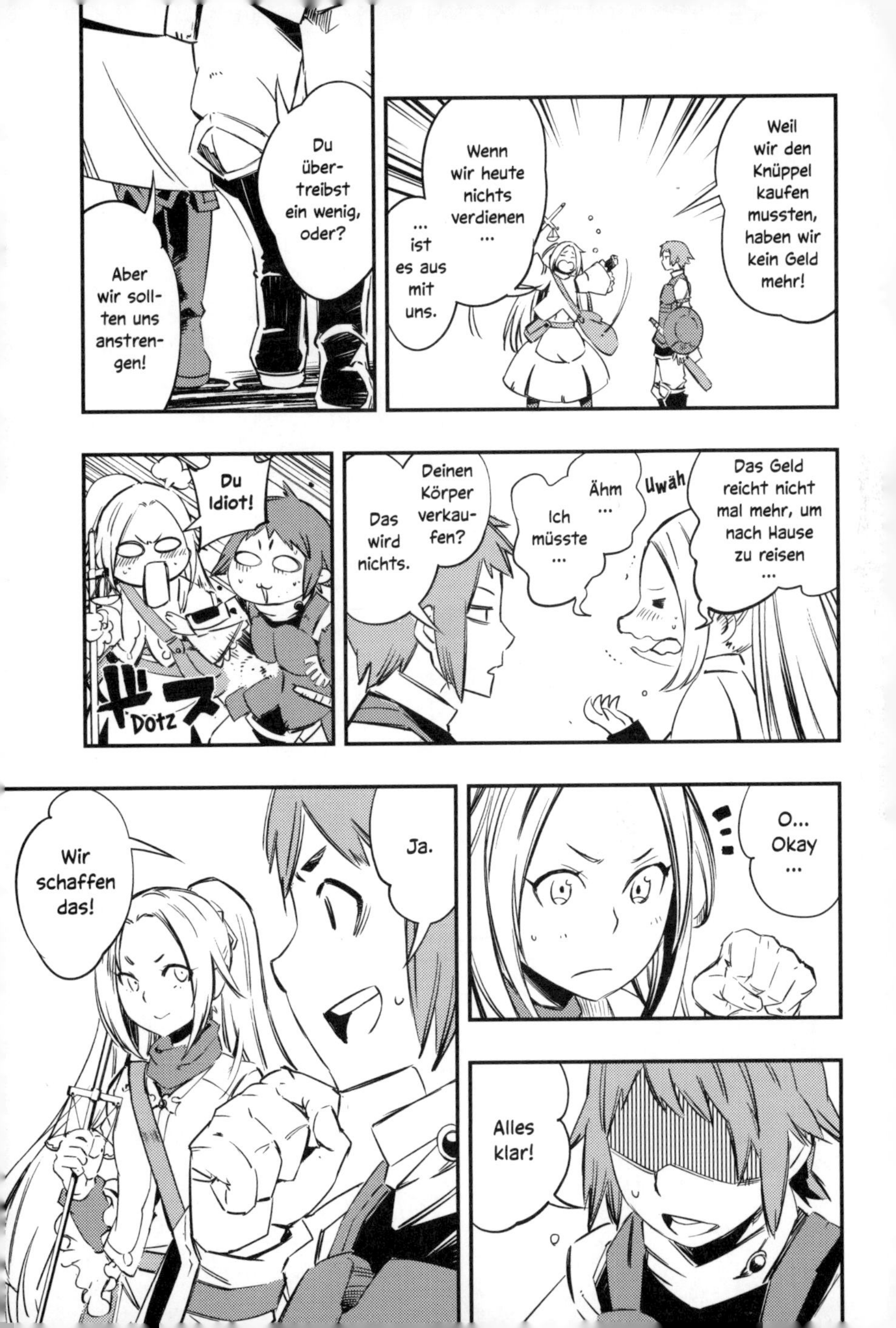
Weil wir den Knüppel kaufen mussten, haben wir kein Geld mehr!
Wenn wir heute nichts verdienen …
… ist es aus mit uns.
Du übertreibst ein wenig, oder?
Aber wir sollten uns anstrengen!
Das Geld reicht nicht mal mehr, um nach Hause zu reisen …
Uwäh
Ähm …
Ich müsste …
Deinen Körper verkaufen?
Das wird nichts.
Du Idiot!
Dotz
O… Okay …
Alles klar!
Ja.
Wir schaffen das!

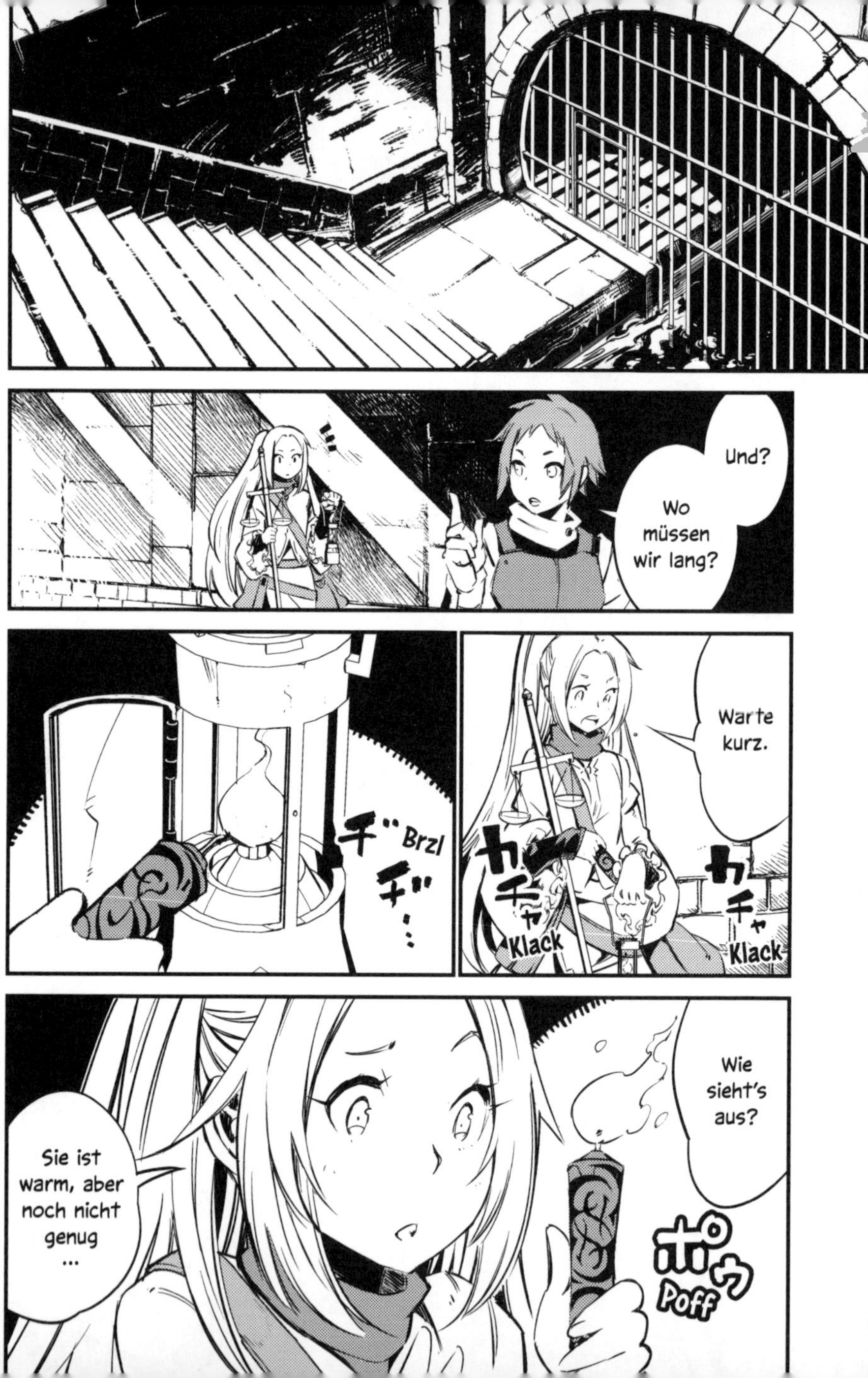
Und?
Wo müssen wir lang?
Warte kurz.
Brzl
Klack
Klack
Wie sieht's aus?
Sie ist warm, aber noch nicht genug ...
Poff

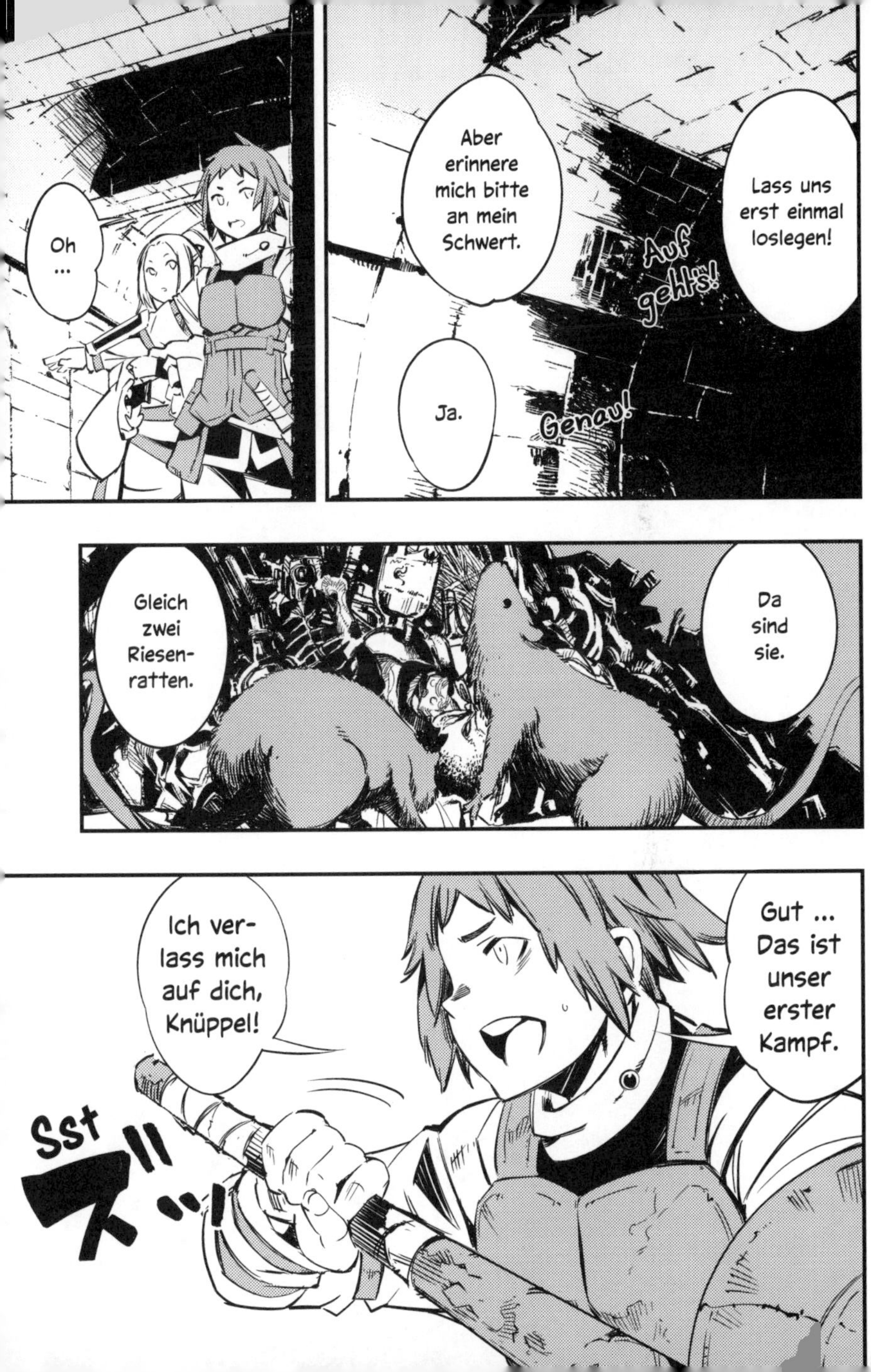

Lass uns erst einmal loslegen!
Auf geht's!
Aber erinnere mich bitte an mein Schwert.
Genau!
Ja.
Oh ...
Da sind sie.
Gleich zwei Riesenratten.
Gut ... Das ist unser erster Kampf.
Ich verlass mich auf dich, Knüppel!
Sst
ズッ

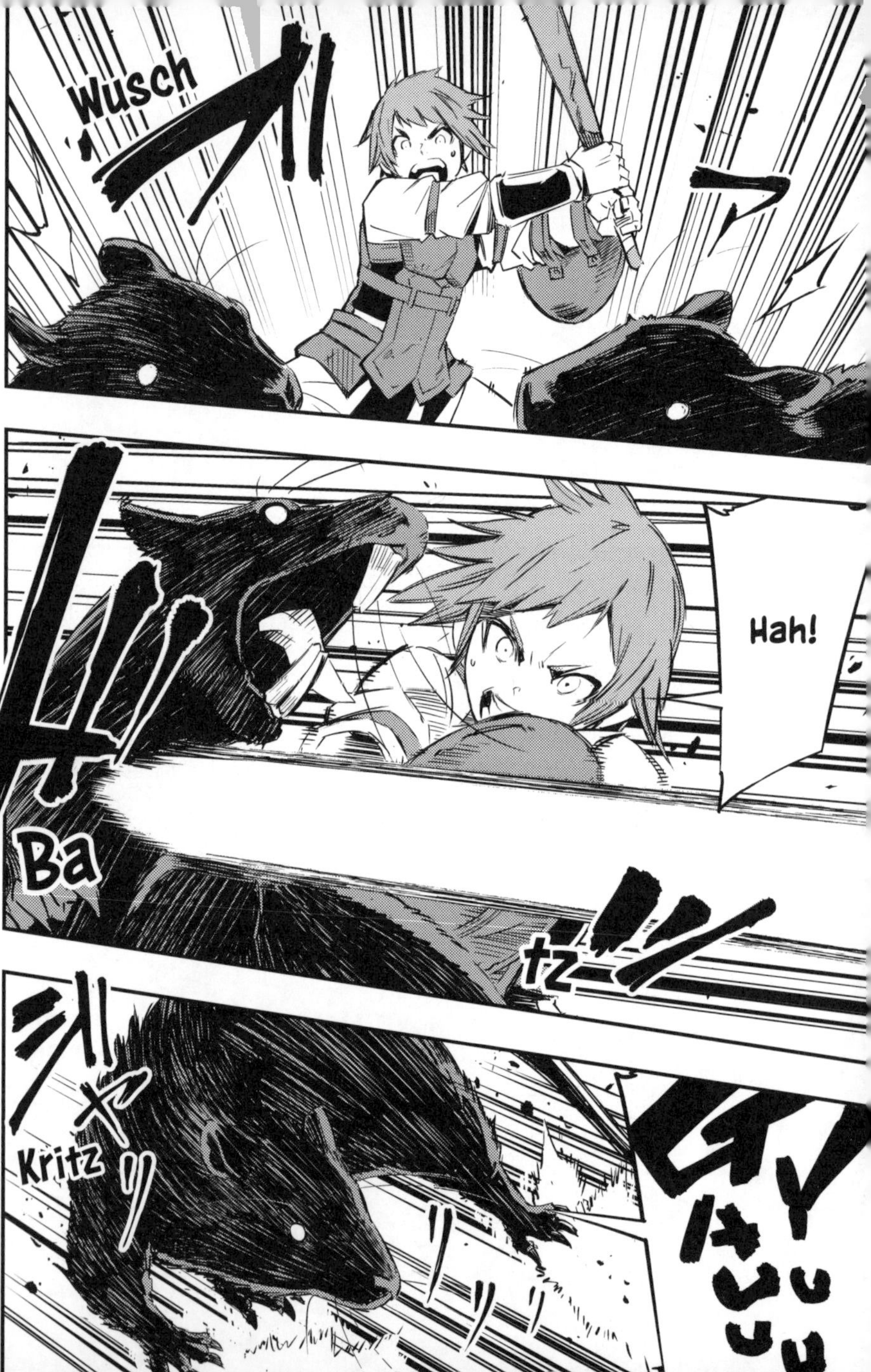
Wusch
Hah!
Ba
tz
Kritz

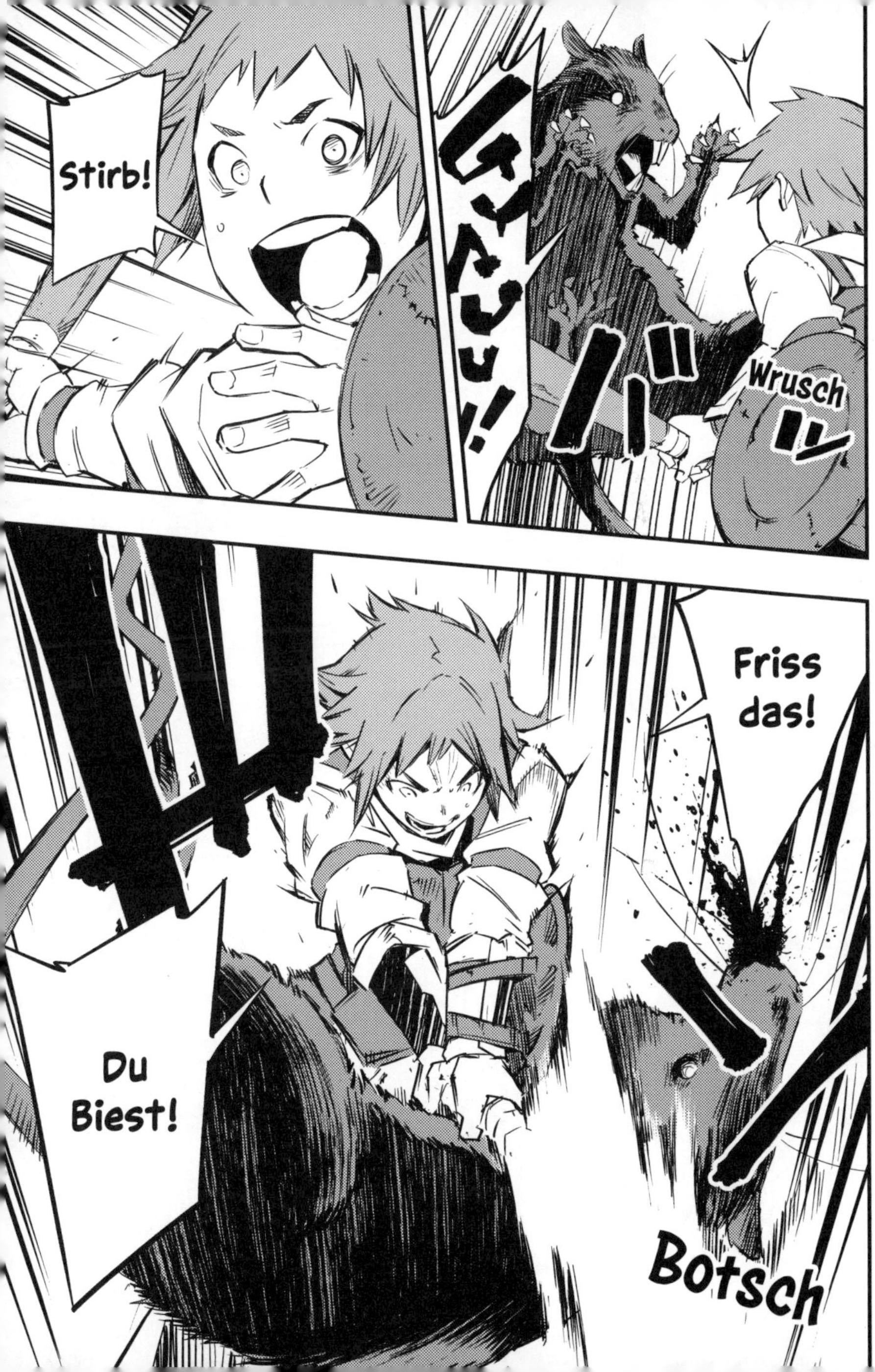
Wrusch
Stirb!
Friss das!
Du Biest!
Botsch

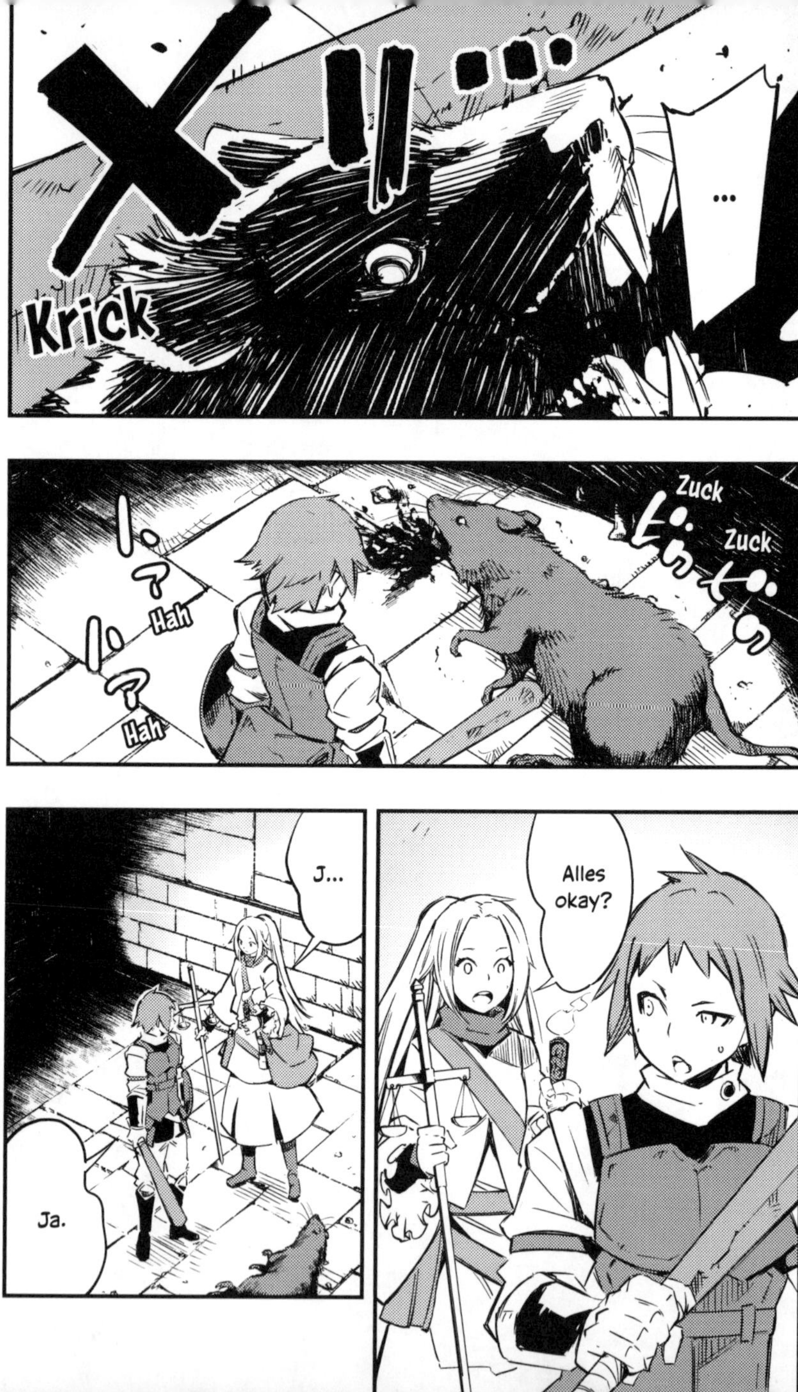
Krick
...
Zuck
Zuck
Hah
Hah
Alles okay?
J...
Ja.

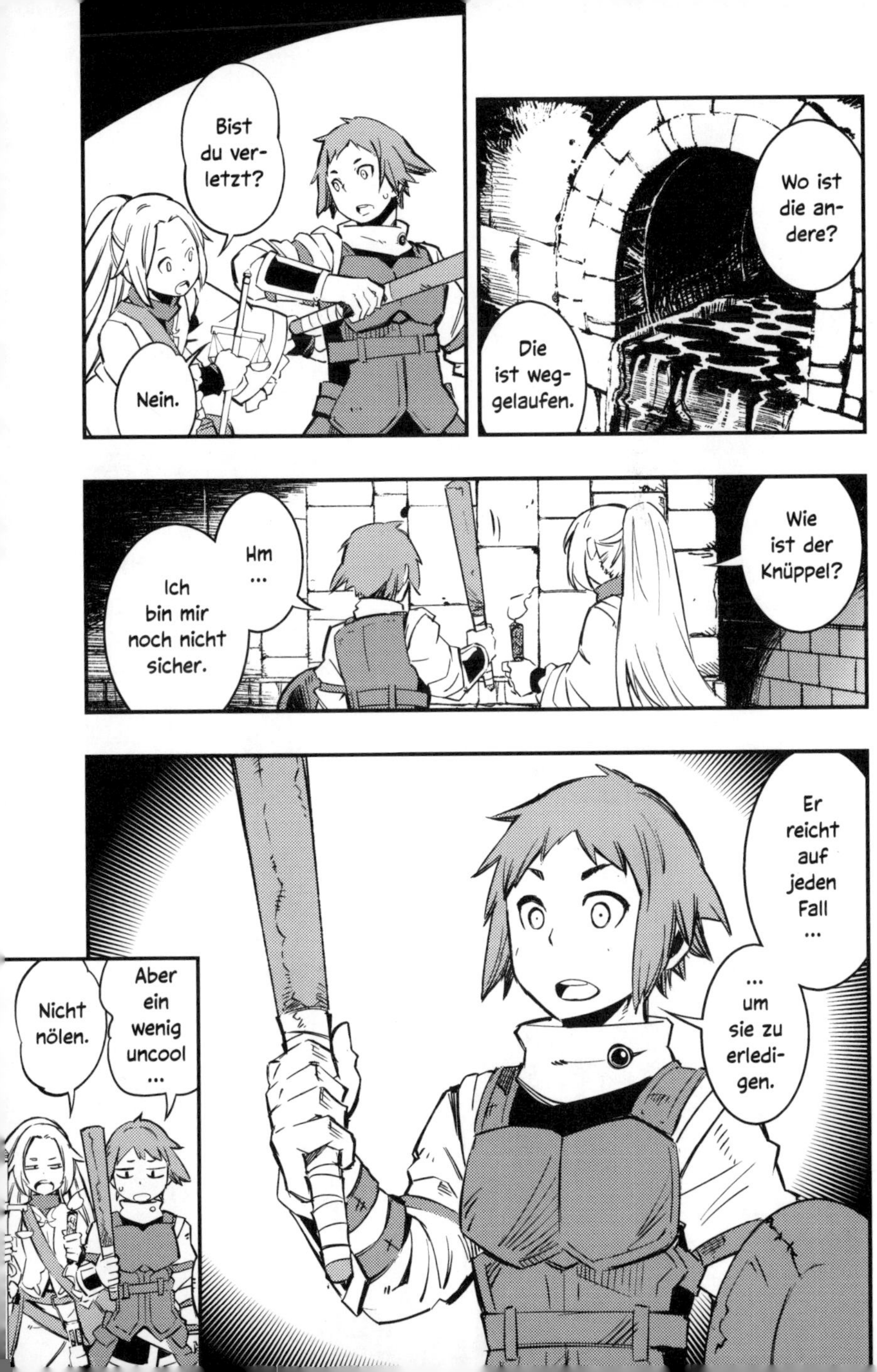
Wo ist die andere?
Die ist weggelaufen.
Bist du verletzt?
Nein.
Wie ist der Knüppel?
Hm ...
Ich bin mir noch nicht sicher.
Er reicht auf jeden Fall ...
... um sie zu erledigen.
Aber ein wenig uncool ...
Nicht nölen.

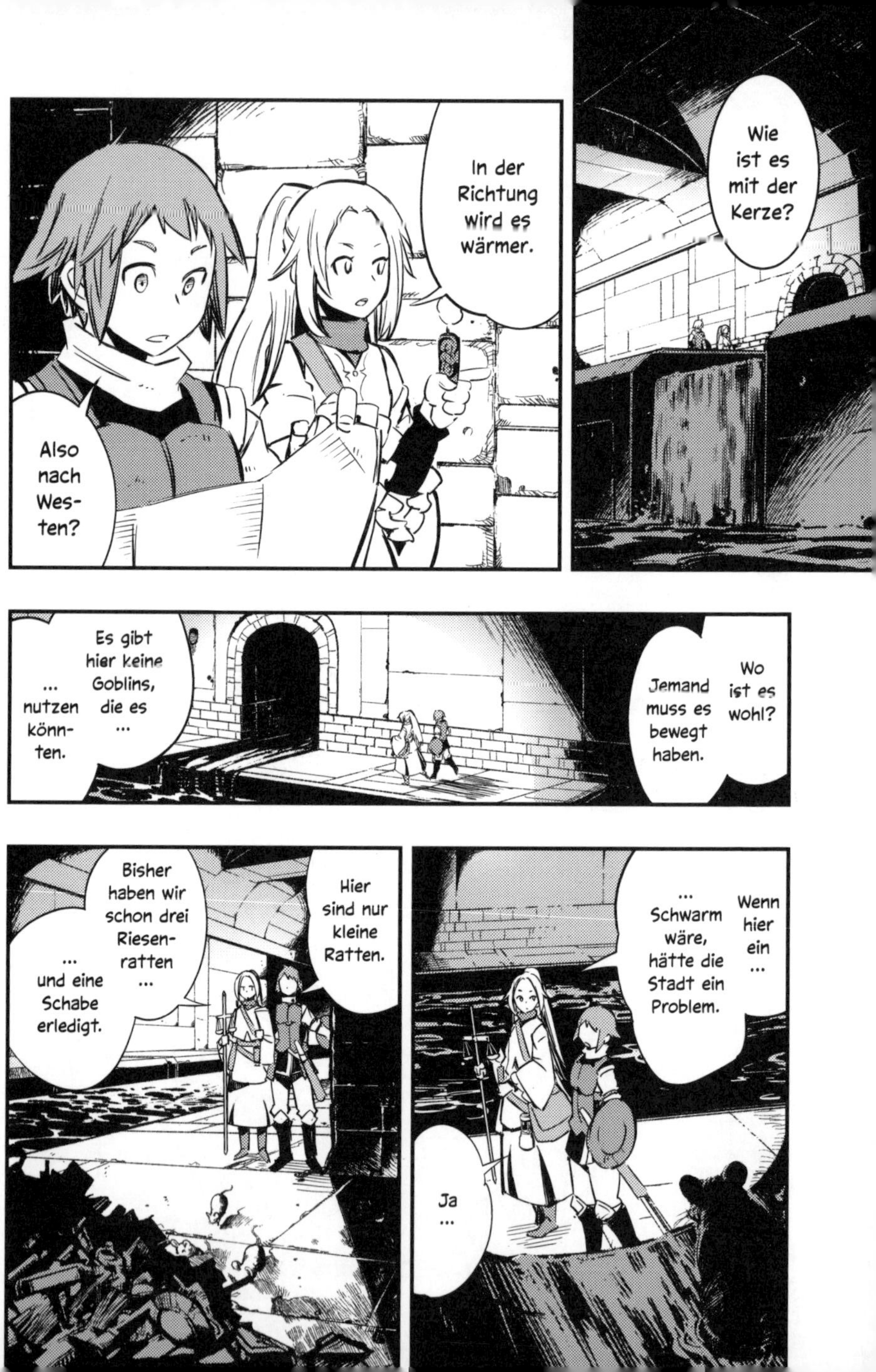
Wie ist es mit der Kerze?
In der Richtung wird es wärmer.
Also nach Westen?
Wo ist es wohl?
Jemand muss es bewegt haben.
Es gibt hier keine Goblins, die es ...
... nutzen könnten.
Wenn hier ein ...
... Schwarm wäre, hätte die Stadt ein Problem.
Ja ...
Hier sind nur kleine Ratten.
Bisher haben wir schon drei Riesenratten ...
... und eine Schabe erledigt.

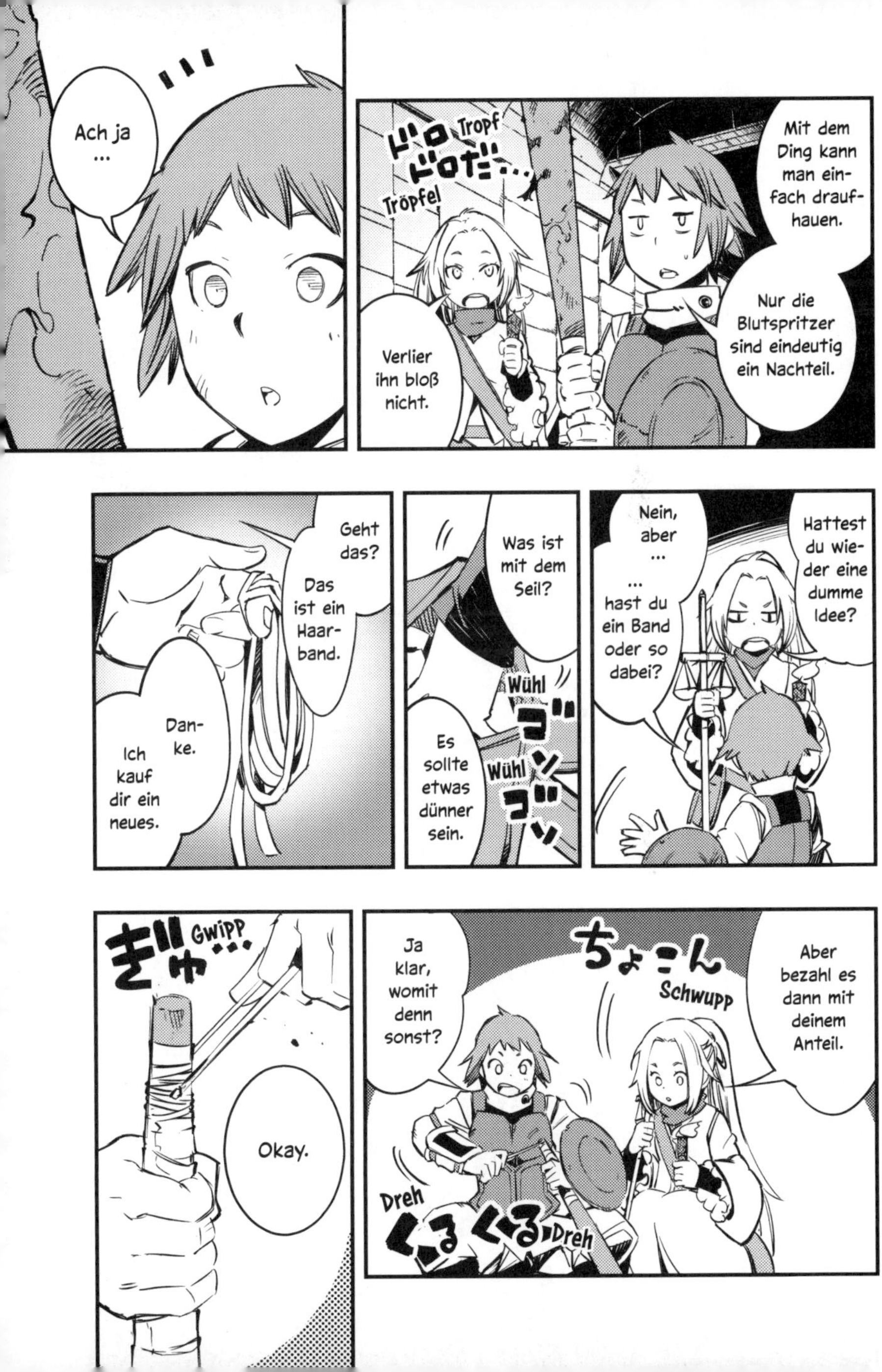
ドロドロだ…
Tropf
Tröpfel
Mit dem Ding kann man einfach draufhauen.
Nur die Blutspritzer sind eindeutig ein Nachteil.
Verlier ihn bloß nicht.
…
Ach ja …
Hattest du wieder eine dumme Idee?
Nein, aber … … hast du ein Band oder so dabei?
Was ist mit dem Seil?
Es sollte etwas dünner sein.
Wühl ゴソ Wühl ゴソ
Geht das? Das ist ein Haarband.
Danke. Ich kauf dir ein neues.
ちょこん
Schwupp
Aber bezahl es dann mit deinem Anteil.
Ja klar, womit denn sonst?
Dreh くるくる Dreh
ぎゅ…
Gwipp
Okay.

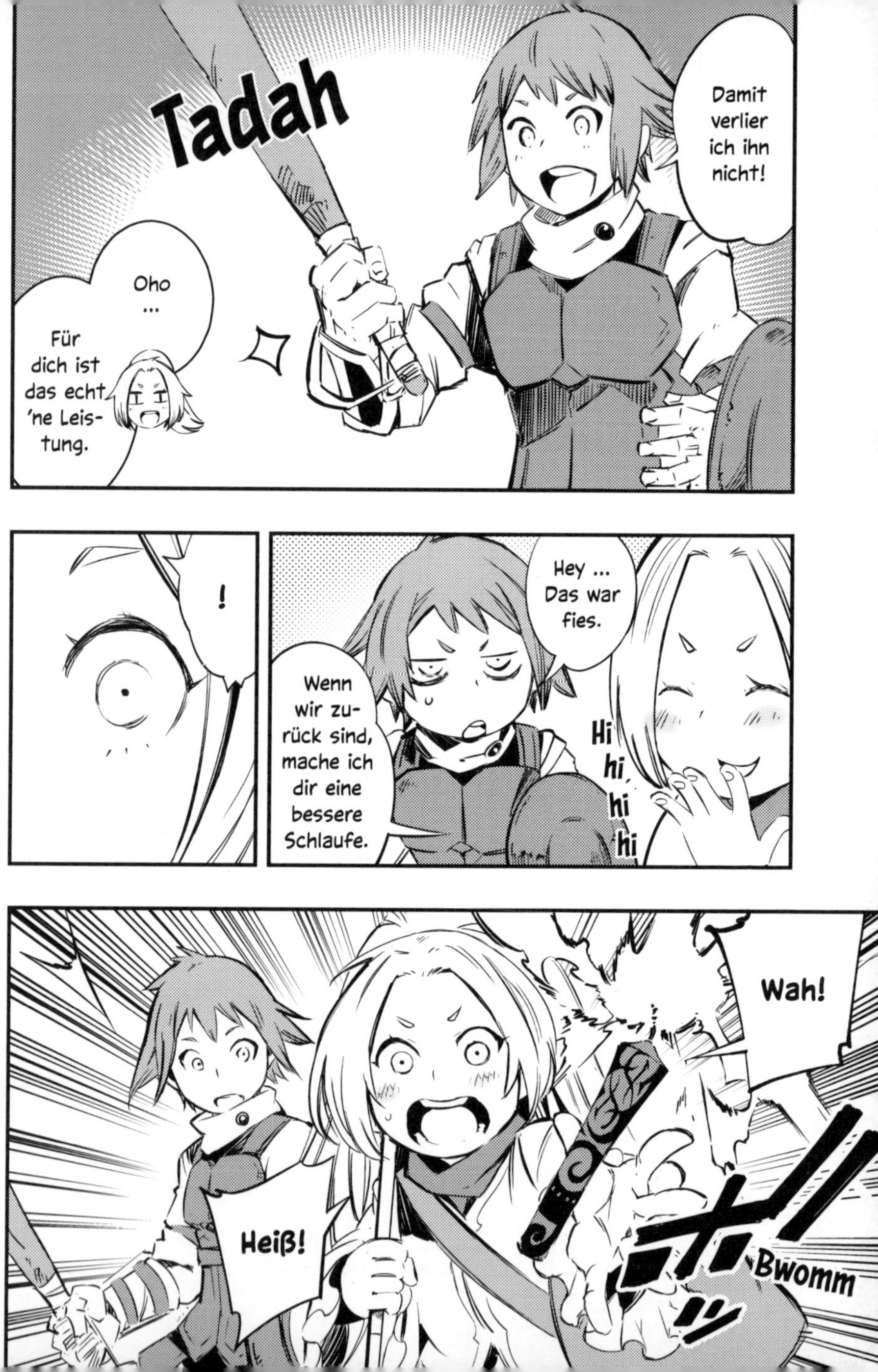

Damit verlier ich ihn nicht!
Tadah
Oho ...
Für dich ist das echt 'ne Leistung.
Hey ... Das war fies.
Wenn wir zurück sind, mache ich dir eine bessere Schlaufe.
Hi hi hi hi
!
Wah!
Bwomm
Heiß!

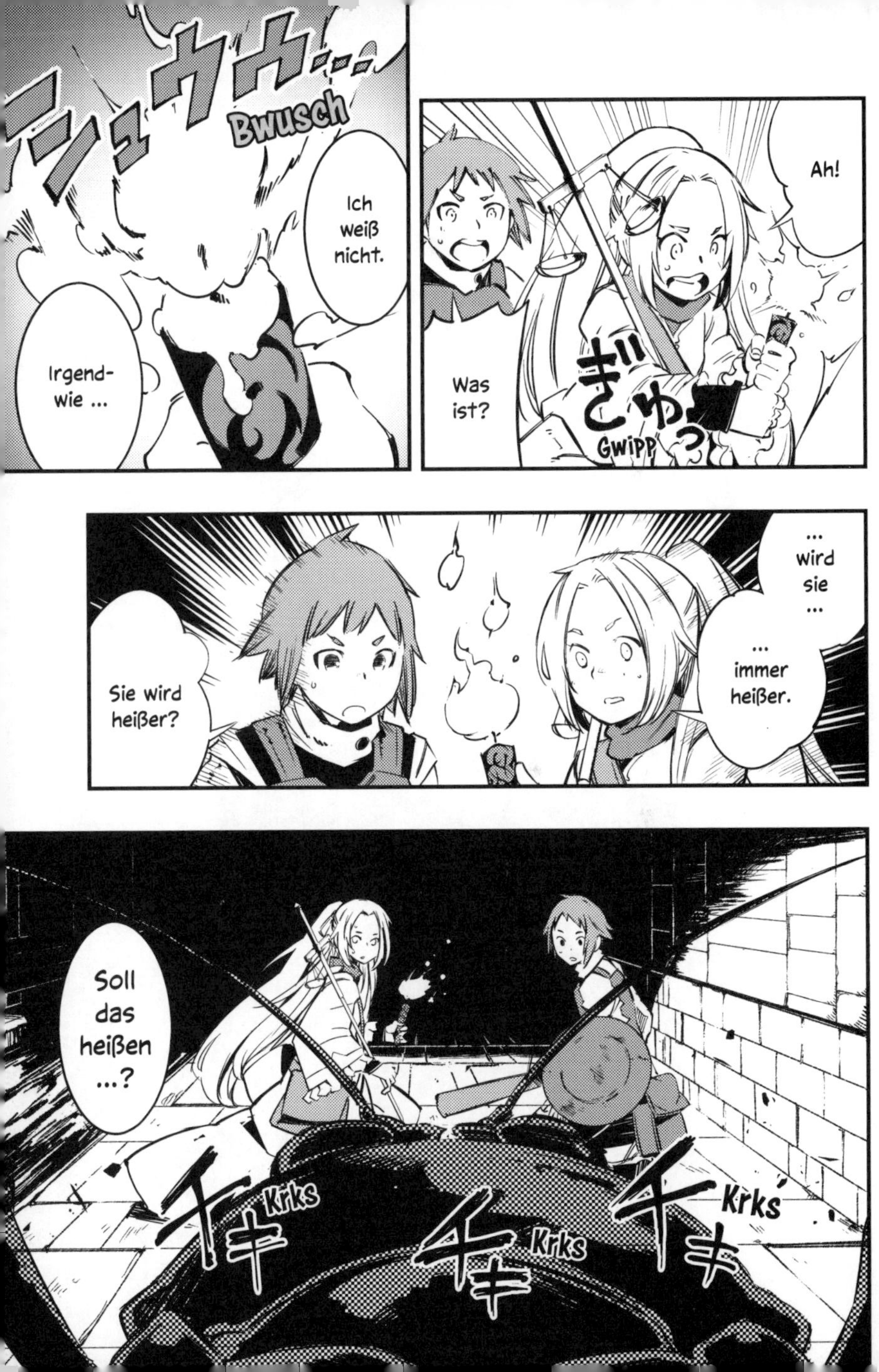
Bwusch
Ah!
Ich weiß nicht.
Was ist?
Irgend- wie ...
Gwipp
... wird sie ...
... immer heißer.
Sie wird heißer?
Soll das heißen ...?
Krks
Krks
Krks

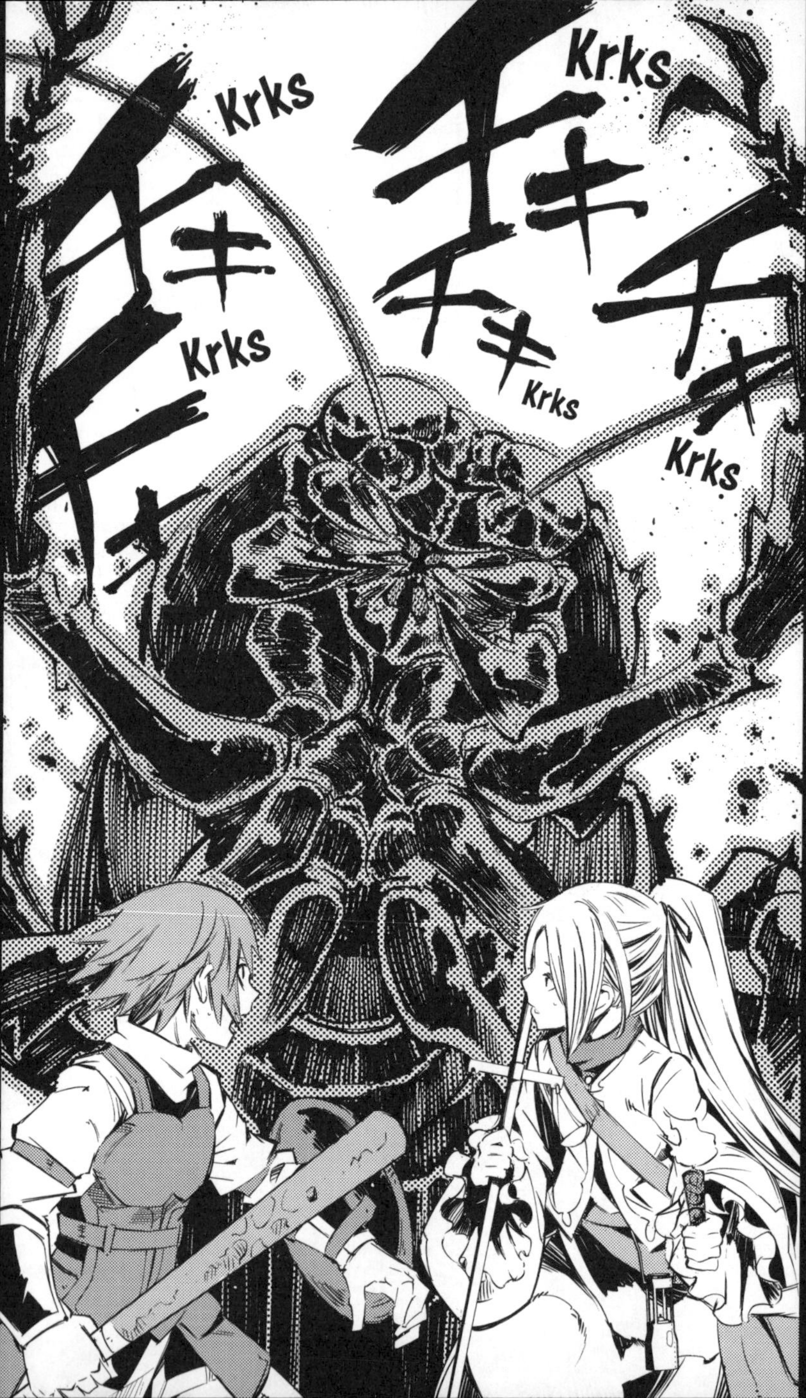
Krks
Krks
Krks
Krks
Krks
Krks

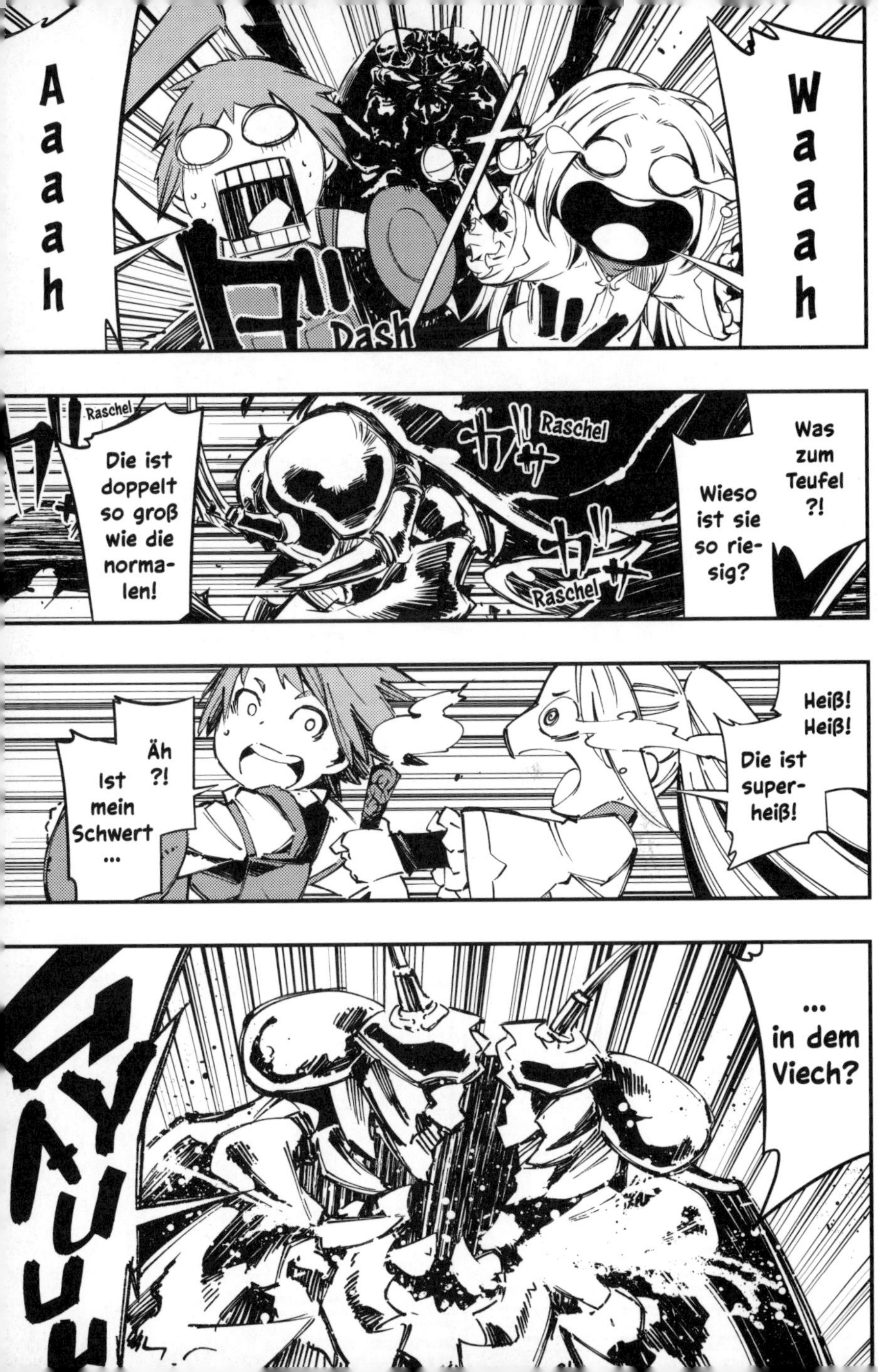
Waaaah
Aaaah
Dash
Was zum Teufel ?!
Wieso ist sie so rie-sig?
Raschel
Raschel
Raschel
Die ist doppelt so groß wie die norma-len!
Heiß! Heiß!
Die ist super-heiß!
Äh ?!
Ist mein Schwert ...
... in dem Viech?

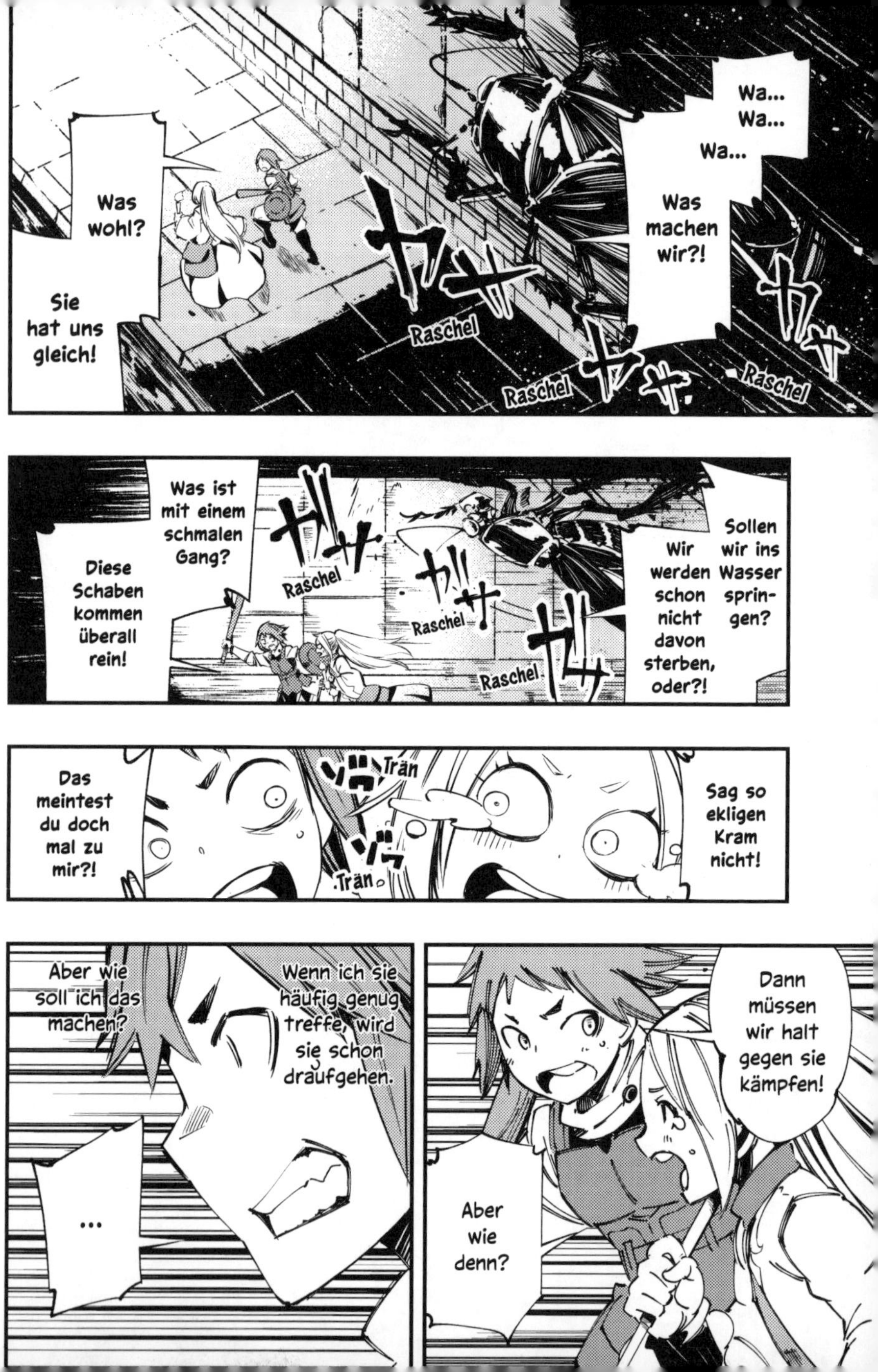
Wa... Wa... Wa...
Was machen wir?!
Was wohl?
Sie hat uns gleich!
Raschel
Raschel
Raschel
Sollen wir ins Wasser sprin-gen?
Wir werden schon nicht davon sterben, oder?!
Was ist mit einem schmalen Gang?
Diese Schaben kommen überall rein!
Raschel
Raschel
Raschel
Sag so ekligen Kram nicht!
Trän
Trän
Das meintest du doch mal zu mir?!
Dann müssen wir halt gegen sie kämpfen!
Aber wie denn?
Wenn ich sie häufig genug treffe, wird sie schon draufgehen.
Aber wie soll ich das machen?
...

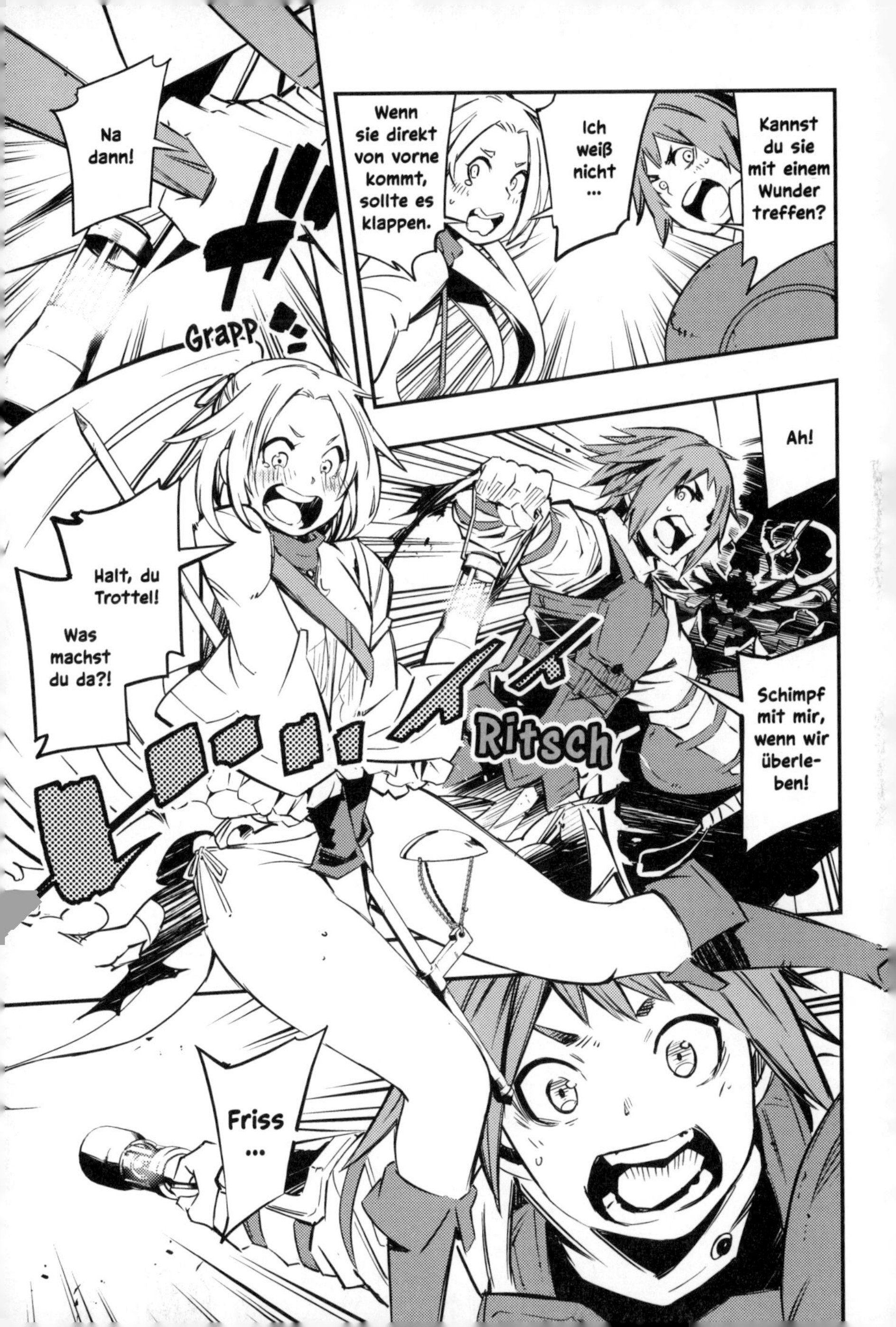
Kannst du sie mit einem Wunder treffen?
Ich weiß nicht ...
Wenn sie direkt von vorne kommt, sollte es klappen.
Na dann!
Grapp
Ah!
Halt, du Trottel!
Was machst du da?!
Ritsch
Schimpf mit mir, wenn wir überle-ben!
Friss ...

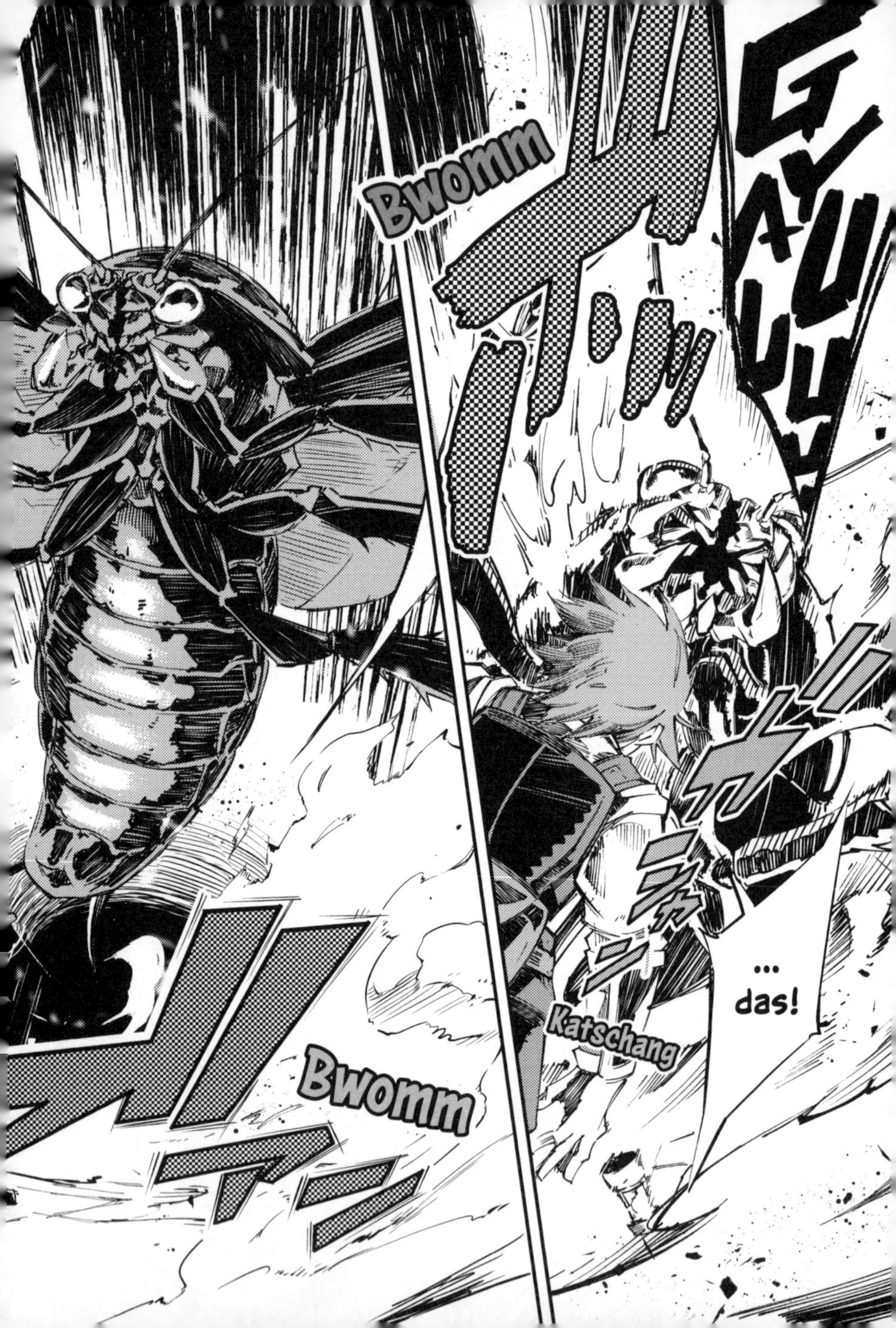
GYAUUU
Bwomm
... das!
Katschang
Bwomm

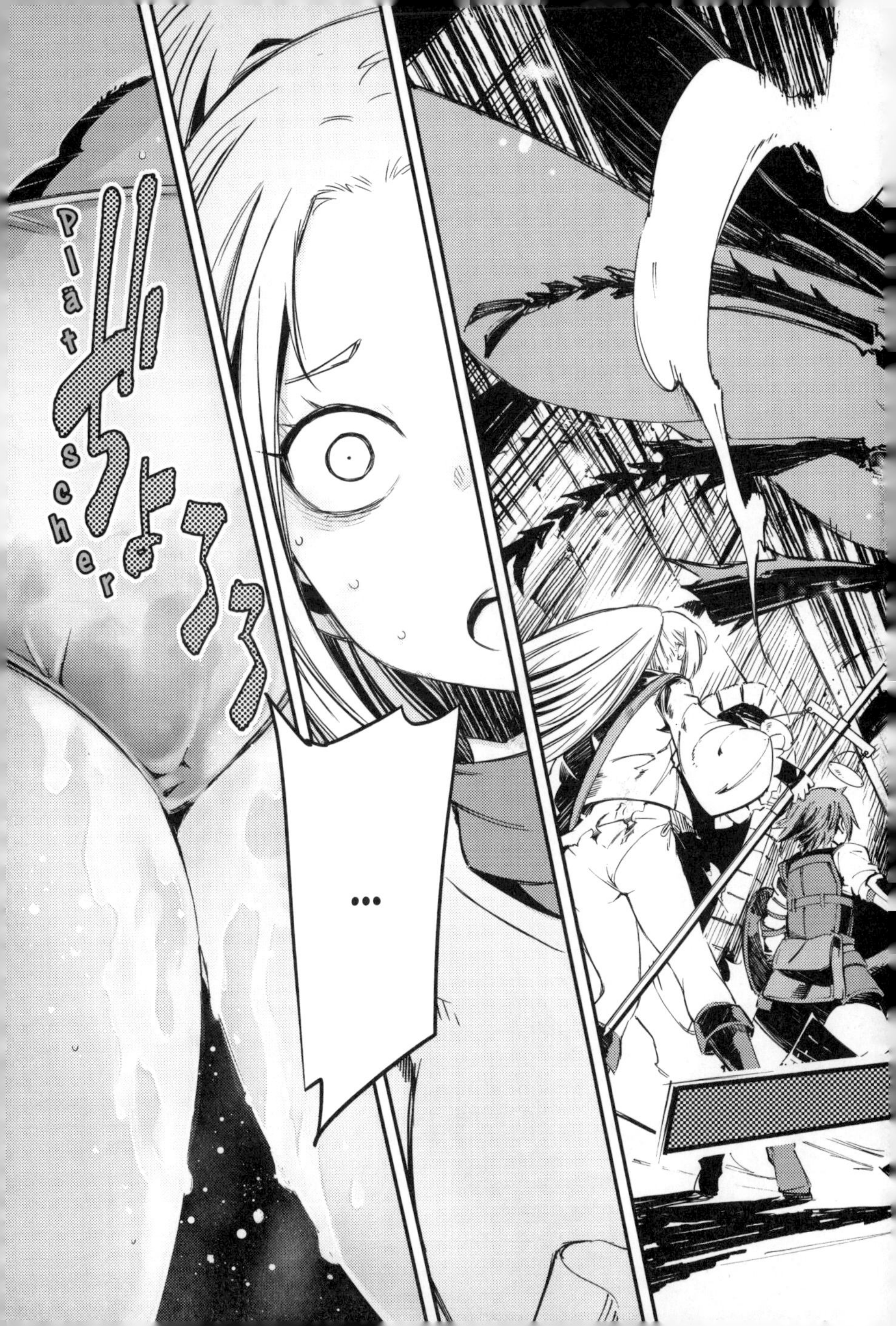
Plätscher
...

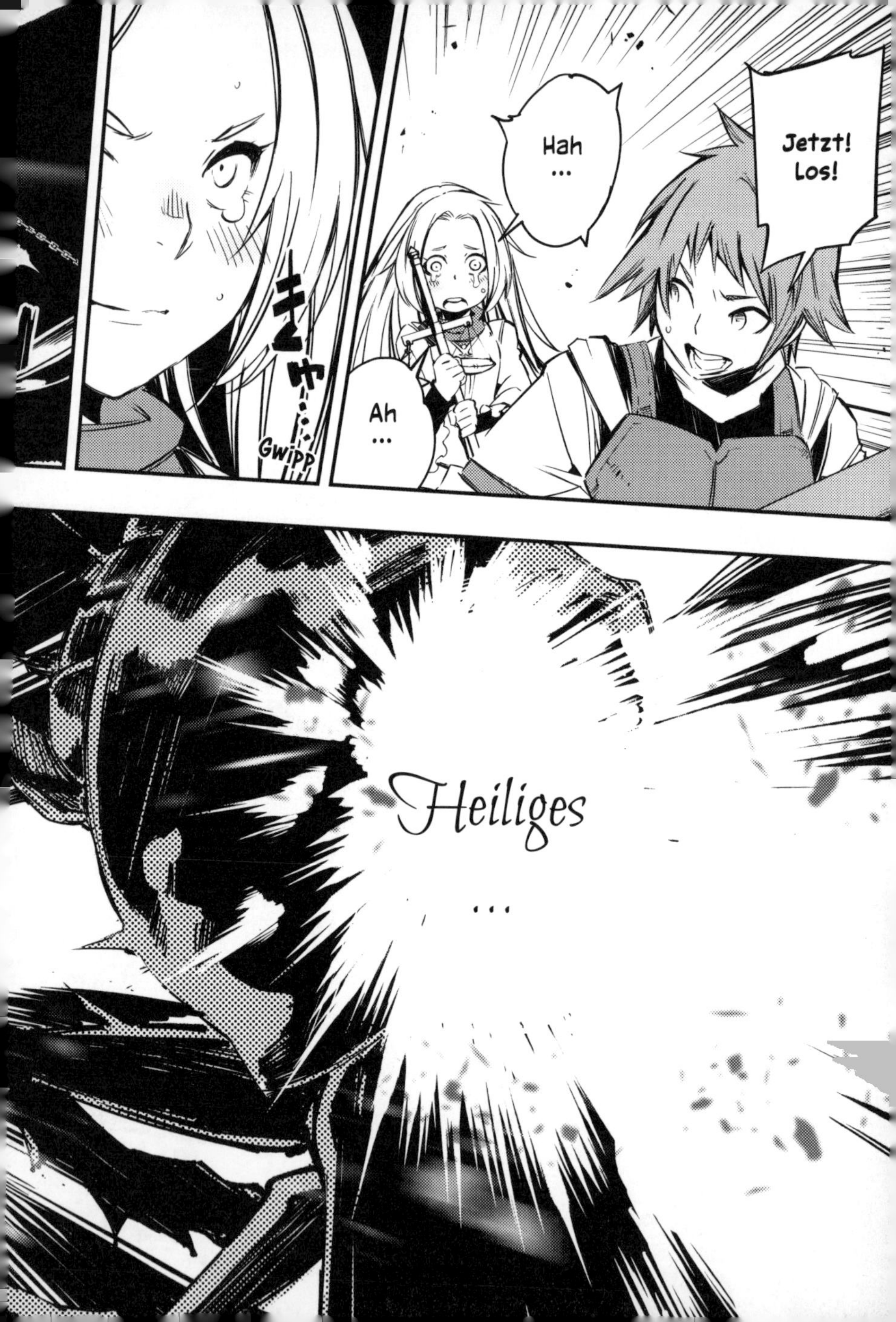

Jetzt! Los!
Hah …
きゅ…
Gwipp
Ah …
Heiliges
…

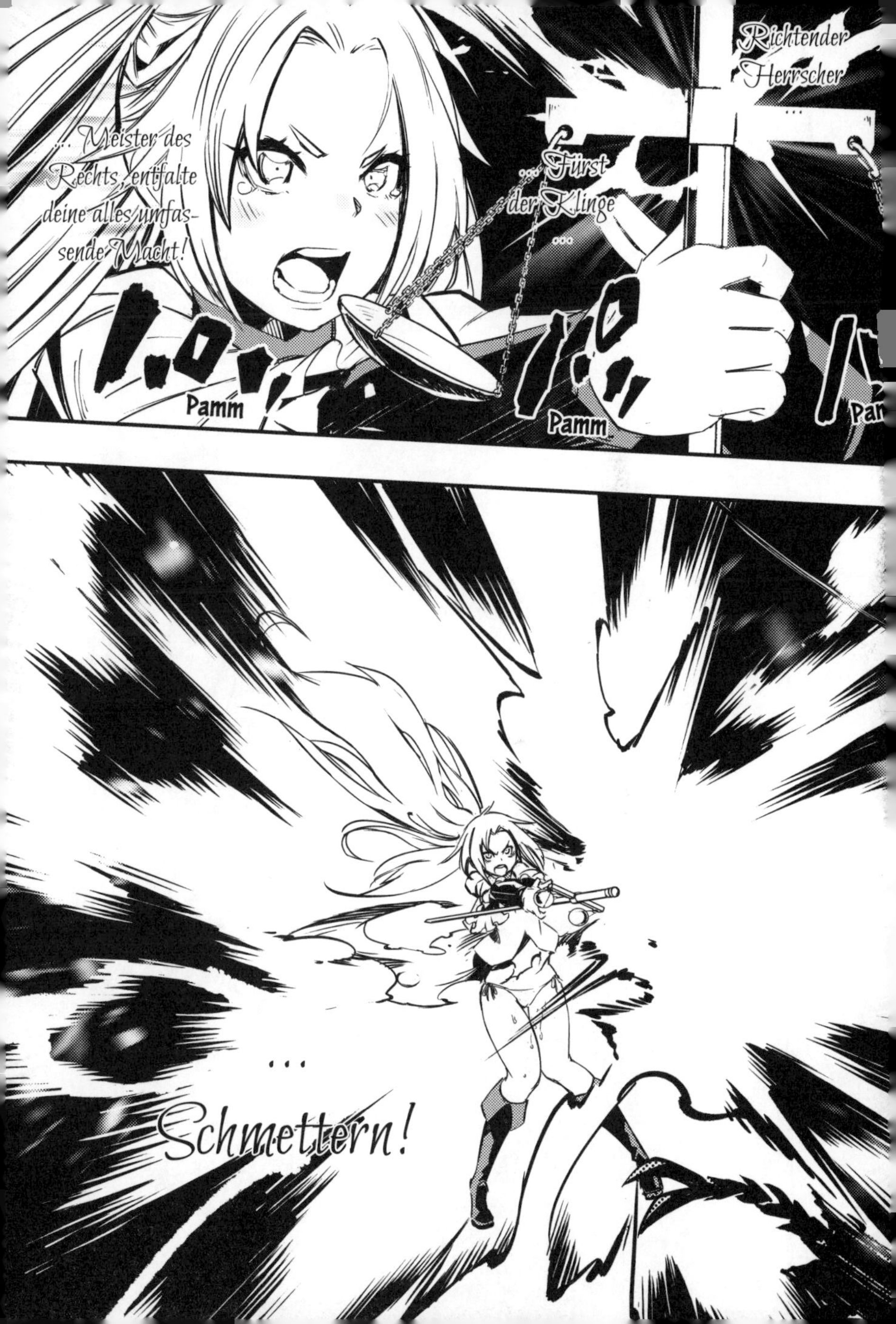
Richtender Herrscher …
… Fürst der Klinge …
… Meister des Rechts, entfalte deine alles umfassende Macht!
Pamm
Pamm
Pam
… Schmettern!

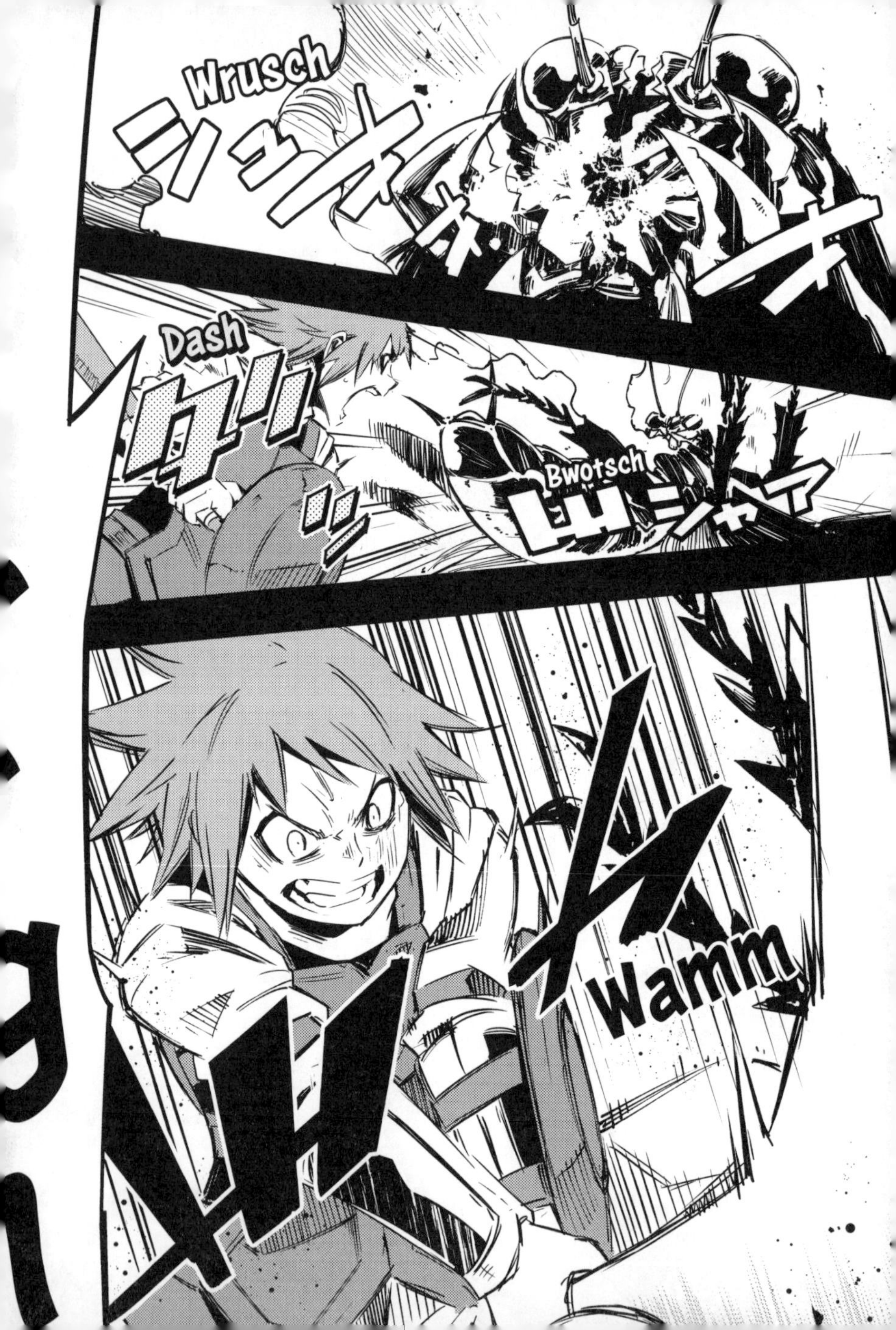
Wrusch
Bwotsch
Dash
Wamm

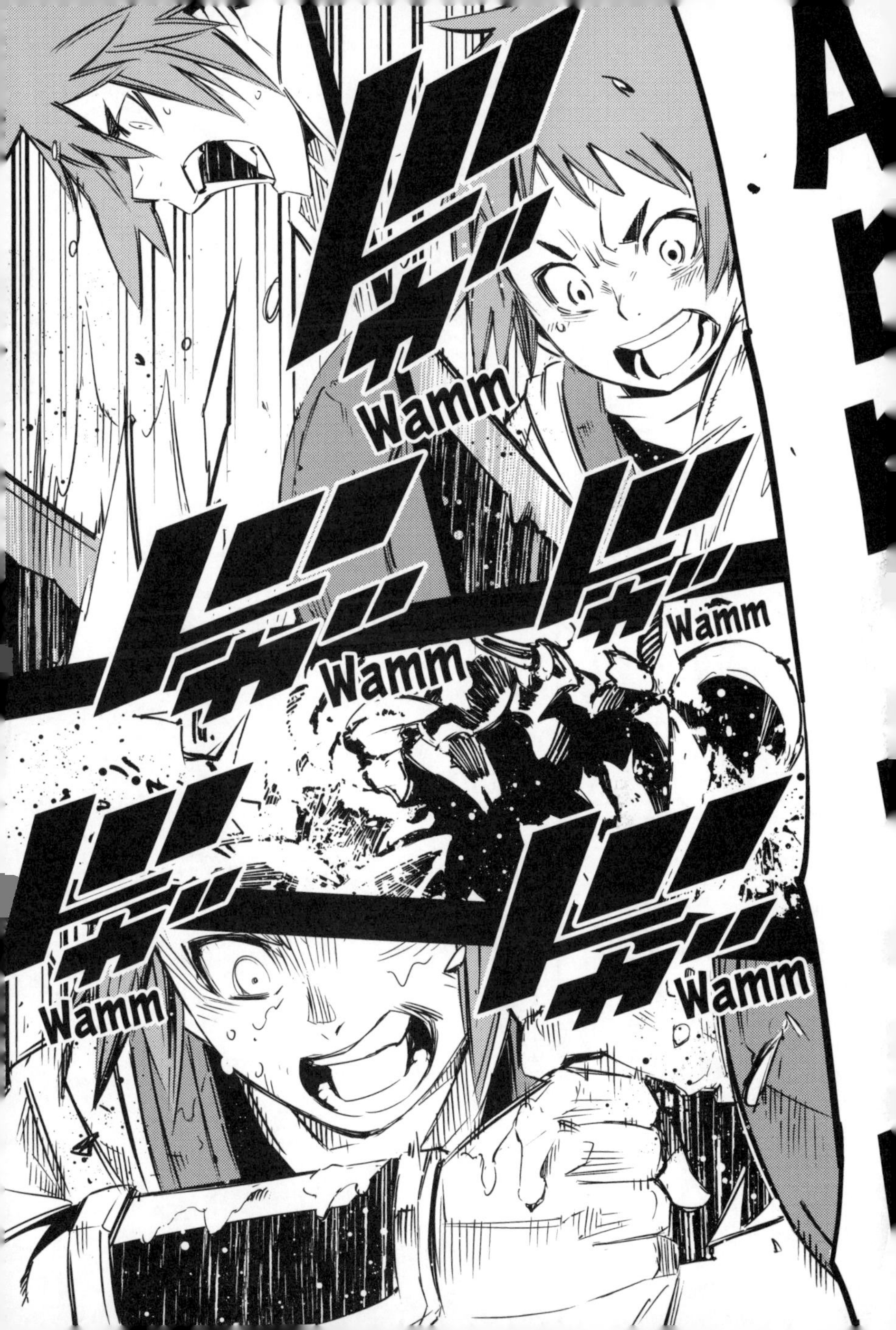
Wamm
Wamm
Wamm
Wamm
Wamm

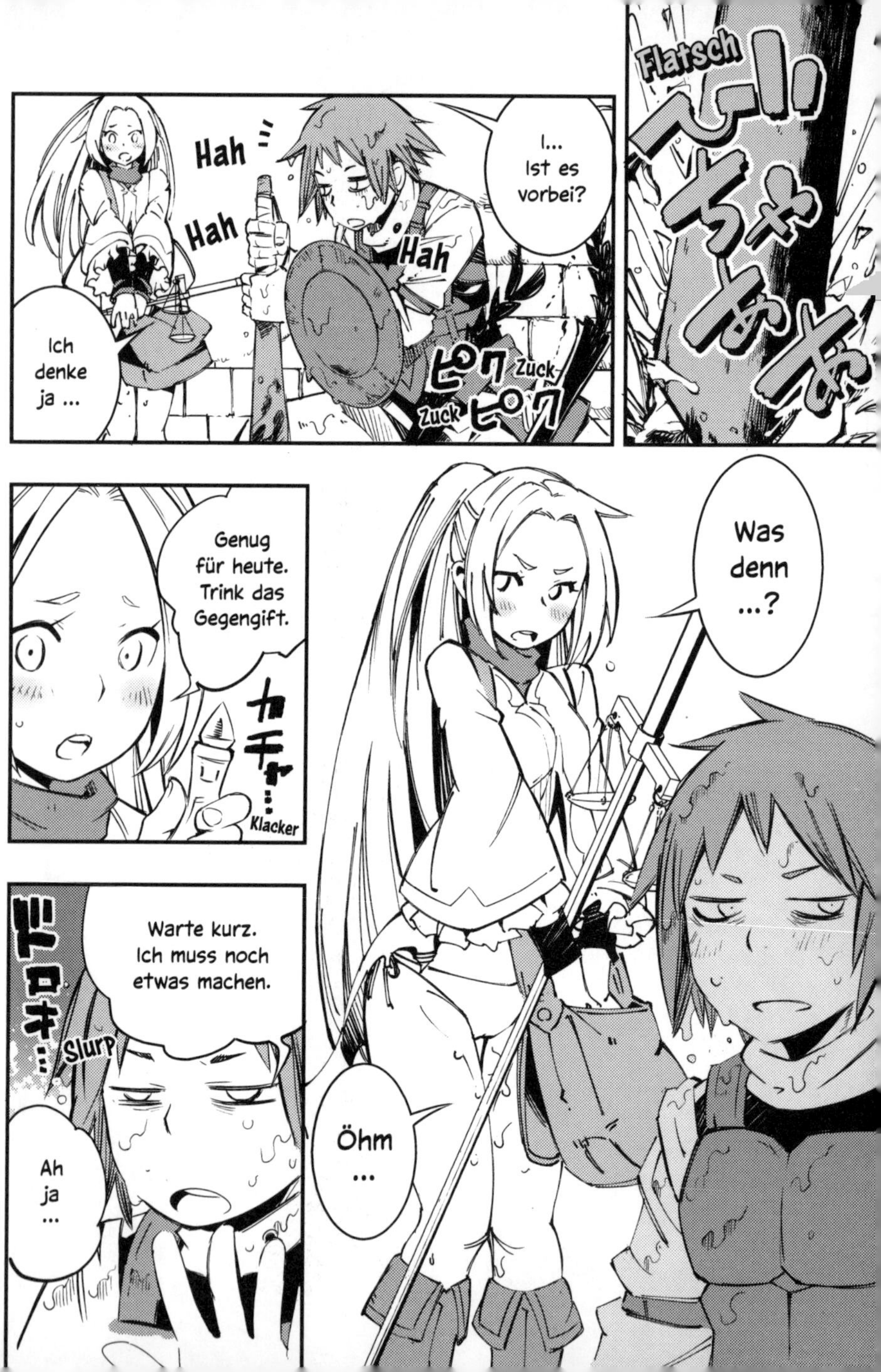

Flatsch
I...
Ist es
vorbei?
Hah
Hah
Hah
Zuck
Zuck
Ich
denke
ja ...
Was
denn
...?
Genug
für heute.
Trink das
Gegengift.
Klacker
Öhm
...
Warte kurz.
Ich muss noch
etwas machen.
Slurp
Ah
ja
...

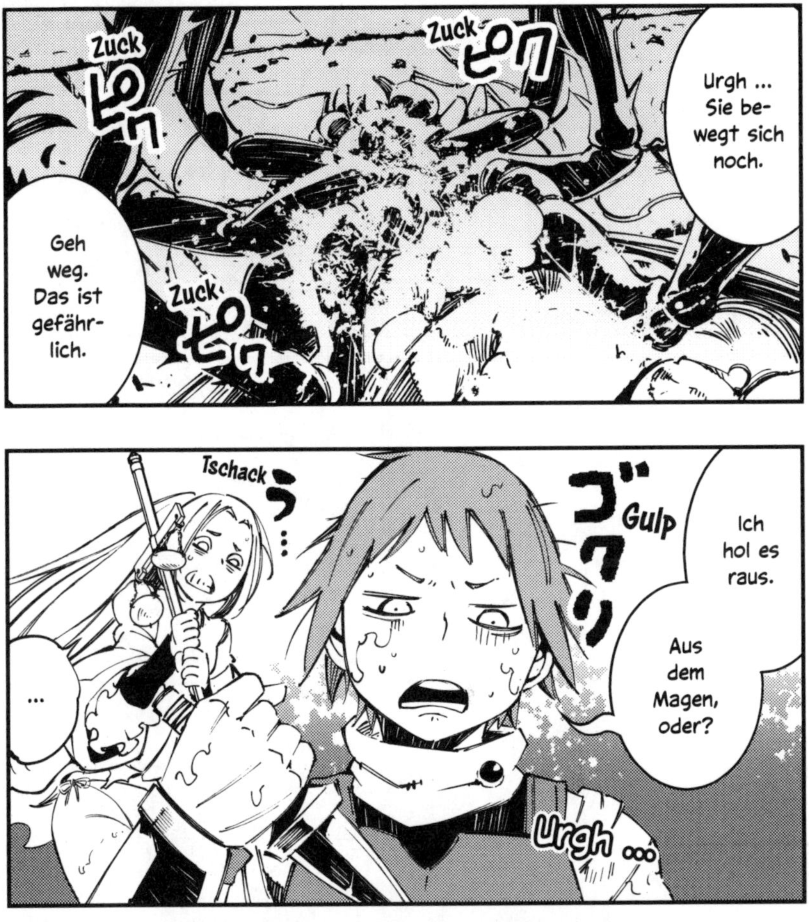
Urgh ... Sie bewegt sich noch.
Zuck
Zuck
Geh weg. Das ist gefährlich.
Zuck
Ich hol es raus.
Aus dem Magen, oder?
Gulp
Tschack
...
Urgh ...
Ah ...
Flatsch
Platsch
Knack
Knack
Knartsch
Uwah ...

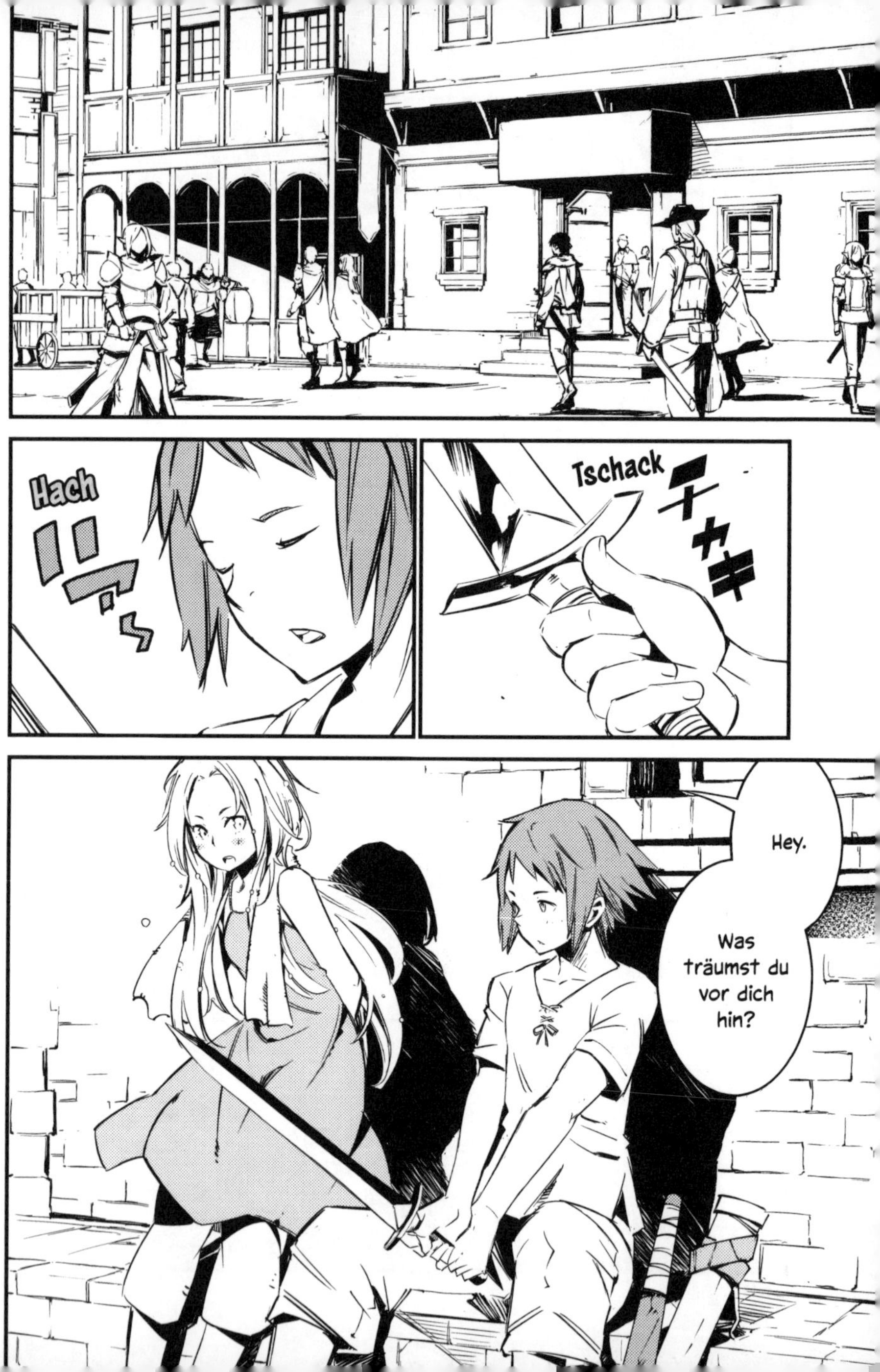
Tschack
チャキ
Hach
ハァ
Hey.
Was träumst du vor dich hin?

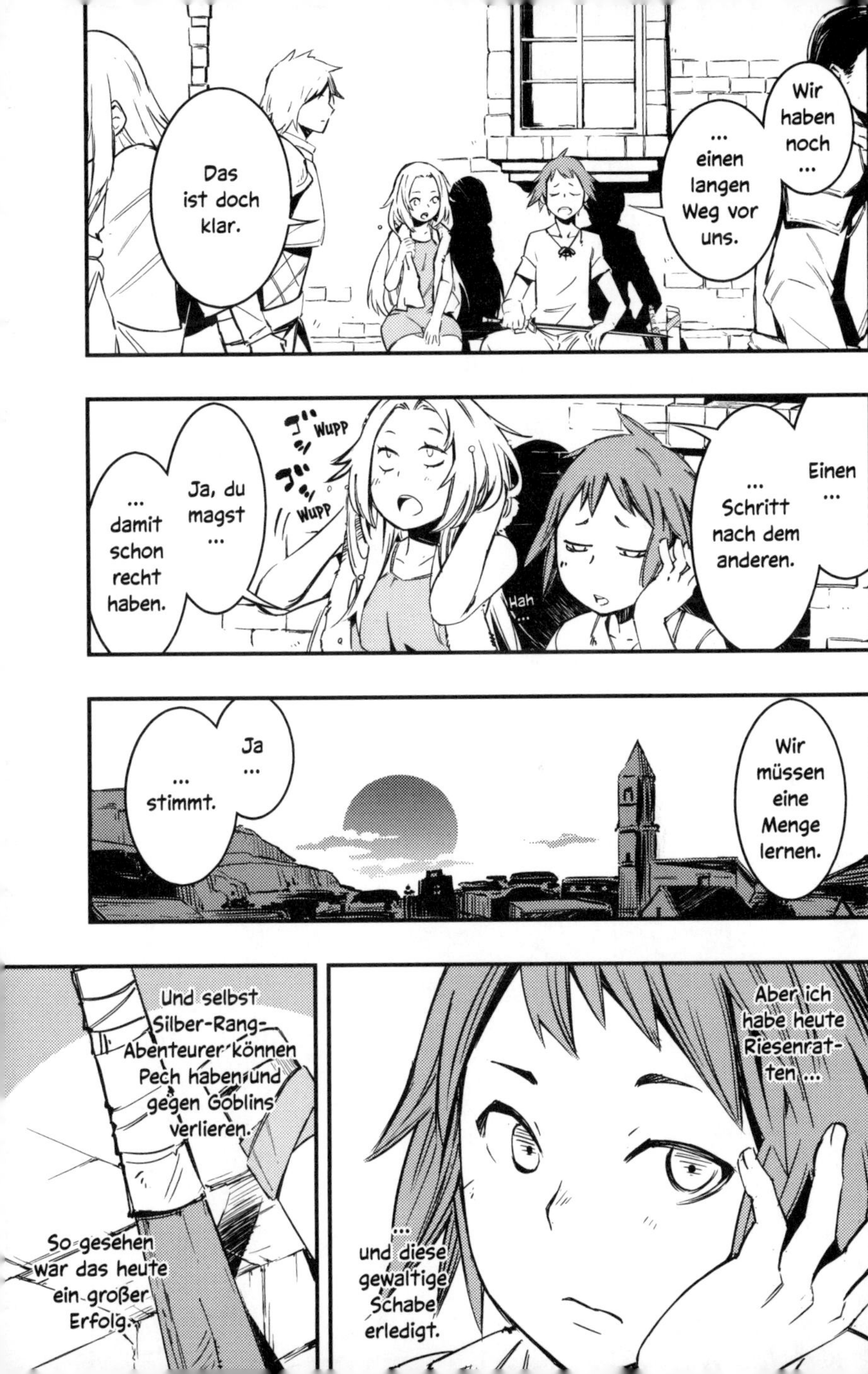

Wir haben noch ...
... einen langen Weg vor uns.
Das ist doch klar.
Einen ...
... Schritt nach dem anderen.
Wupp
Wupp
Hah ...
Ja, du magst ...
... damit schon recht haben.
Wir müssen eine Menge lernen.
Ja ...
... stimmt.
Aber ich habe heute Riesenratten ...
... und diese gewaltige Schabe erledigt.
Und selbst Silber-Rang-Abenteurer können Pech haben und gegen Goblins verlieren.
So gesehen war das heute ein großer Erfolg.

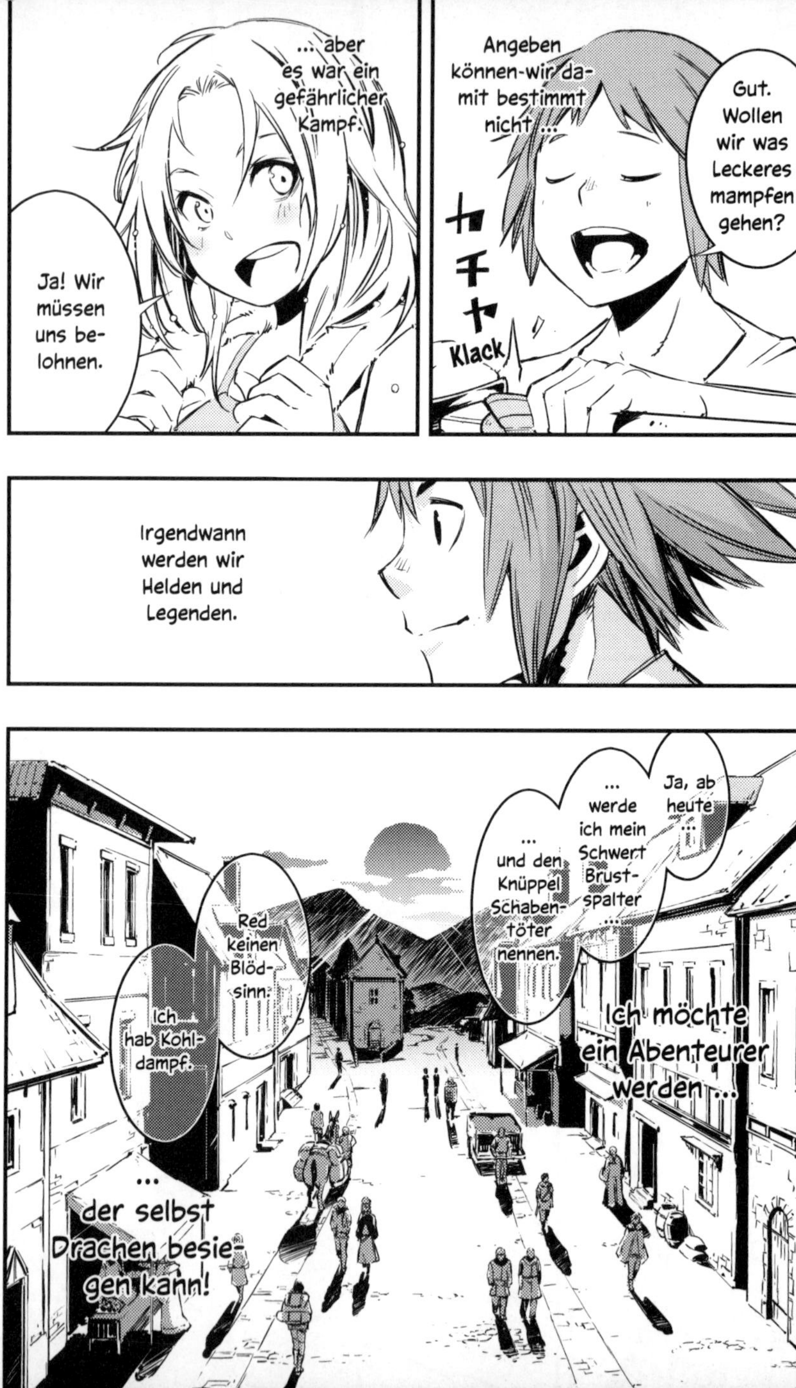
Gut. Wollen wir was Leckeres mampfen gehen?
Angeben können-wir damit bestimmt nicht ...
カチャ
Klack
... aber es war ein gefährlicher Kampf.
Ja! Wir müssen uns belohnen.
Irgendwann werden wir Helden und Legenden.
Ja, ab heute ...
... werde ich mein Schwert Brustspalter ...
... und den Knüppel Schabentöter nennen.
Red keinen Blödsinn.
Ich ... hab Kohldampf.
Ich möchte ein Abenteurer werden ...
... der selbst Drachen besiegen kann!

Kapitel 2:
Die Geschichte eines gewissen Jungen

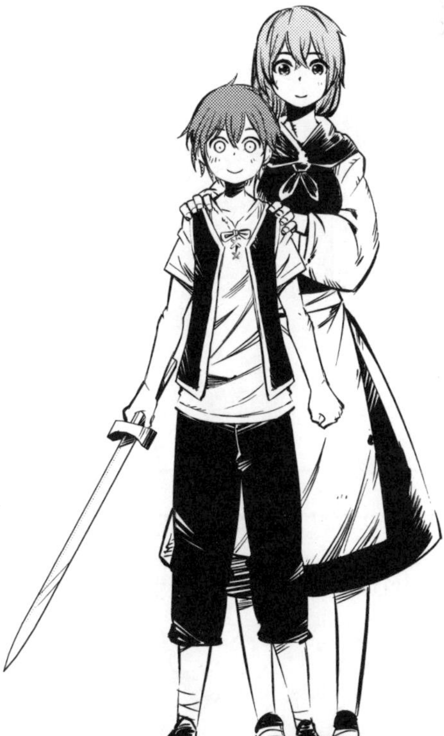

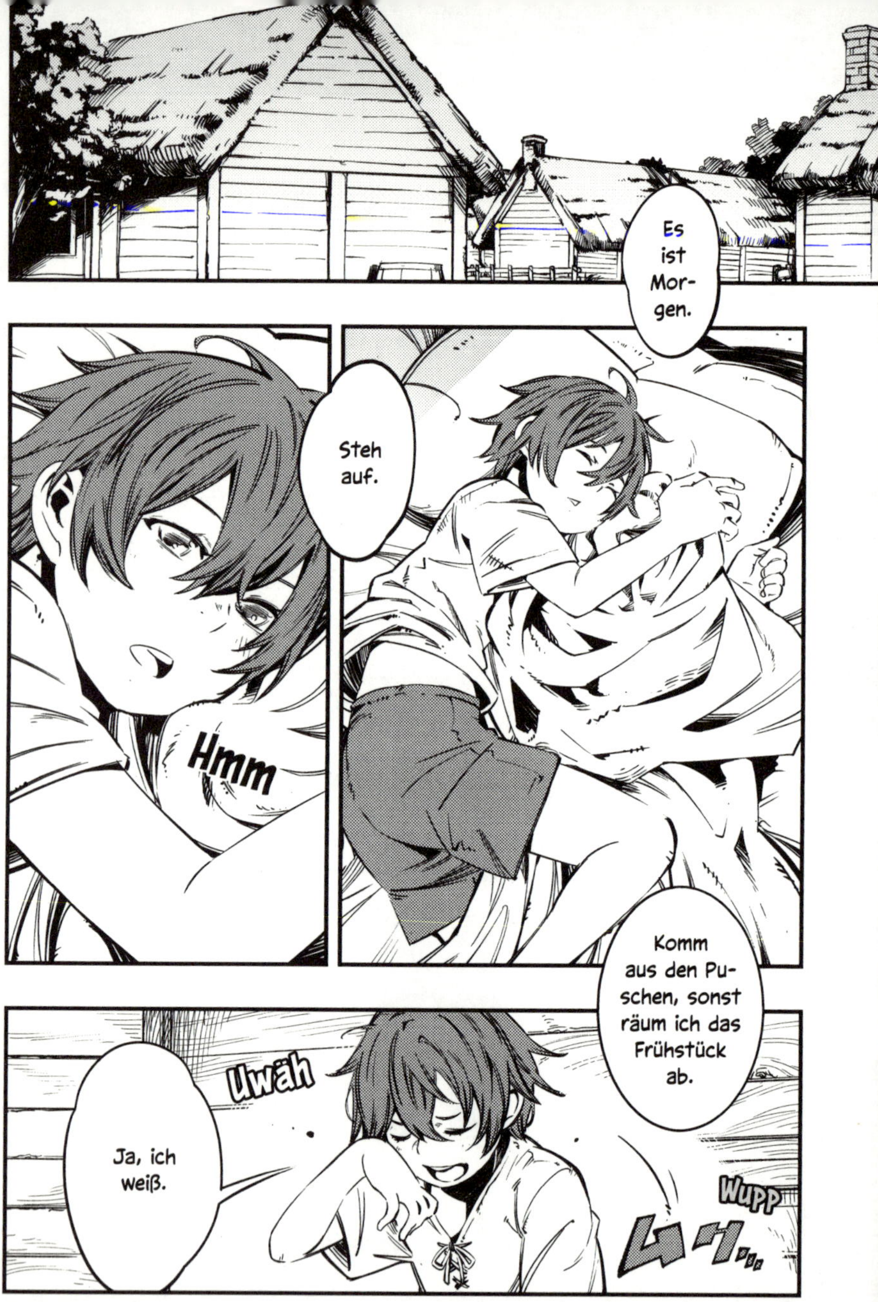
Es ist Morgen.
Steh auf.
Hmm
Komm aus den Puschen, sonst räum ich das Frühstück ab.
Wupp
Uwäh
Ja, ich weiß.

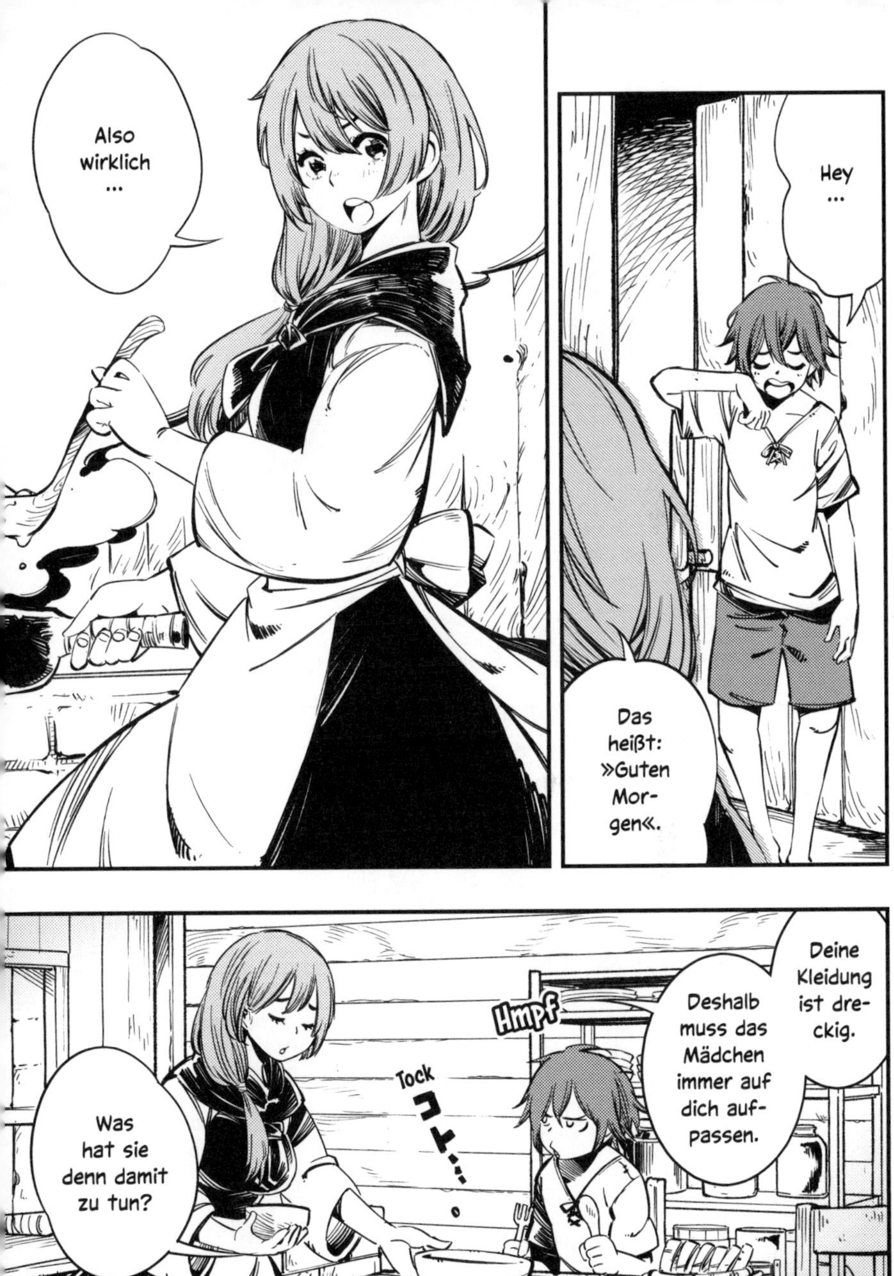
Hey ...
Das heißt: »Guten Morgen«.
Also wirklich ...
Deine Kleidung ist dreckig.
Deshalb muss das Mädchen immer auf dich aufpassen.
Hmpf
Tock
コト…
Was hat sie denn damit zu tun?

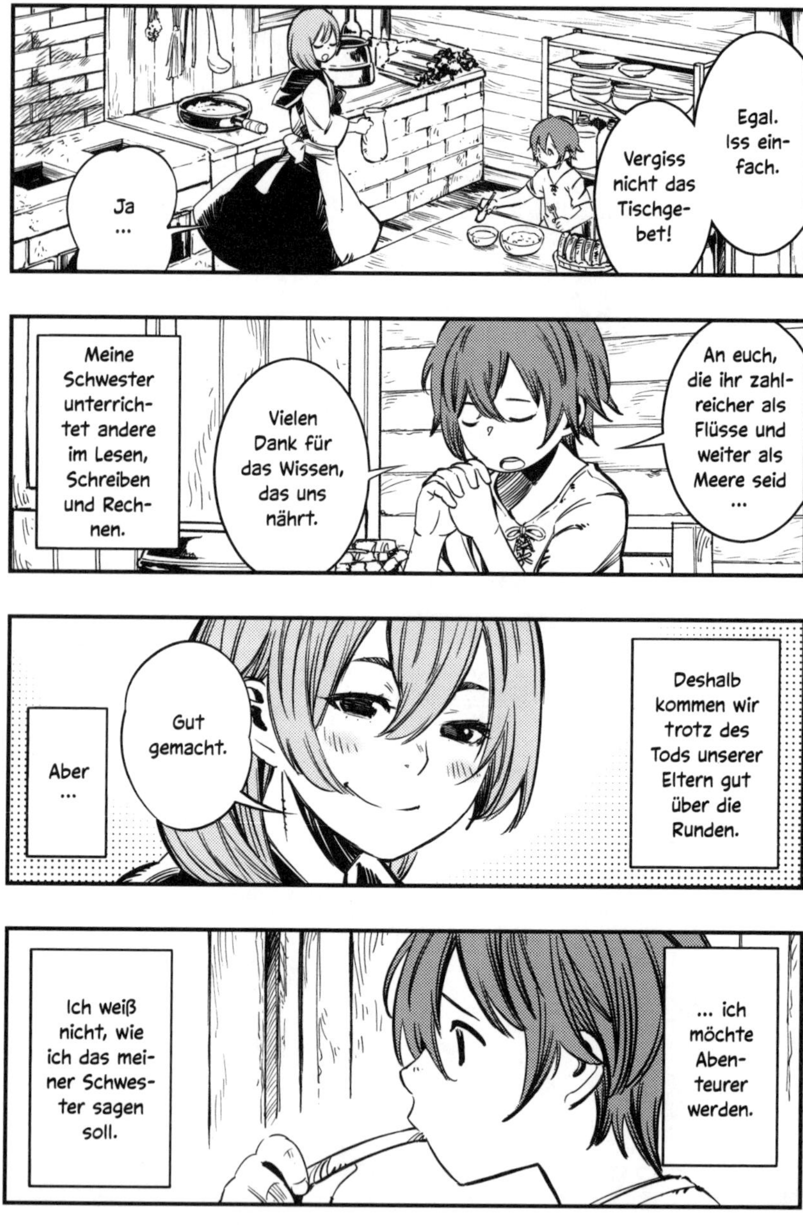

Egal. Iss einfach.
Vergiss nicht das Tischgebet!
Ja …
An euch, die ihr zahlreicher als Flüsse und weiter als Meere seid …
Vielen Dank für das Wissen, das uns nährt.
Meine Schwester unterrichtet andere im Lesen, Schreiben und Rechnen.
Deshalb kommen wir trotz des Tods unserer Eltern gut über die Runden.
Gut gemacht.
Aber …
… ich möchte Abenteurer werden.
Ich weiß nicht, wie ich das meiner Schwester sagen soll.

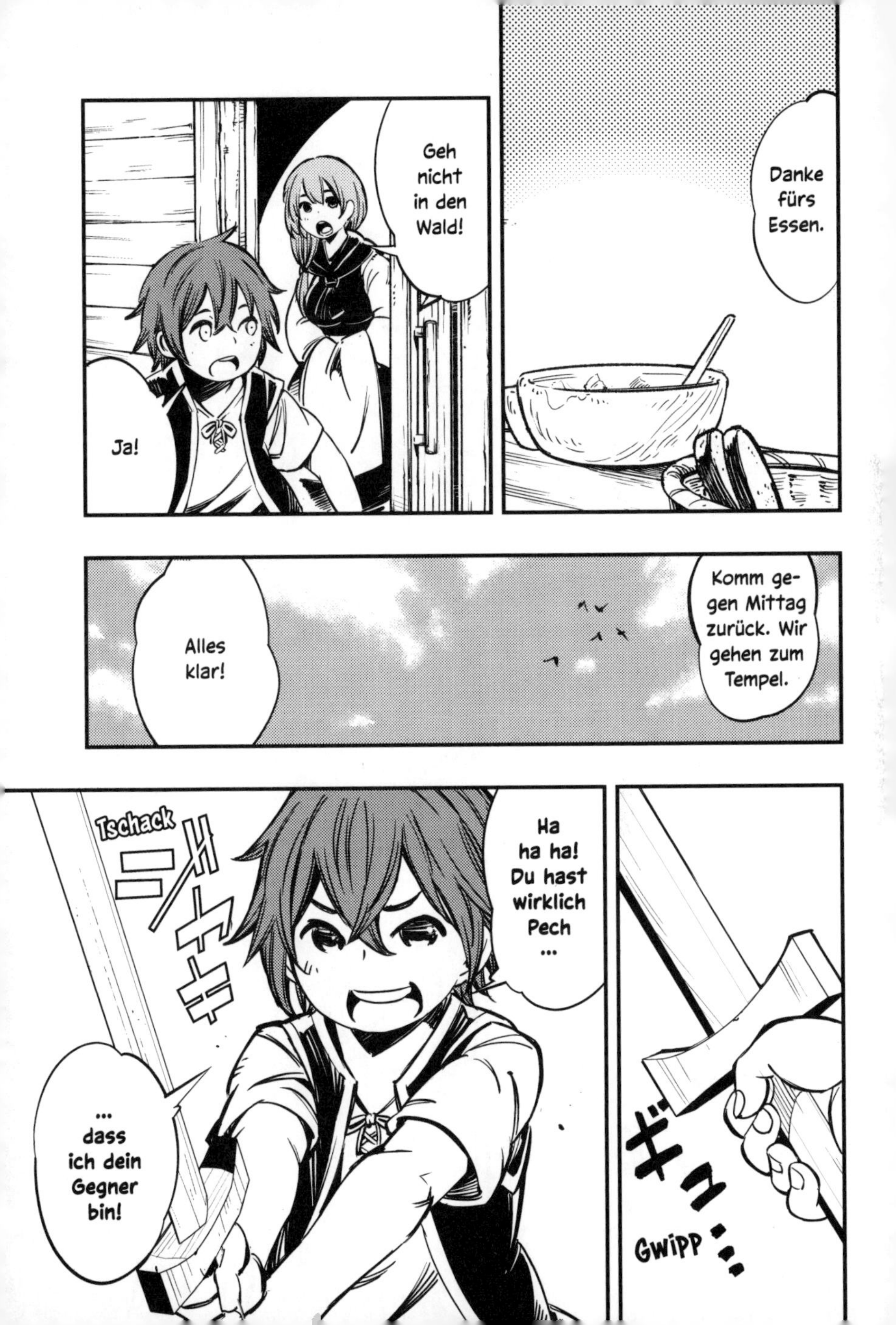

Danke fürs Essen.
Geh nicht in den Wald!
Ja!
Komm gegen Mittag zurück. Wir gehen zum Tempel.
Alles klar!
Gwipp
Tschack
Ha ha ha! Du hast wirklich Pech ...
... dass ich dein Gegner bin!

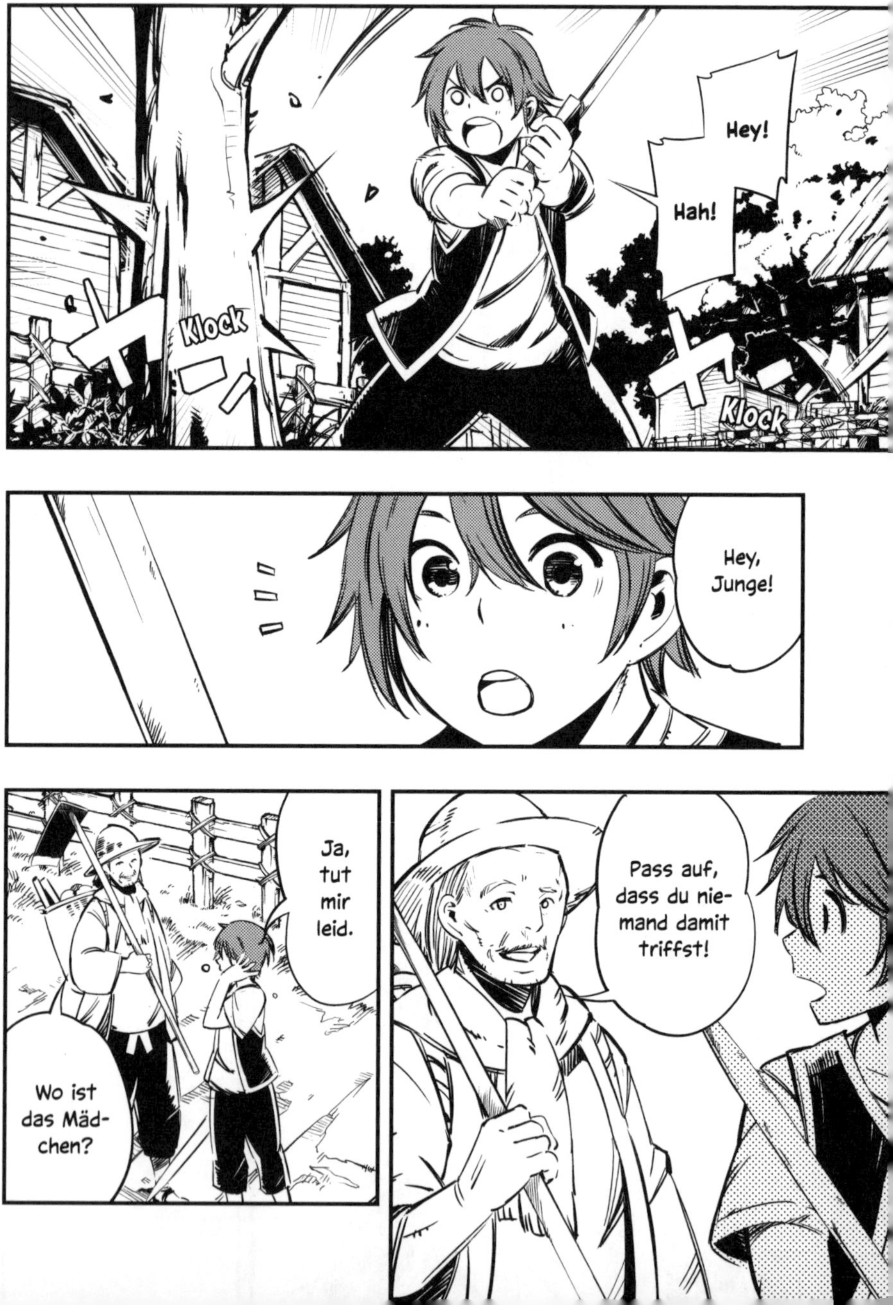
Hey!
Hah!
Klock
Klock
Hey, Junge!
Pass auf, dass du niemand damit triffst!
Ja, tut mir leid.
Wo ist das Mädchen?

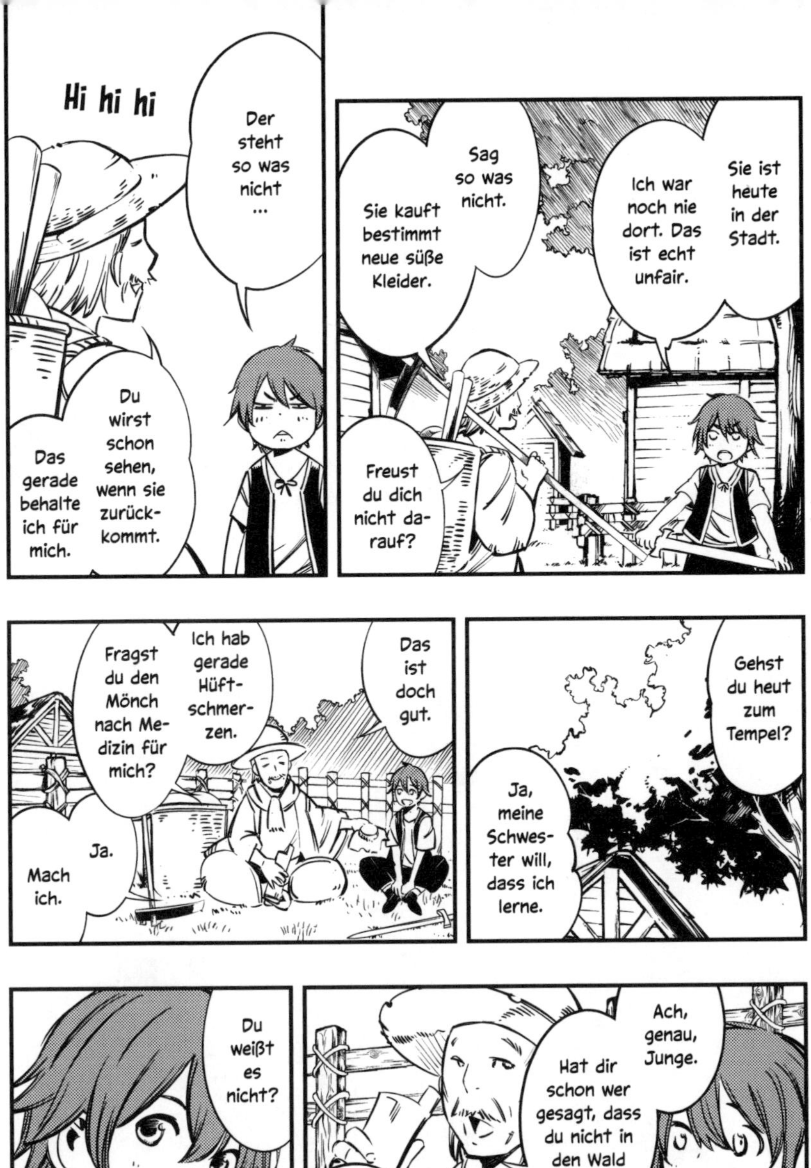
Sie ist heute in der Stadt.
Ich war noch nie dort. Das ist echt unfair.
Sag so was nicht.
Sie kauft bestimmt neue süße Kleider.
Freust du dich nicht darauf?
Der steht so was nicht …
Hi hi hi
Du wirst schon sehen, wenn sie zurückkommt.
Das gerade behalte ich für mich.
Gehst du heut zum Tempel?
Ja, meine Schwester will, dass ich lerne.
Das ist doch gut.
Ich hab gerade Hüftschmerzen.
Fragst du den Mönch nach Medizin für mich?
Ja.
Mach ich.
Ach, genau, Junge.
Hat dir schon wer gesagt, dass du nicht in den Wald sollst?
Ja, aber wieso?
Du weißt es nicht?
Nein.
Mampf
Mampf

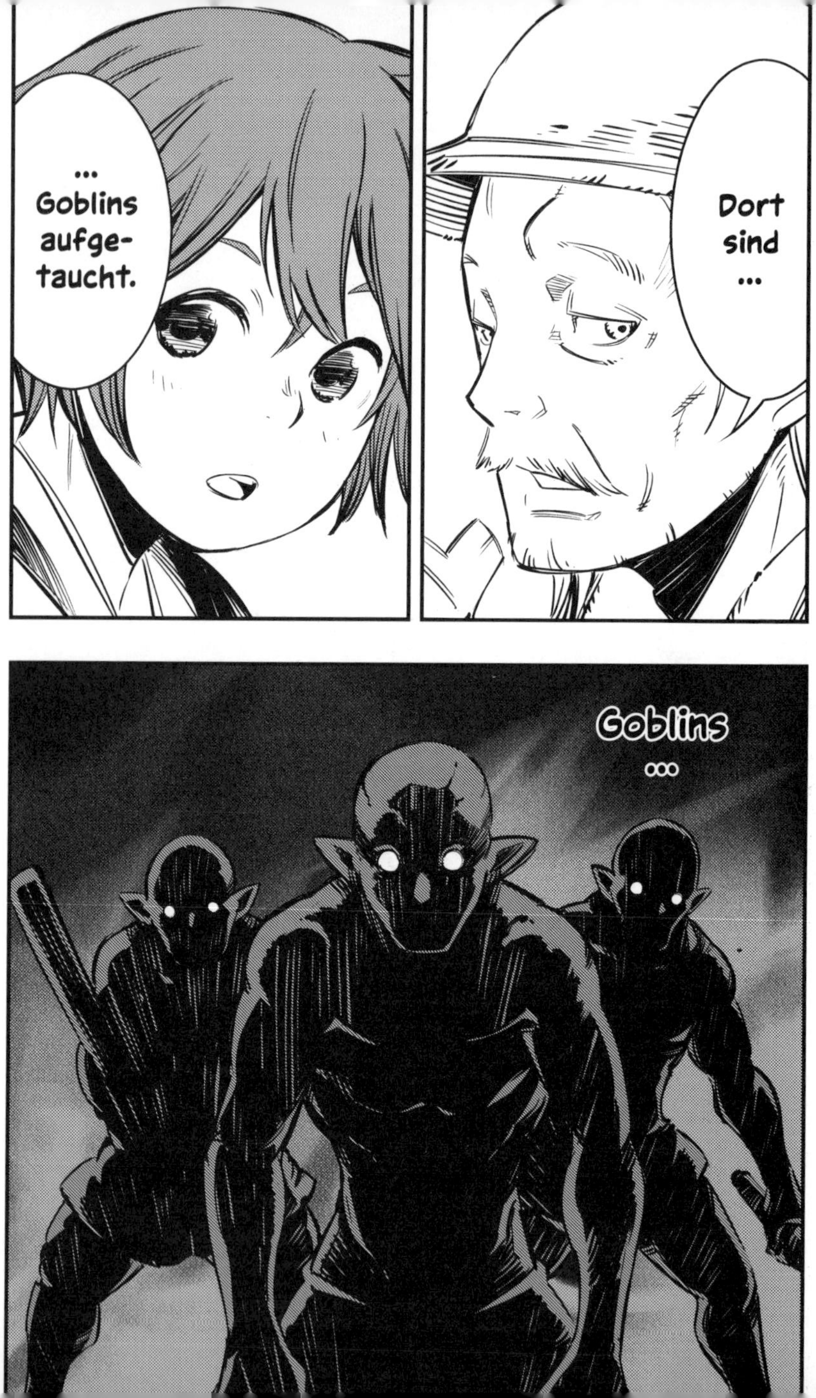
Dort sind ...
... Goblins aufgetaucht.
Goblins ...

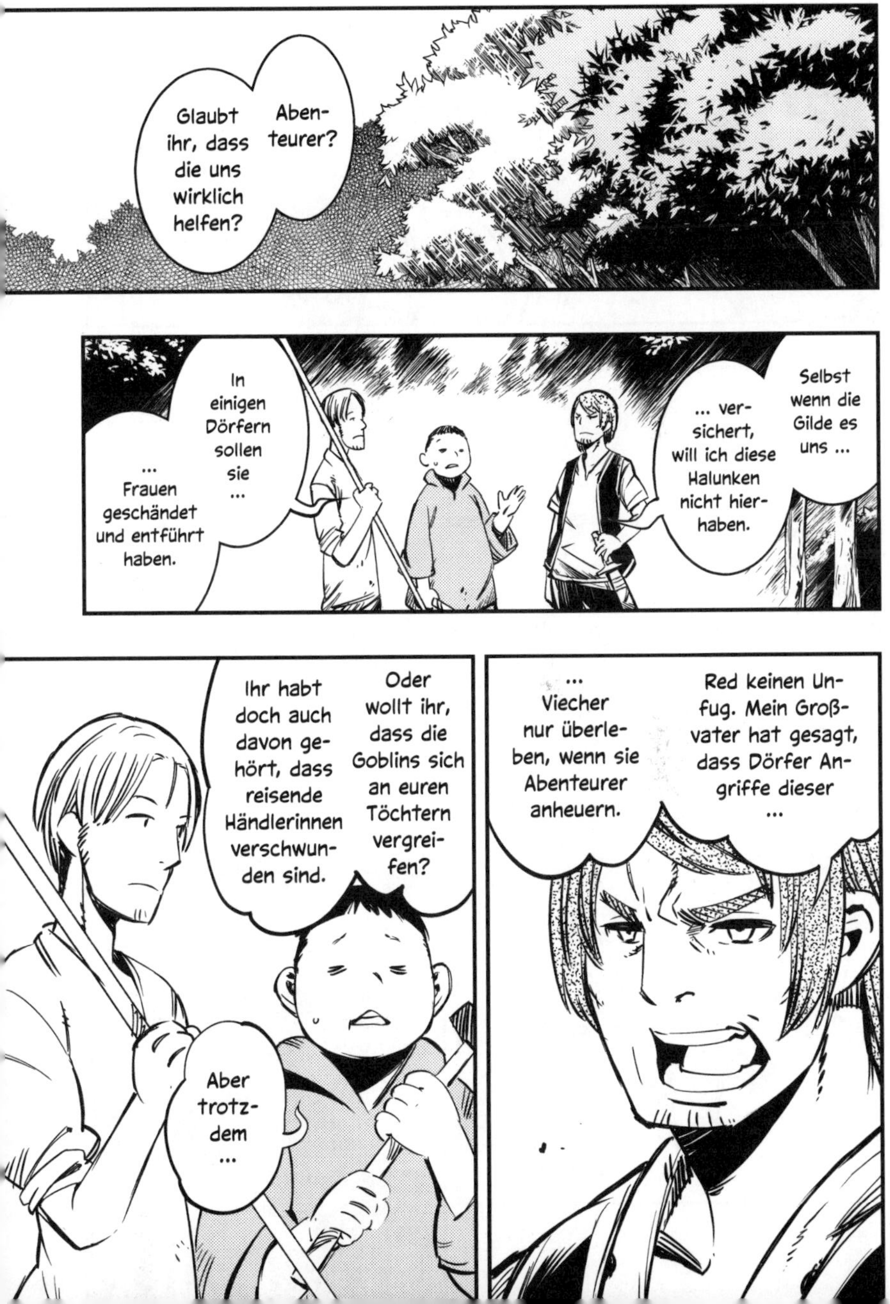
Abenteurer?
Glaubt ihr, dass die uns wirklich helfen?
Selbst wenn die Gilde es uns ...
... versichert, will ich diese Halunken nicht hierhaben.
In einigen Dörfern sollen sie ...
... Frauen geschändet und entführt haben.
Red keinen Unfug. Mein Großvater hat gesagt, dass Dörfer Angriffe dieser ...
... Viecher nur überleben, wenn sie Abenteurer anheuern.
Oder wollt ihr, dass die Goblins sich an euren Töchtern vergreifen?
Ihr habt doch auch davon gehört, dass reisende Händlerinnen verschwunden sind.
Aber trotzdem ...

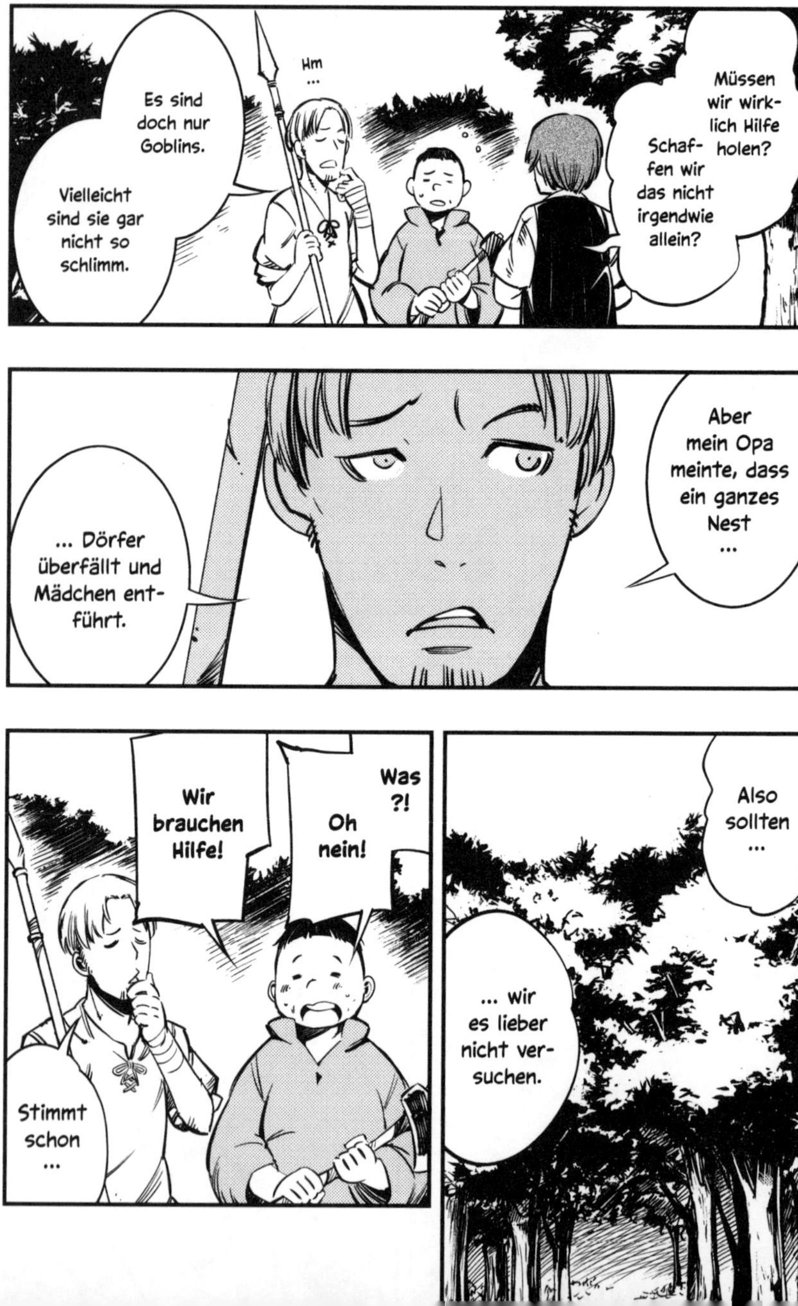

Müssen wir wirklich Hilfe holen?
Schaffen wir das nicht irgendwie allein?
Hm ...
Es sind doch nur Goblins.
Vielleicht sind sie gar nicht so schlimm.
Aber mein Opa meinte, dass ein ganzes Nest ...
... Dörfer überfällt und Mädchen entführt.
Also sollten ...
... wir es lieber nicht versuchen.
Was?!
Oh nein!
Wir brauchen Hilfe!
Stimmt schon ...

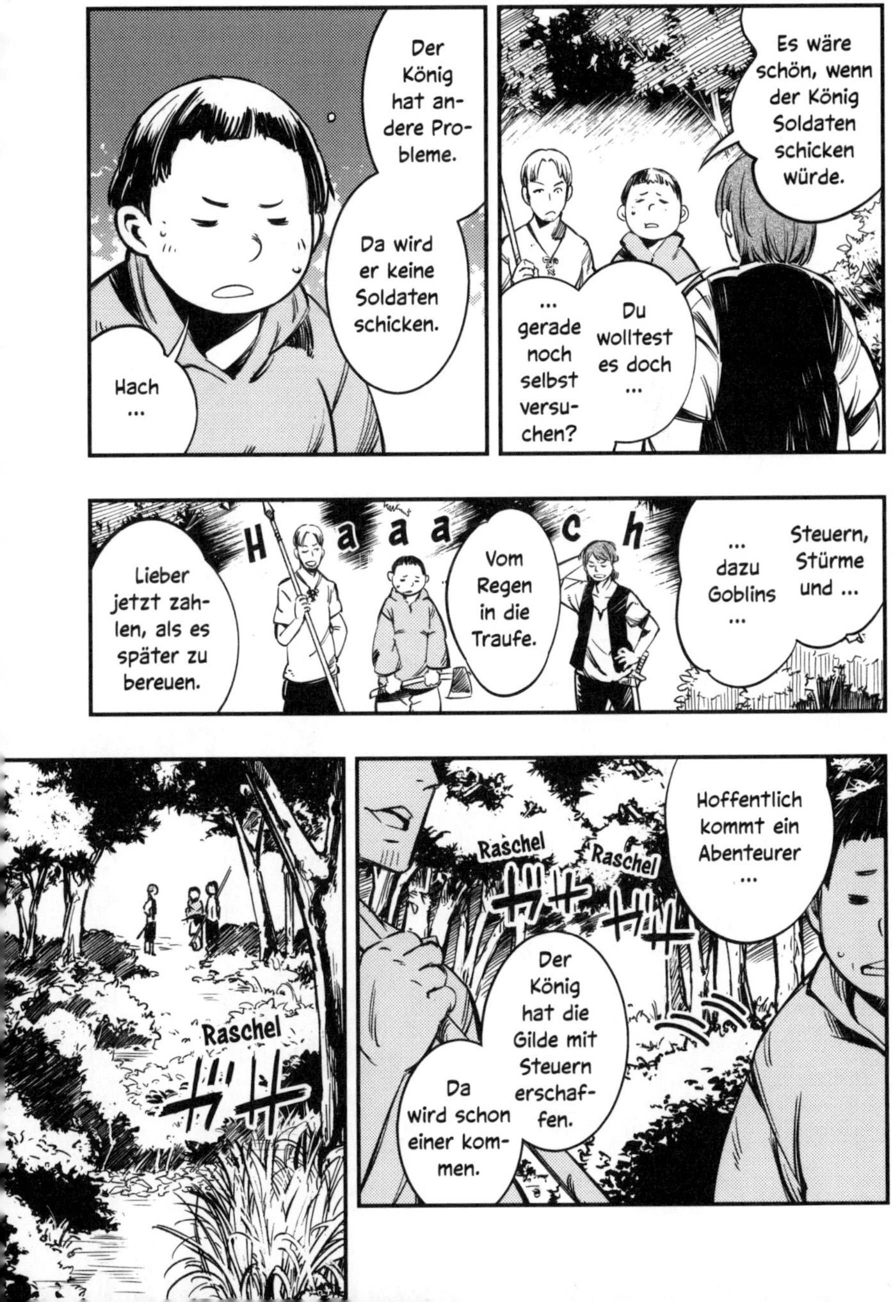
Es wäre schön, wenn der König Soldaten schicken würde.
Du wolltest es doch ...
... gerade noch selbst versuchen?
Der König hat andere Probleme.
Da wird er keine Soldaten schicken.
Hach ...
Steuern, Stürme und ...
... dazu Goblins ...
Haaach
Vom Regen in die Traufe.
Lieber jetzt zahlen, als es später zu bereuen.
Hoffentlich kommt ein Abenteurer ...
Raschel
Raschel
Der König hat die Gilde mit Steuern erschaffen.
Da wird schon einer kommen.
Raschel

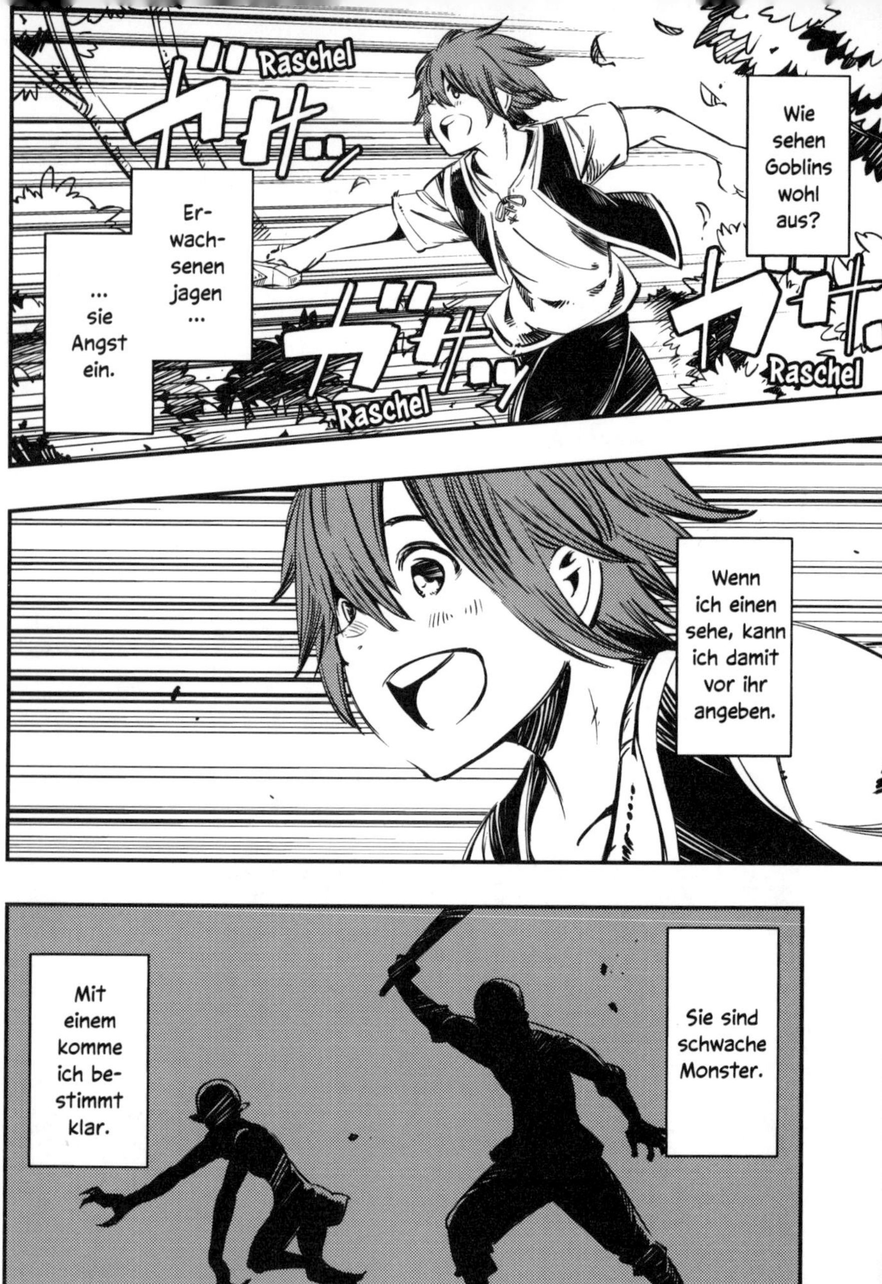
Wie sehen Goblins wohl aus?
Raschel
Raschel
Erwachsenen jagen ...
... sie Angst ein.
Raschel
Wenn ich einen sehe, kann ich damit vor ihr angeben.
Sie sind schwache Monster.
Mit einem komme ich bestimmt klar.

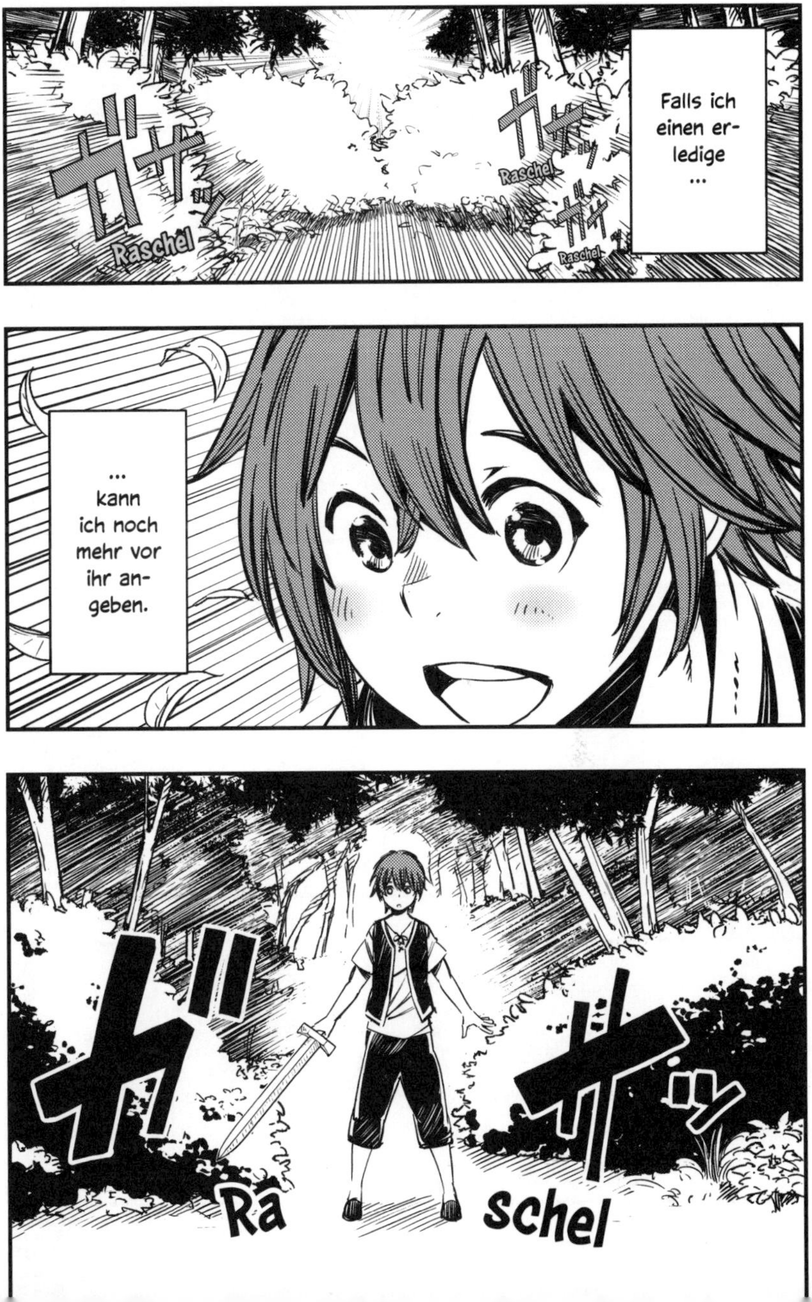
Falls ich einen erledige ...
Raschel
Raschel
Raschel
... kann ich noch mehr vor ihr angeben.
Ra schel

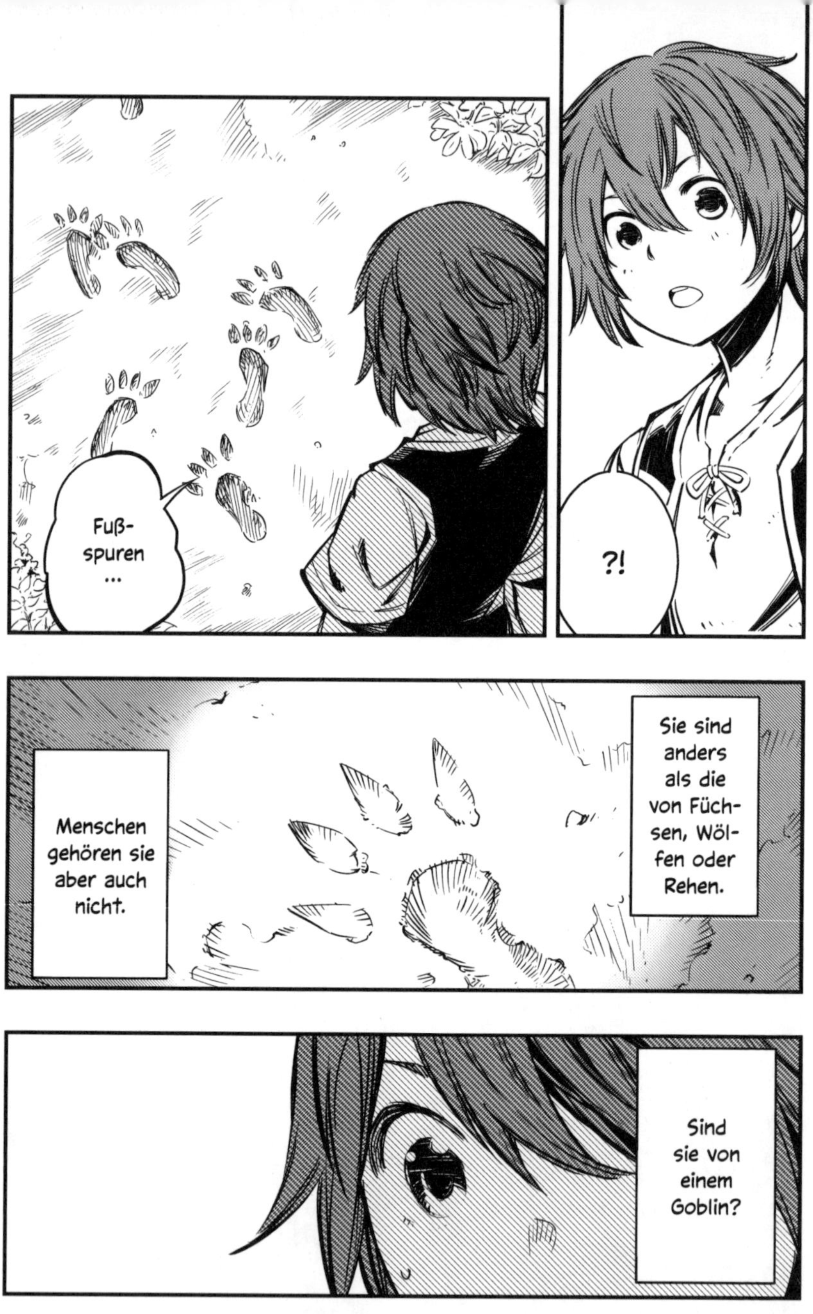
?!
Fuß-
spuren
...
Sie sind anders als die von Füch-sen, Wöl-fen oder Rehen.
Menschen gehören sie aber auch nicht.
Sind sie von einem Goblin?

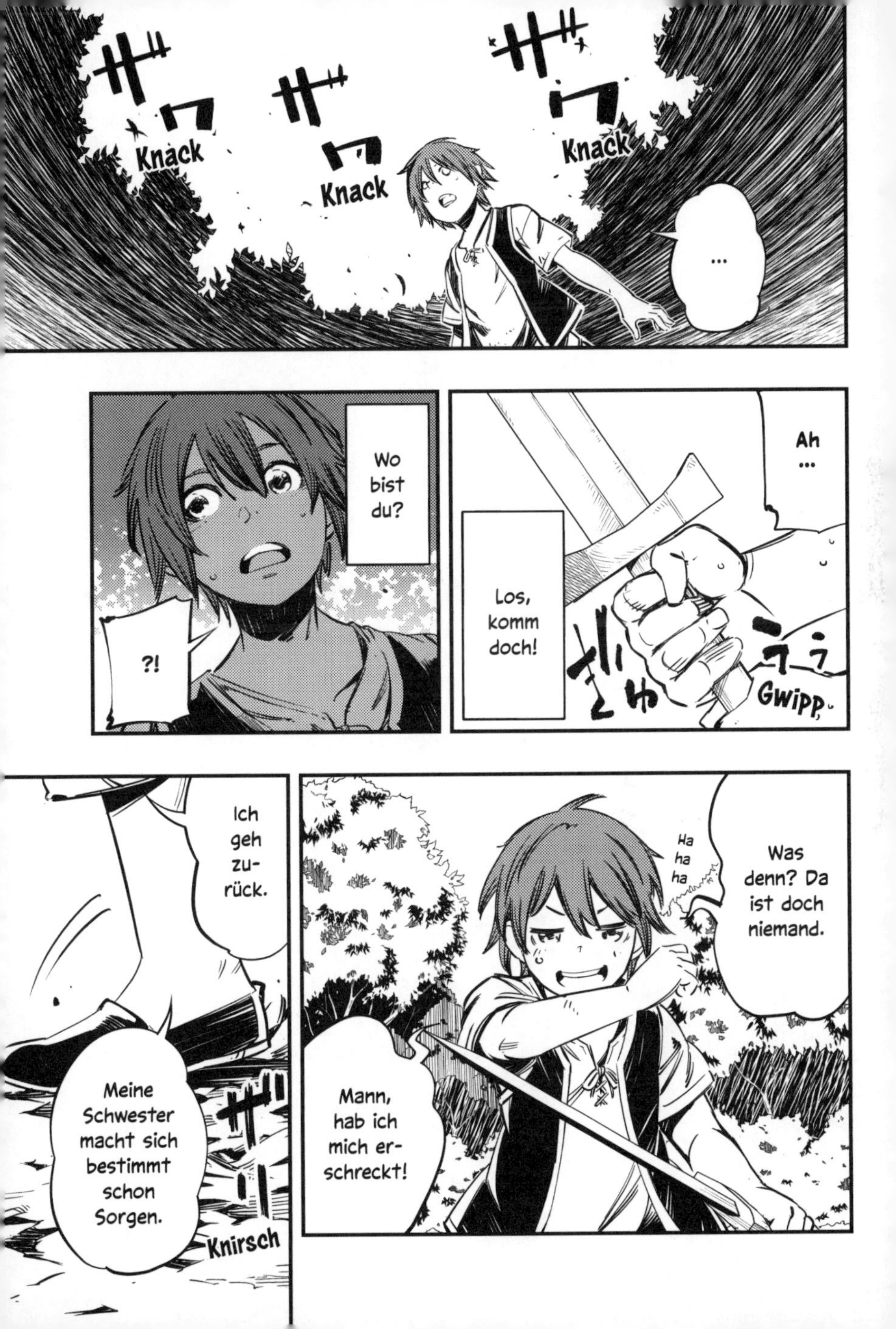
…
Knack
Knack
Knack
Ah …
Los, komm doch!
Gwipp
Wo bist du?
?!
Was denn? Da ist doch niemand.
Ha ha ha
Mann, hab ich mich erschreckt!
Ich geh zurück.
Meine Schwester macht sich bestimmt schon Sorgen.
Knirsch

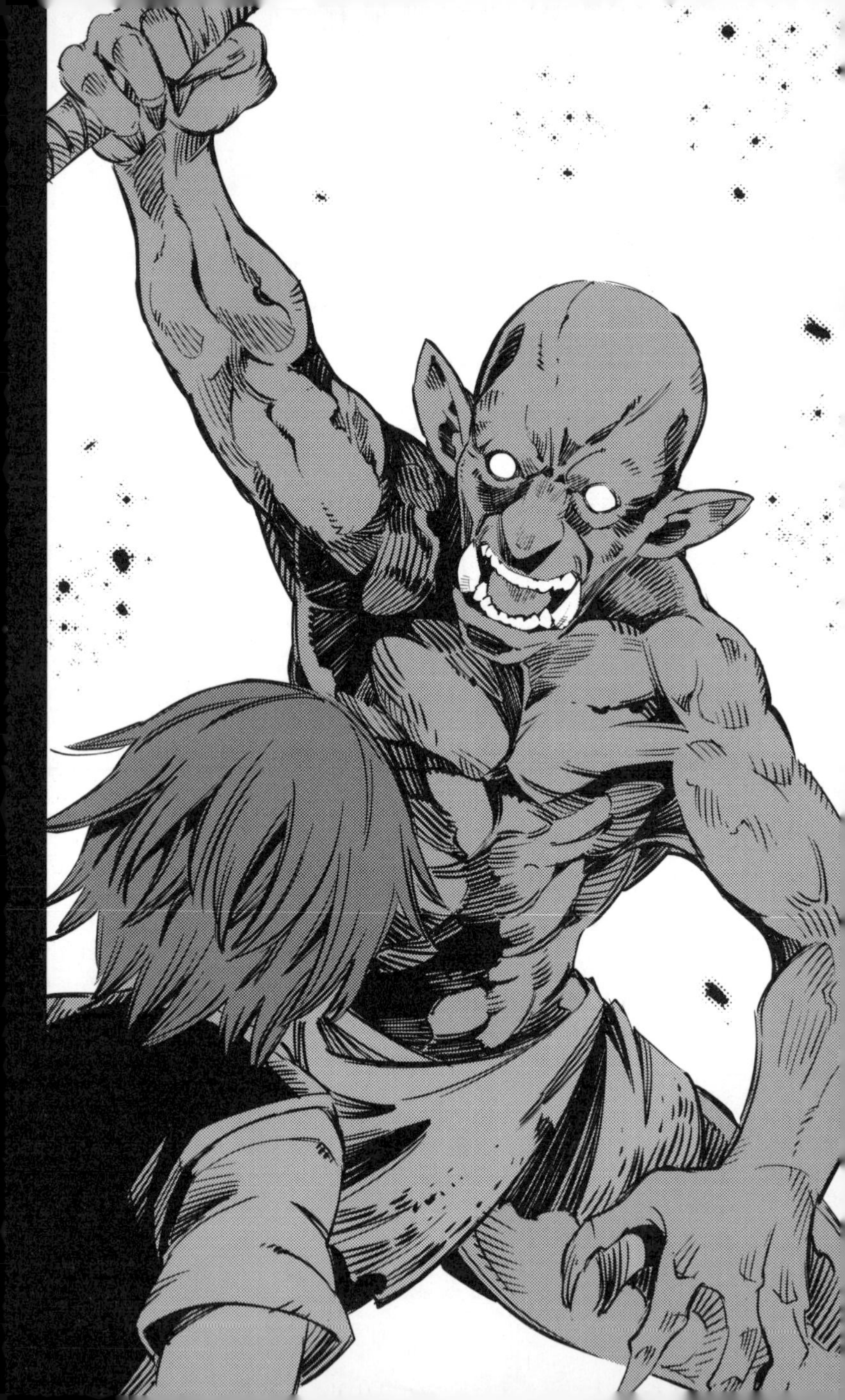

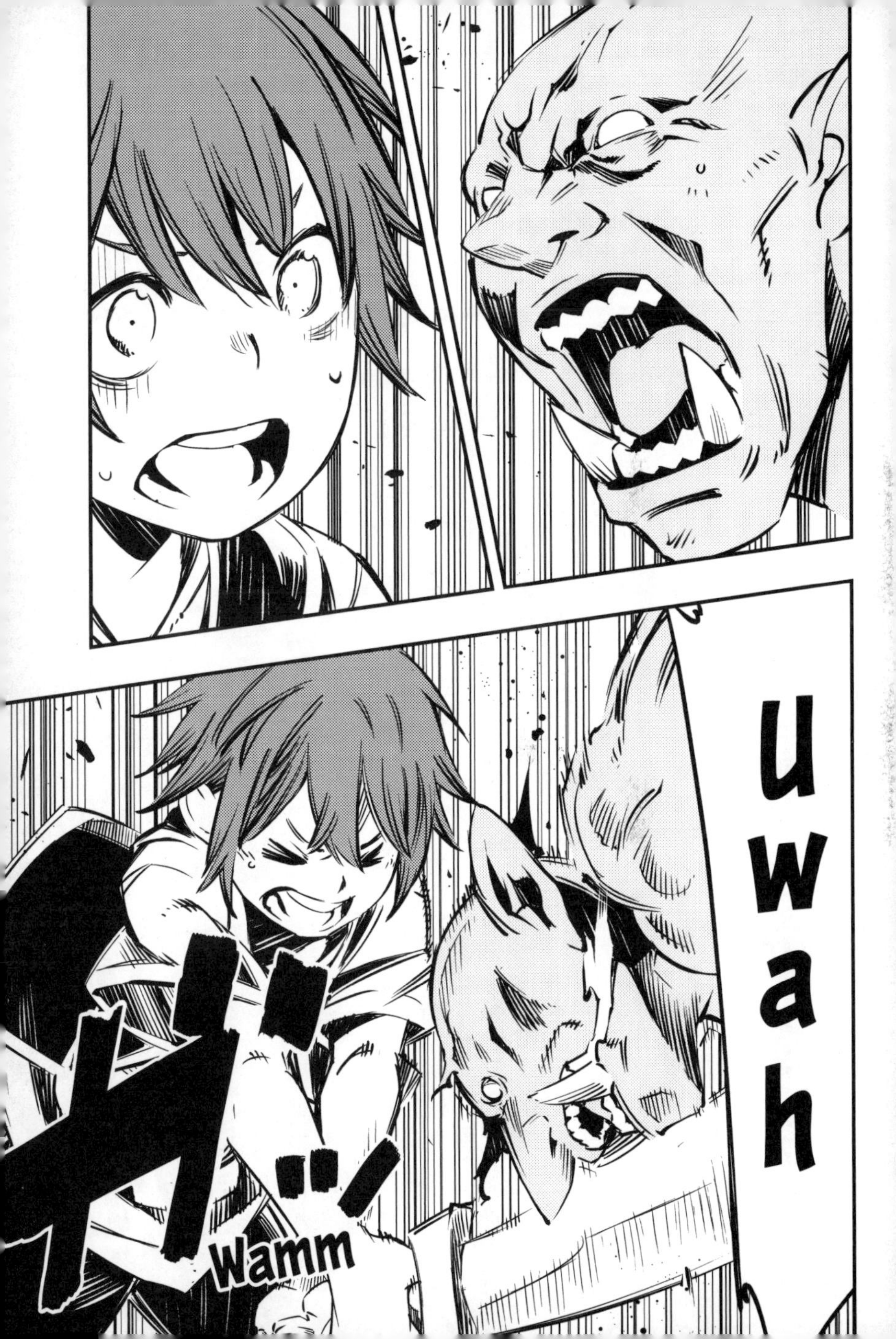
Uwah
Wamm

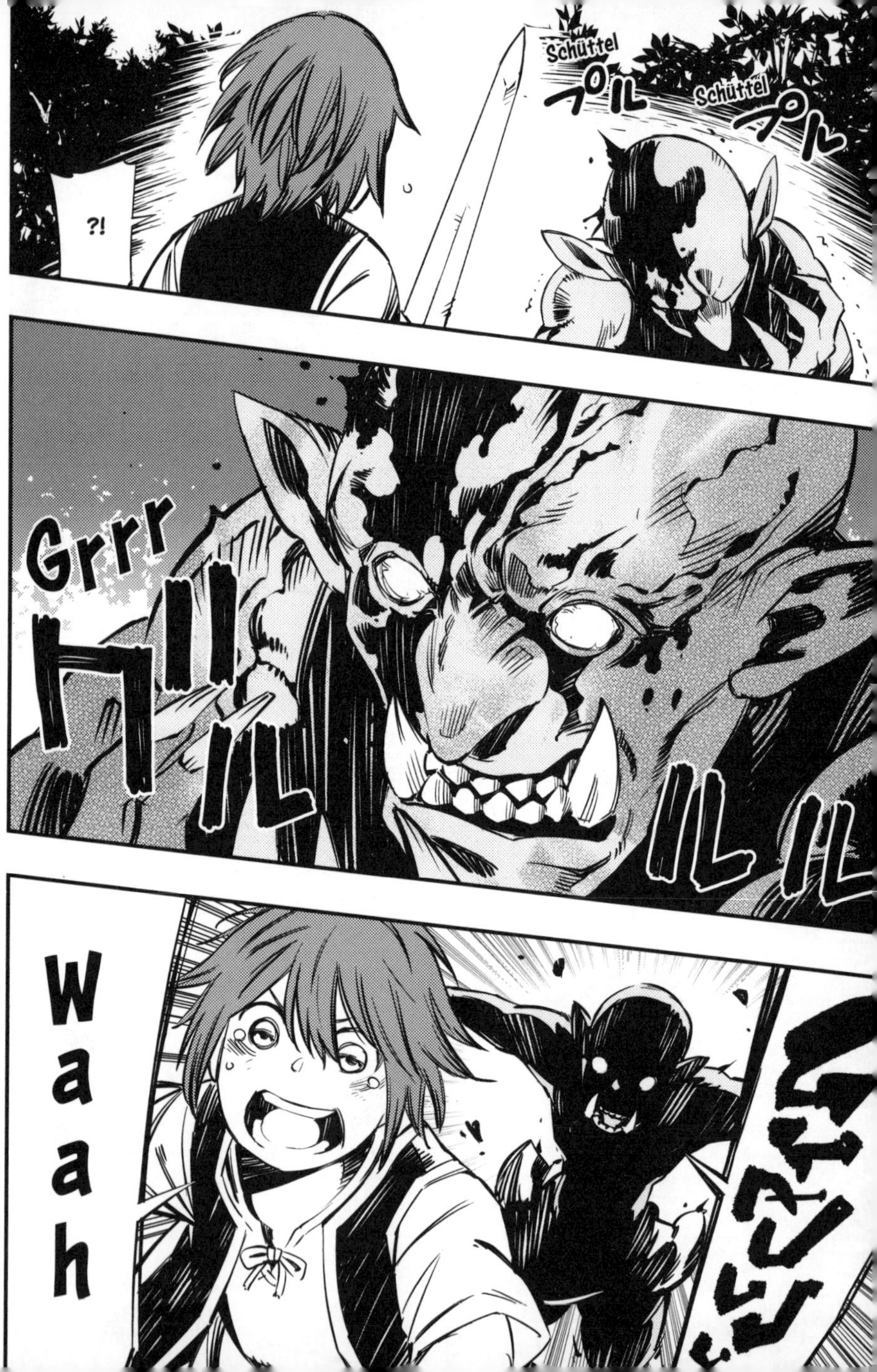

Schüttel
Schüttel
?!
Grrr
Waah

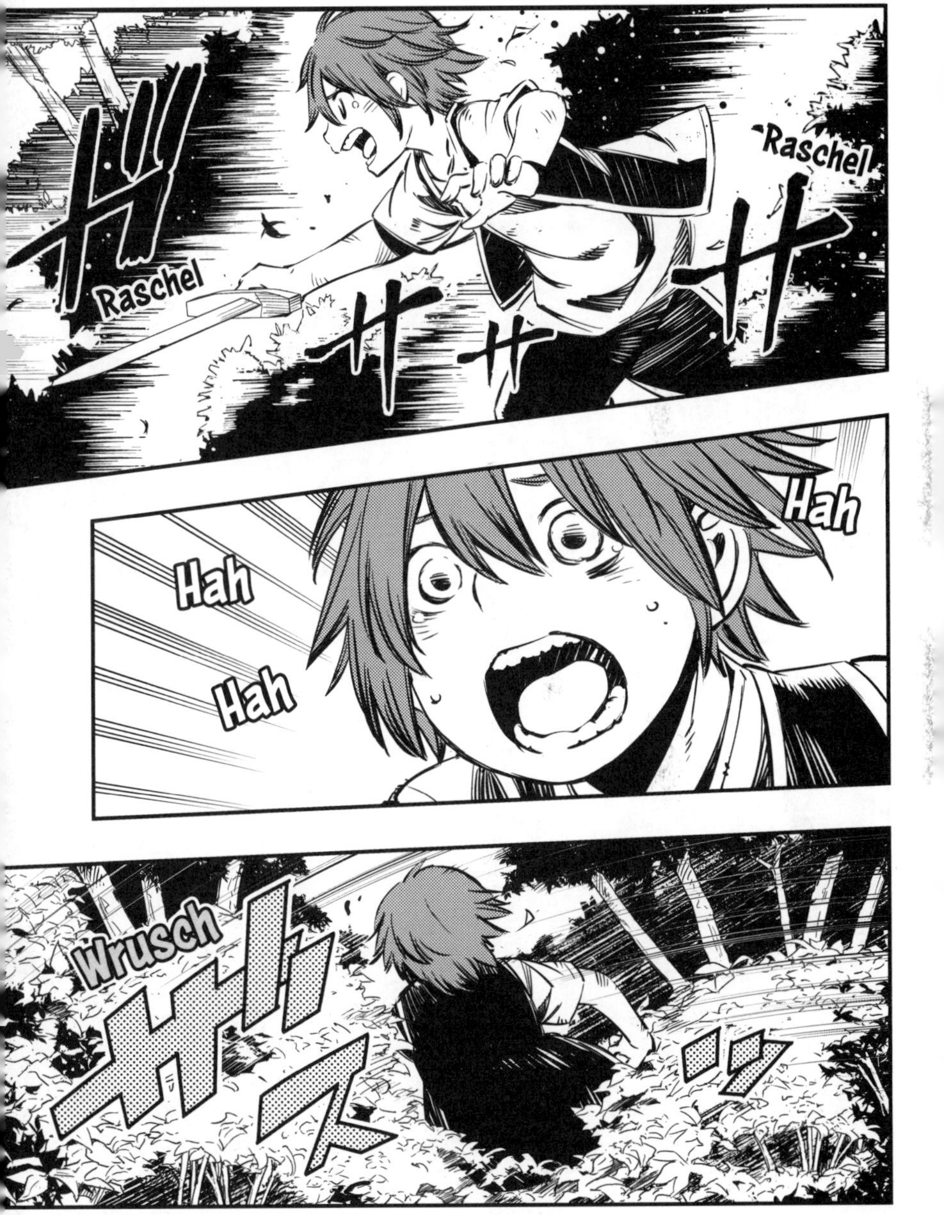
Raschel
Raschel
Hah
Hah
Hah
Wrusch

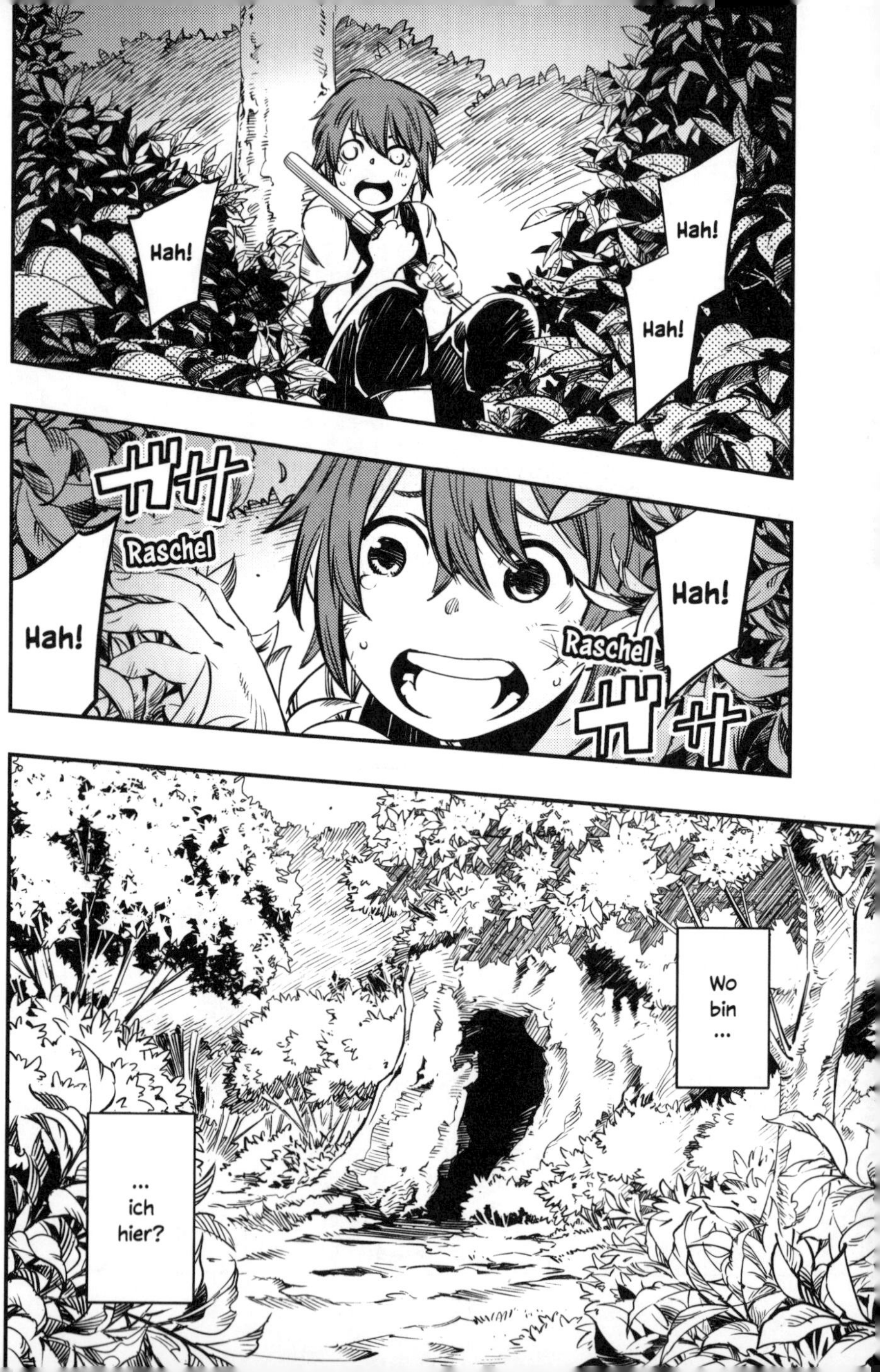
Hah!
Hah!
Hah!
Raschel
Hah!
Hah!
Raschel
Wo bin ...
... ich hier?

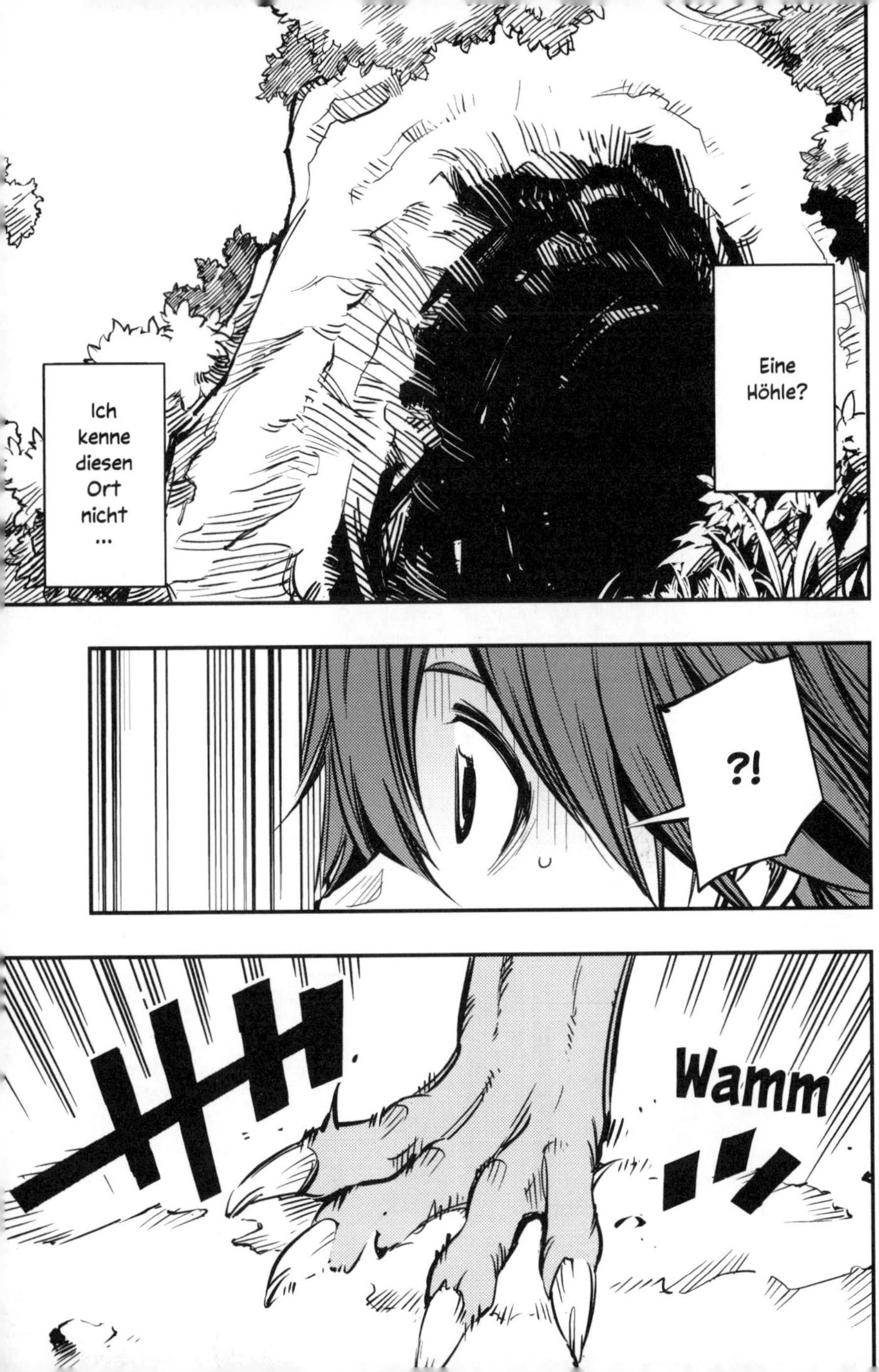
Eine Höhle?
Ich kenne diesen Ort nicht ...
?!
Wamm

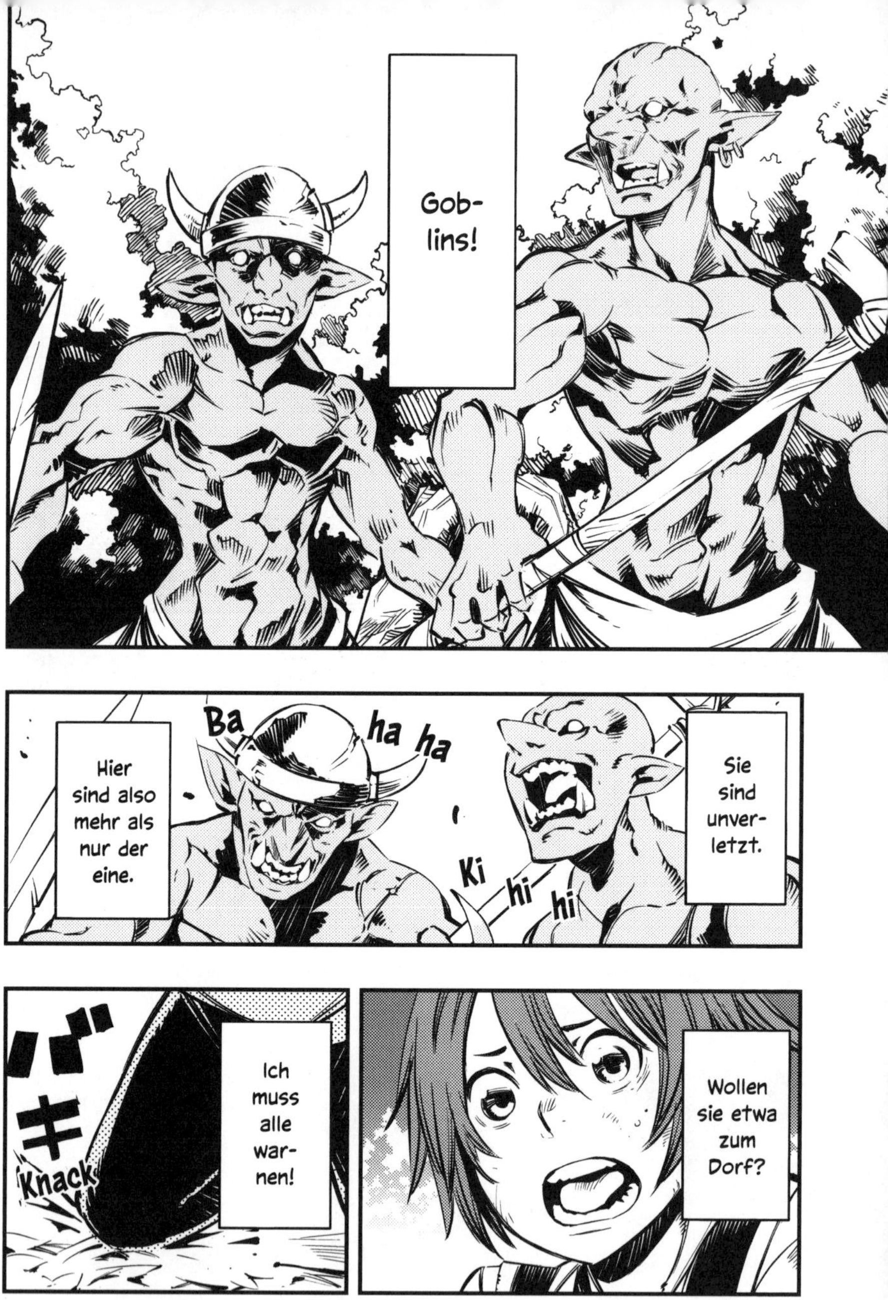
Gob-
lins!
Sie sind unver-
letzt.
Ki hi hi
Ba ha ha
Hier sind also mehr als nur der eine.
Wollen sie etwa zum Dorf?
Ich muss alle war-
nen!
バキ
Knack

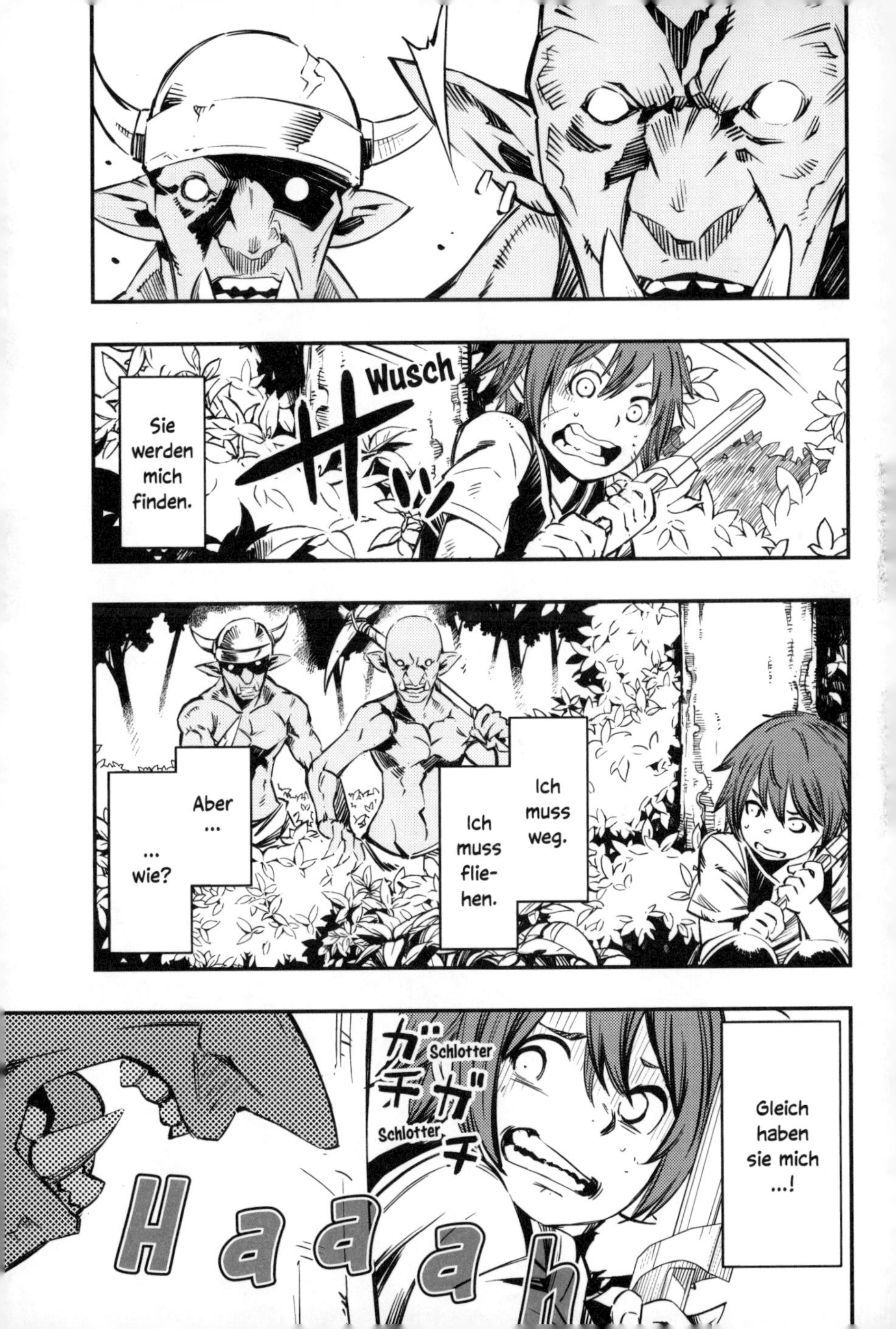
Wusch
Sie werden mich finden.
Ich muss weg.
Ich muss flie-hen.
Aber ...
... wie?
Gleich haben sie mich ...!
Schlotter
Schlotter
Haaaah

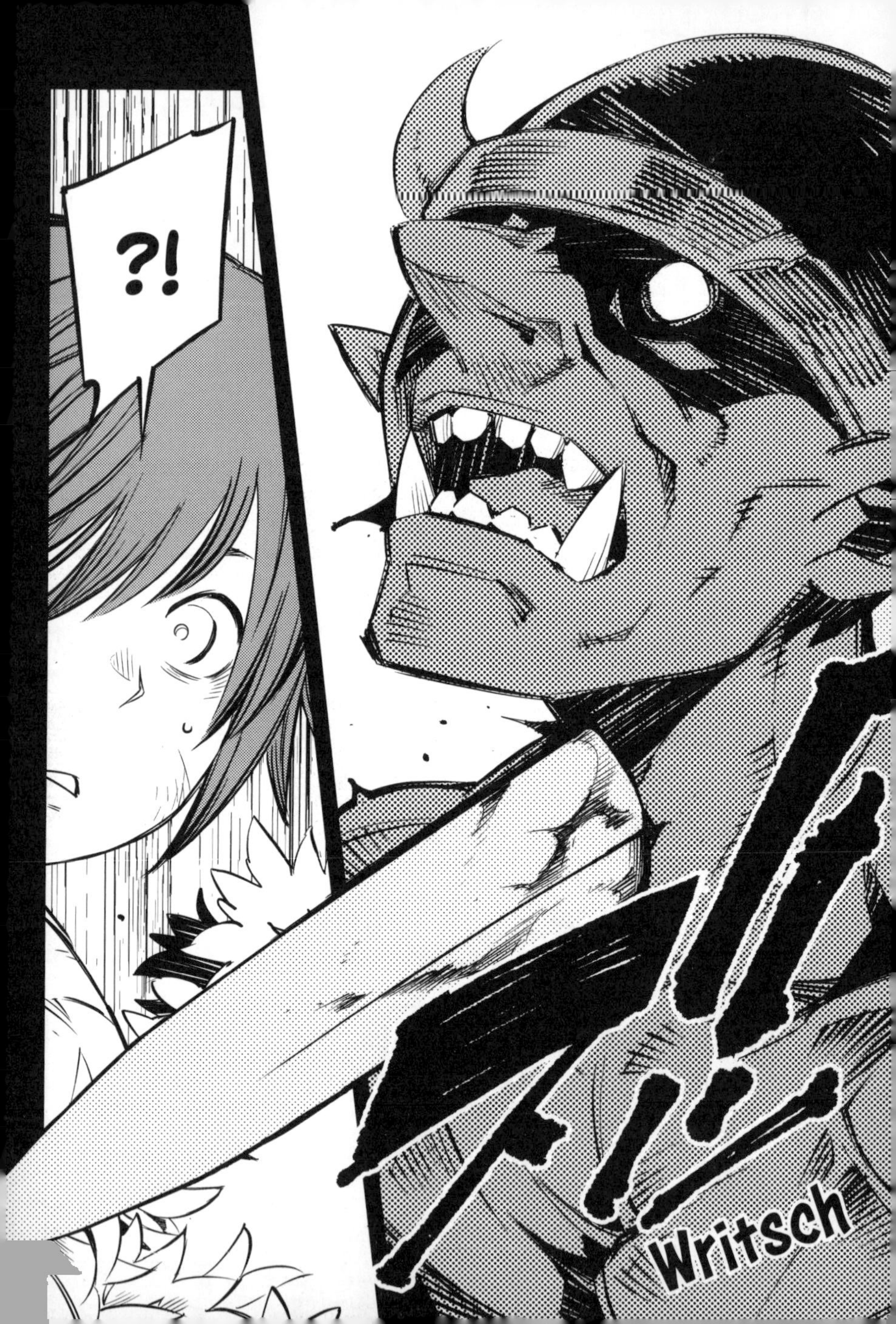
?!
Writsch

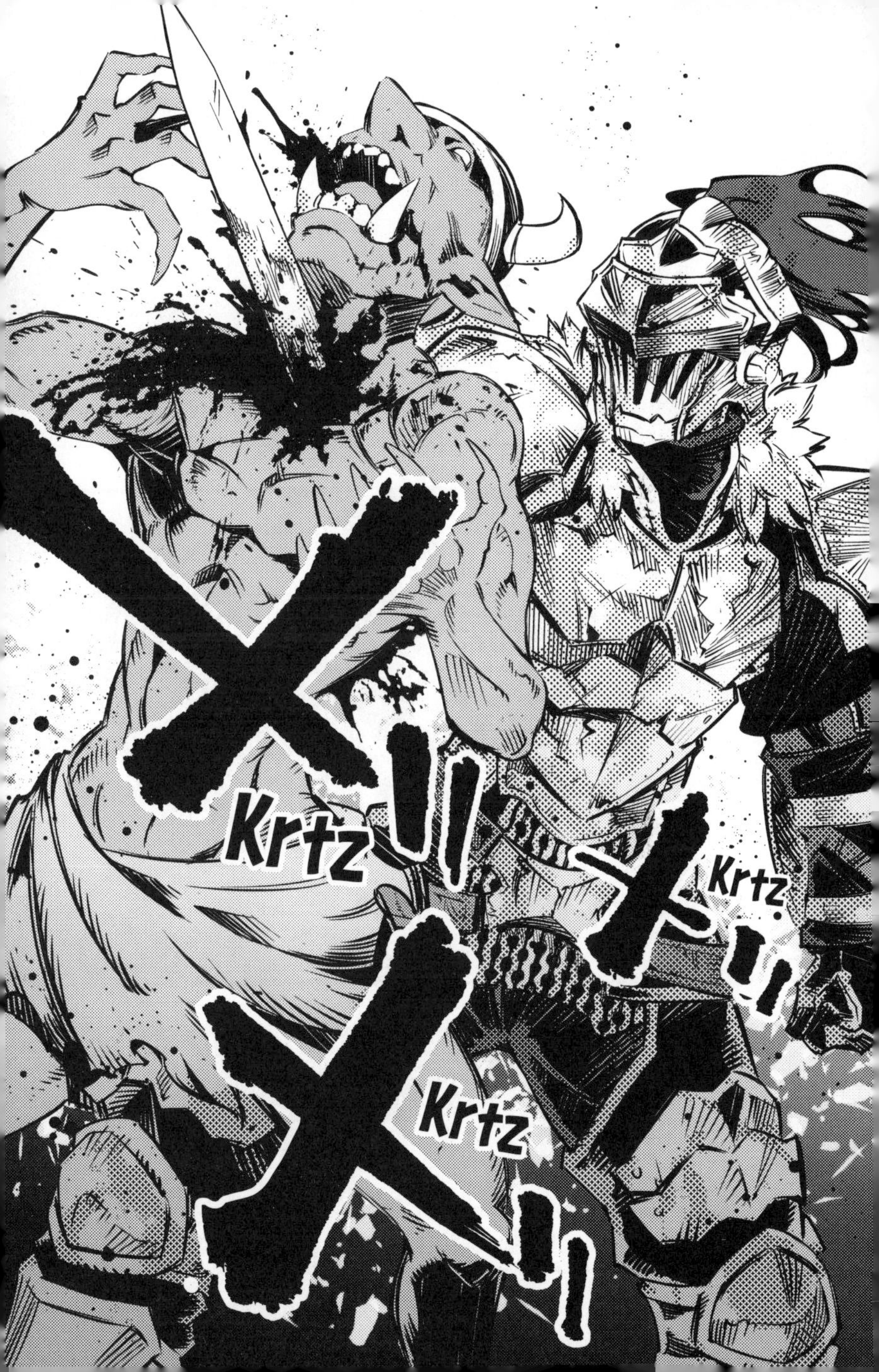
Krtz
Krtz
Krtz

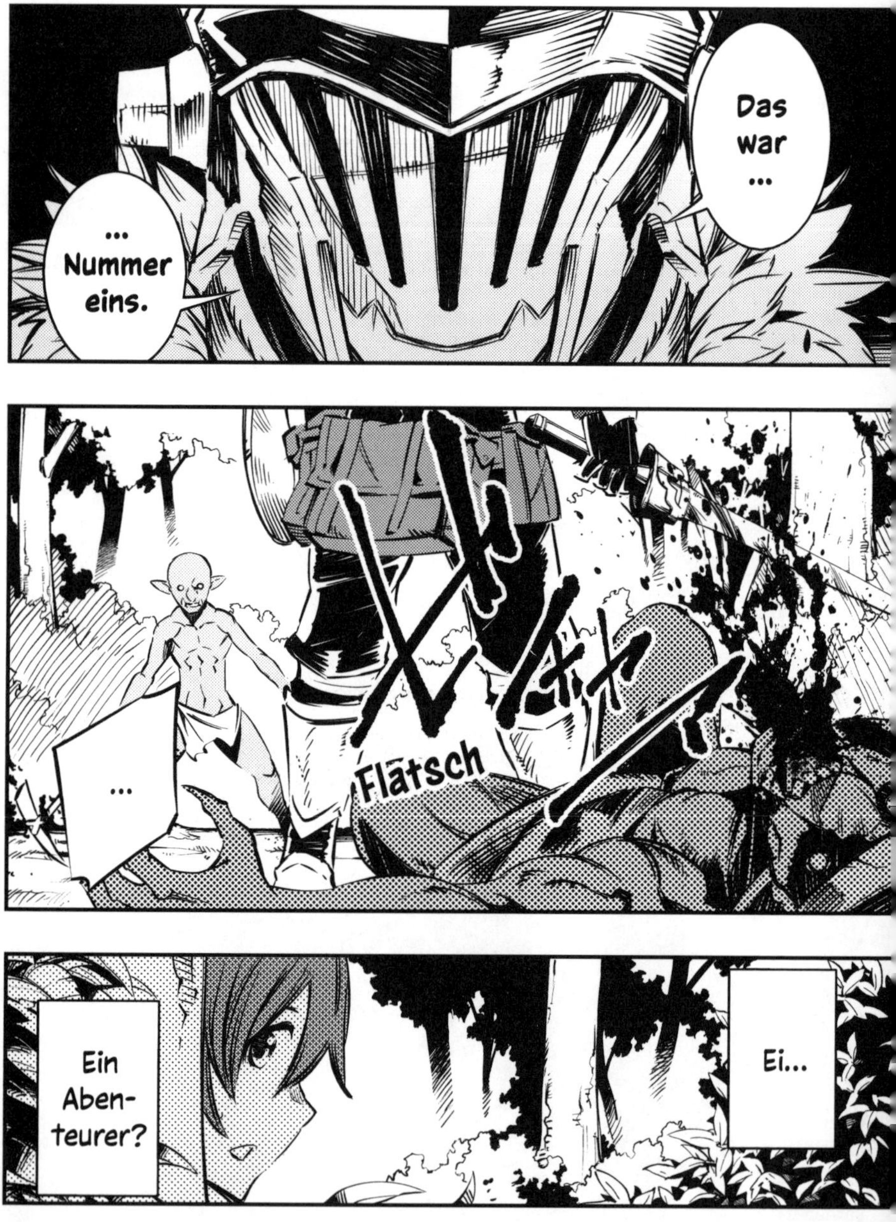
Das war ...
... Nummer eins.
Flatsch
...
Ei...
Ein Abenteurer?

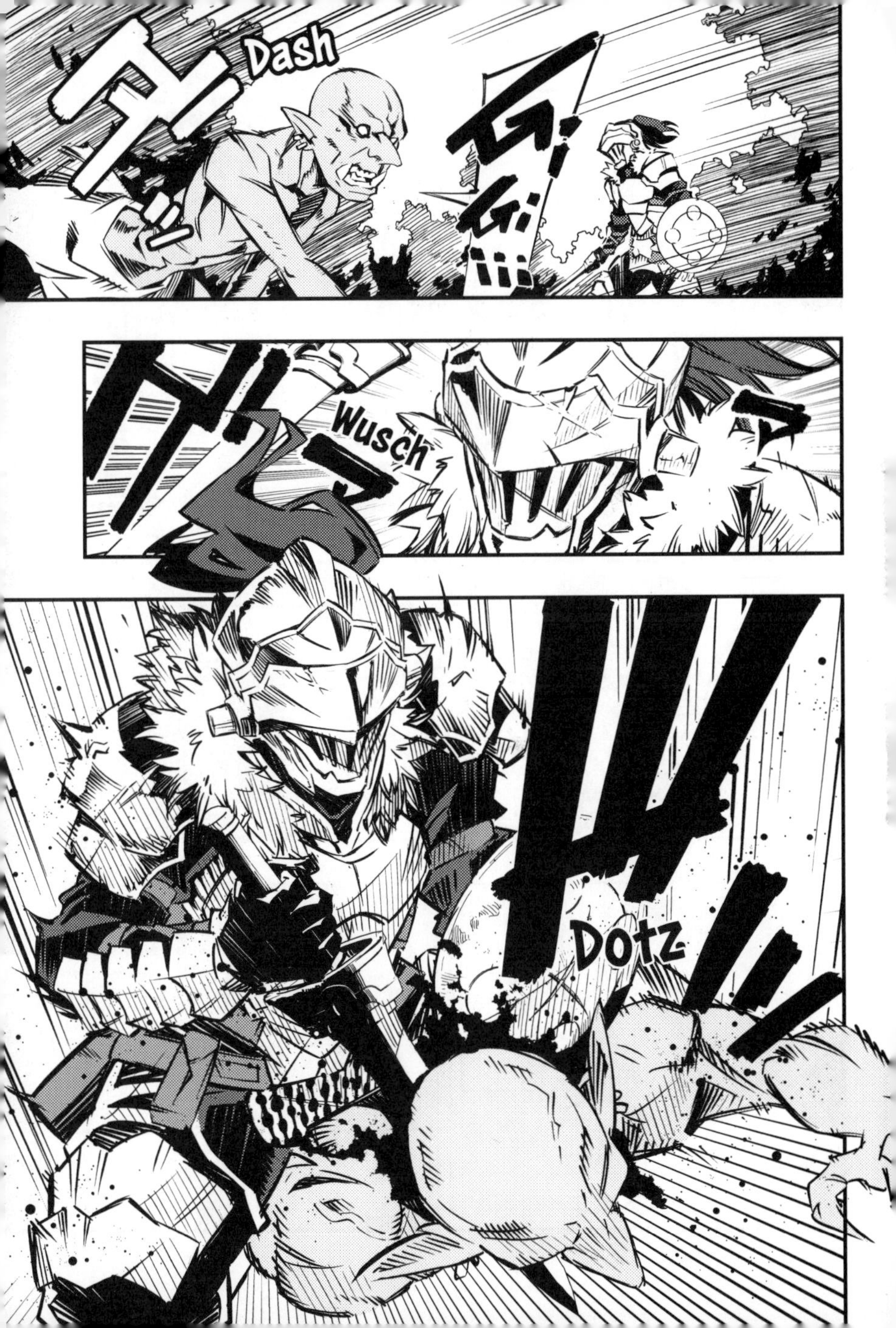
Dash
Wusch
Dotz

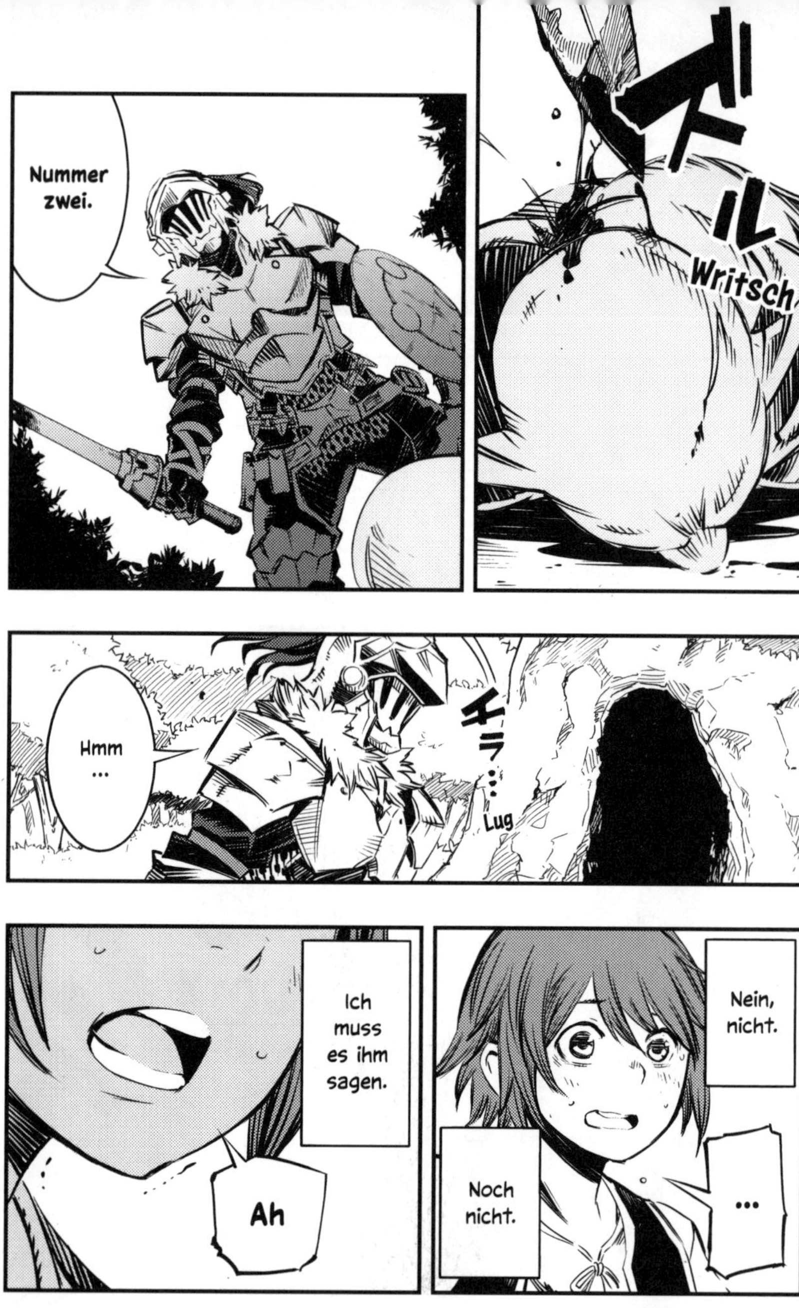
Writsch
Nummer zwei.
チラ…
Lug
Hmm ...
Nein, nicht.
...
Noch nicht.
Ich muss es ihm sagen.
Ah

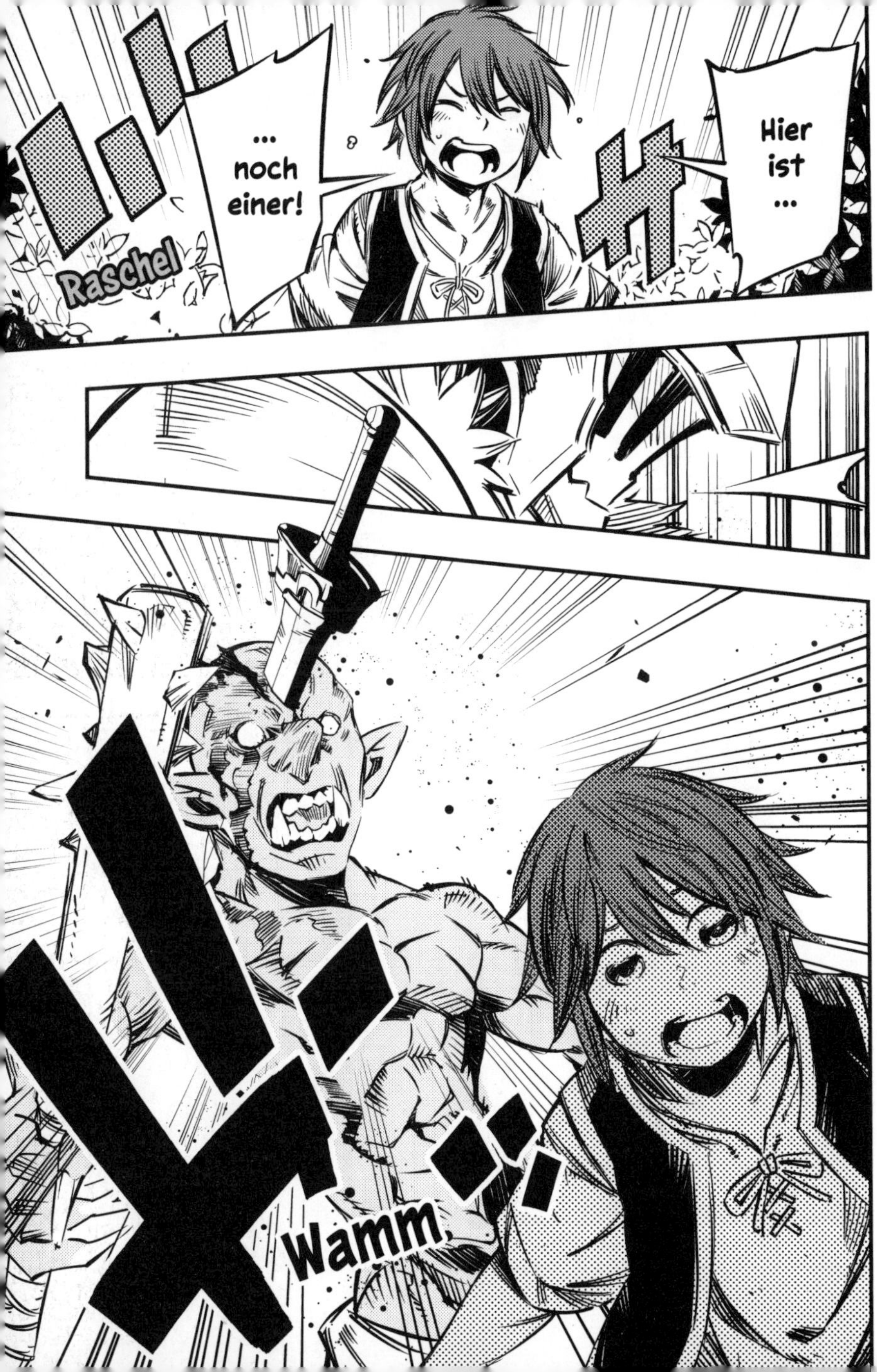

Hier ist …
… noch einer!
Raschel
Wamm

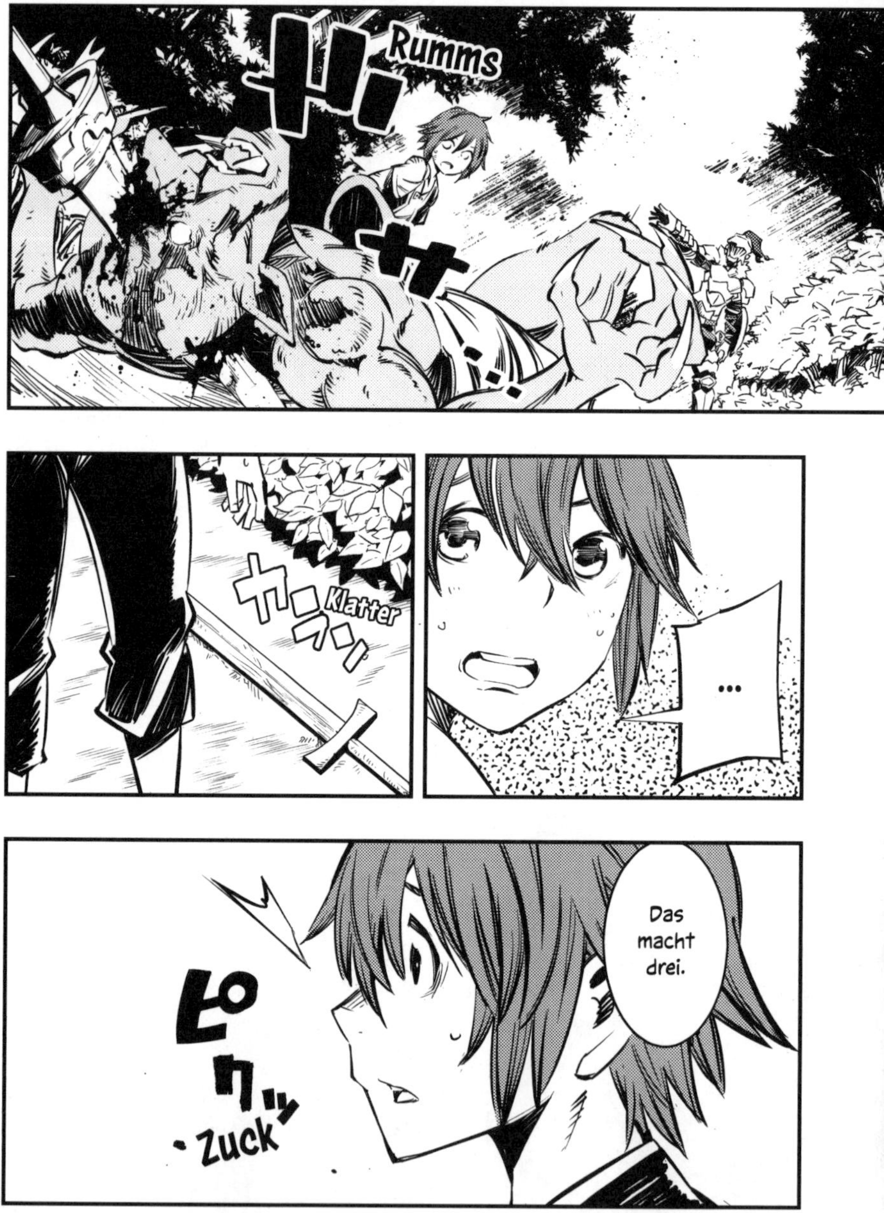
Rumms
...
Klatter
Das macht drei.
Zuck

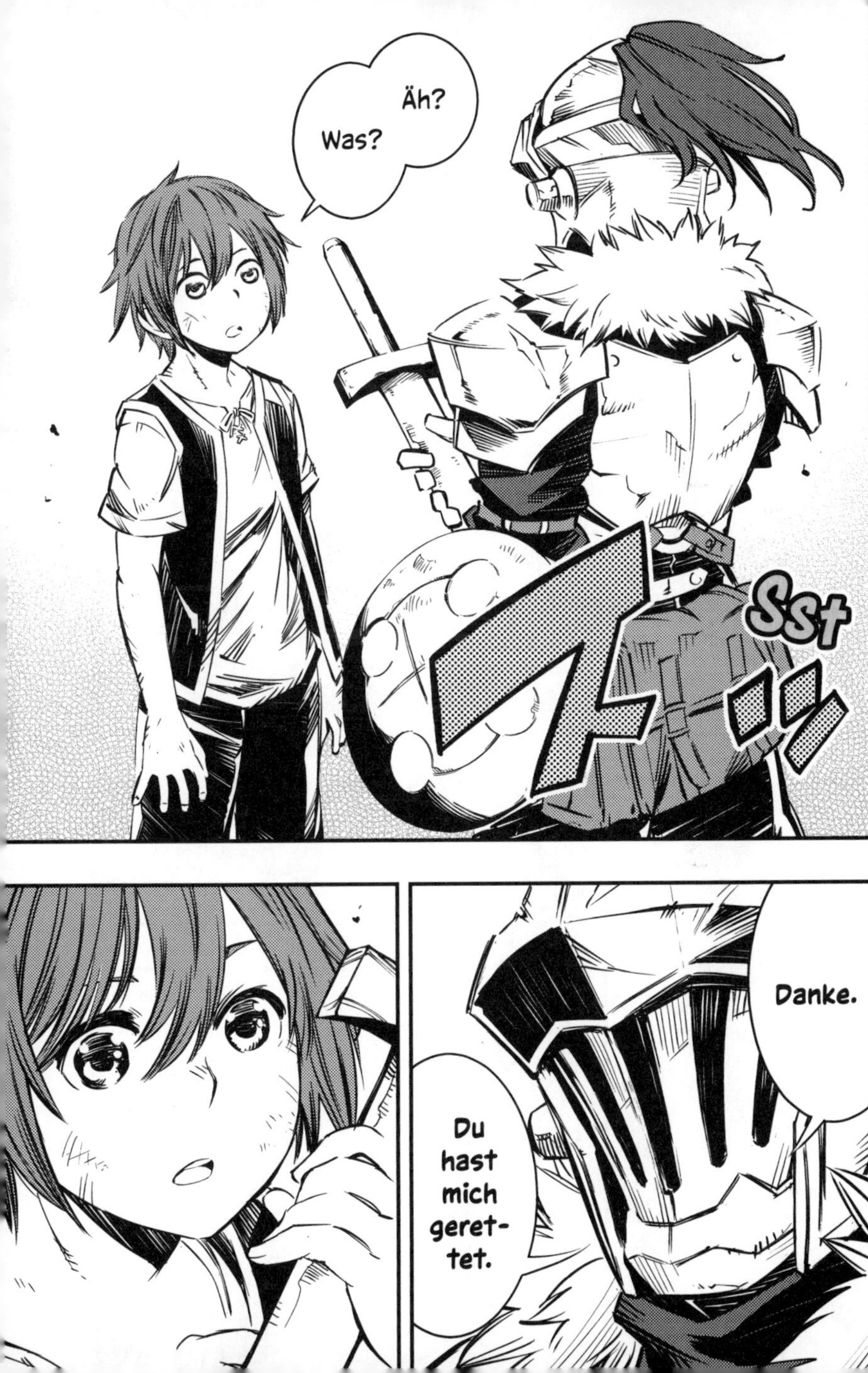
Äh?
Was?
Sst
Danke.
Du hast mich geret-tet.

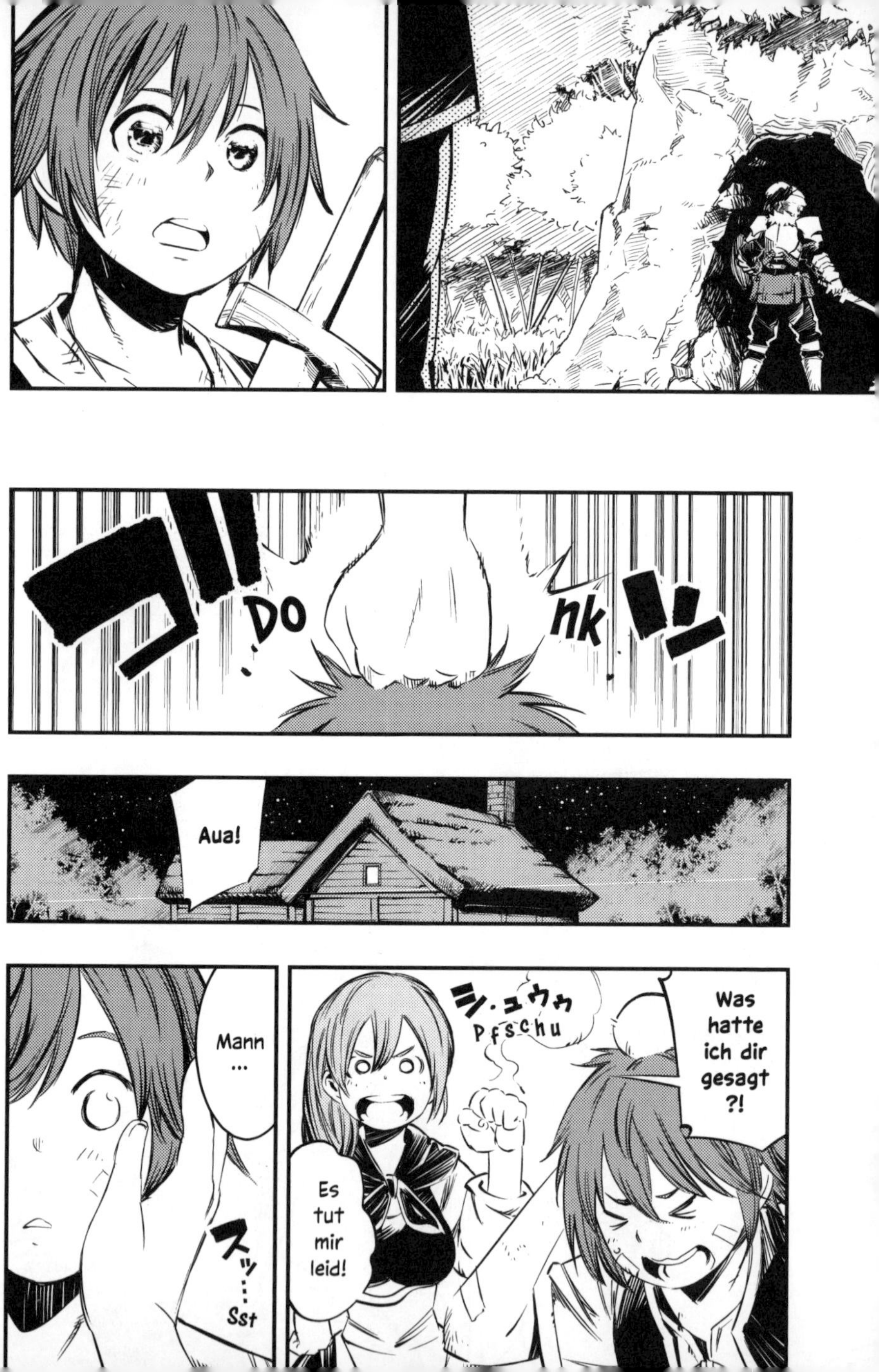
ゴッ
DOnk
Aua!
Was hatte ich dir gesagt?!
シュウゥ
Pfschu
Es tut mir leid!
Mann ...
スッ
Sst

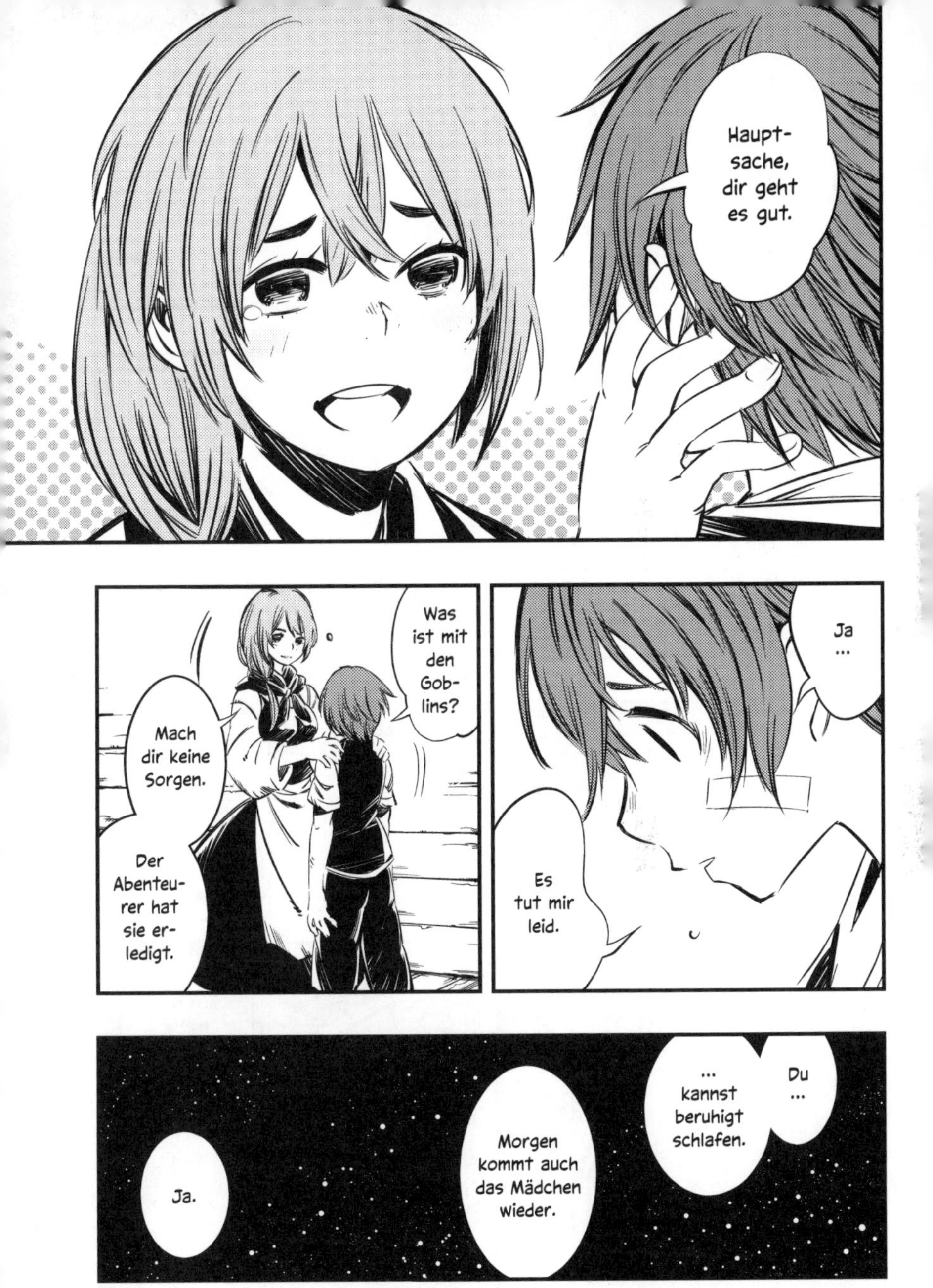
Hauptsache, dir geht es gut.
Ja …
Es tut mir leid.
Was ist mit den Goblins?
Mach dir keine Sorgen.
Der Abenteurer hat sie erledigt.
Du …
… kannst beruhigt schlafen.
Morgen kommt auch das Mädchen wieder.
Ja.

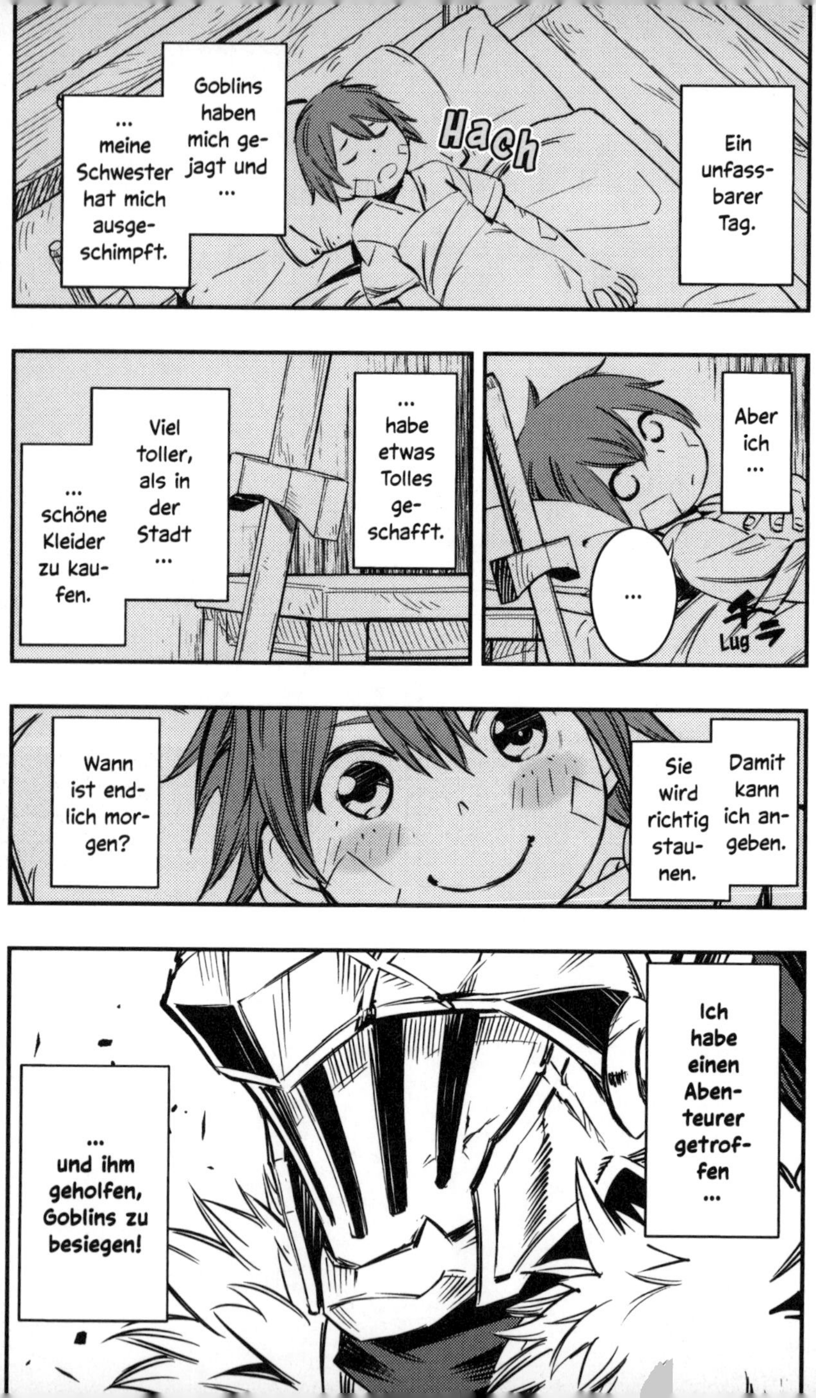

Ein unfassbarer Tag.
Hach
Goblins haben mich gejagt und ...
... meine Schwester hat mich ausgeschimpft.
Aber ich ...
...
Lug
... habe etwas Tolles geschafft.
Viel toller, als in der Stadt ...
... schöne Kleider zu kaufen.
Damit kann ich angeben.
Sie wird richtig staunen.
Wann ist endlich morgen?
Ich habe einen Abenteurer getroffen ...
... und ihm geholfen, Goblins zu besiegen!

Kapitel 3:
Die Kellnerin der Schenke

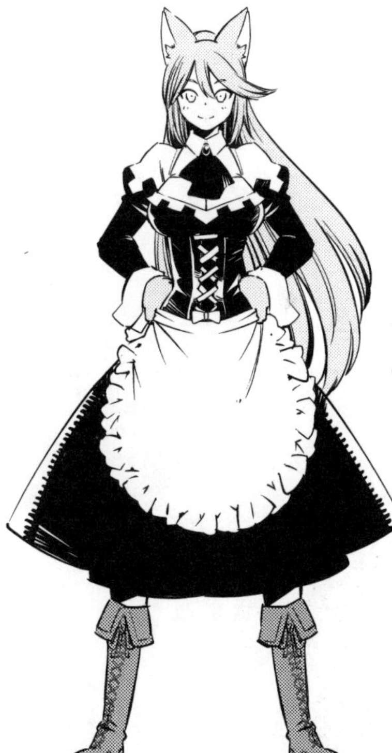

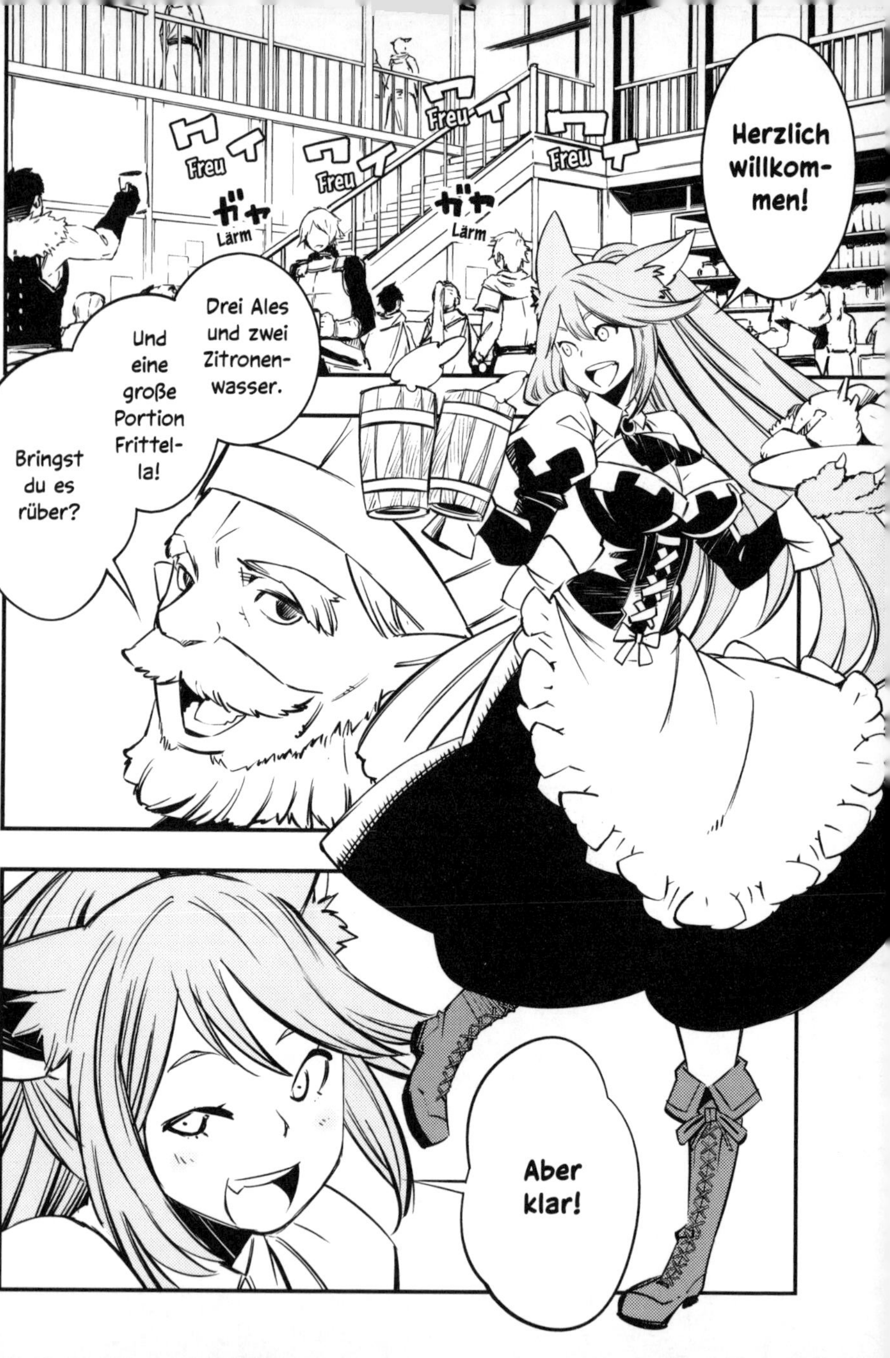
Freu
Freu
Freu
Freu
Lärm
Lärm
Herzlich willkom-men!
Drei Ales und zwei Zitronen-wasser.
Und eine große Portion Frittel-la!
Bringst du es rüber?
Aber klar!

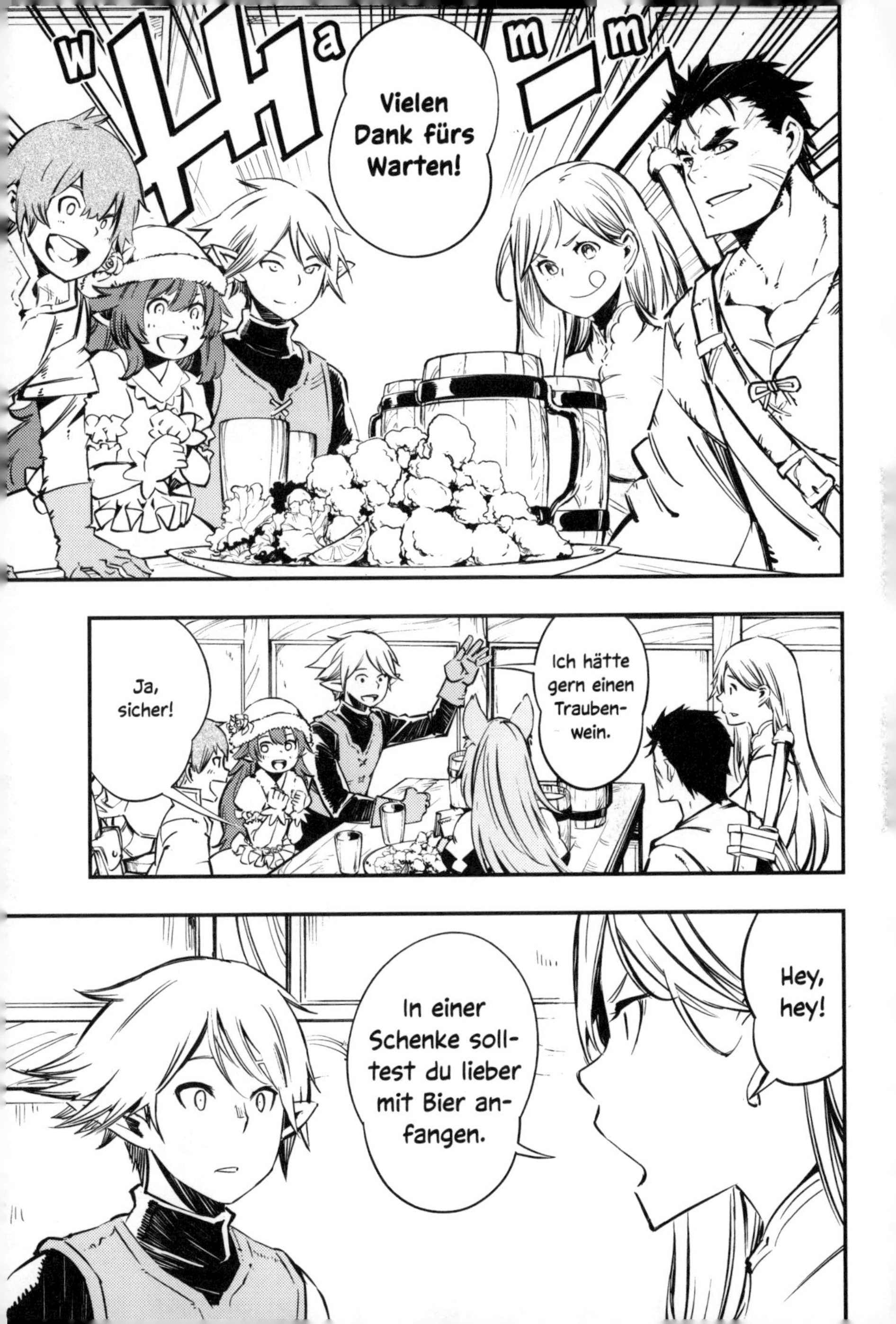
wHHamm
Vielen Dank fürs Warten!
Ich hätte gern einen Trauben-wein.
Ja, sicher!
Hey, hey!
In einer Schenke soll-test du lieber mit Bier an-fangen.

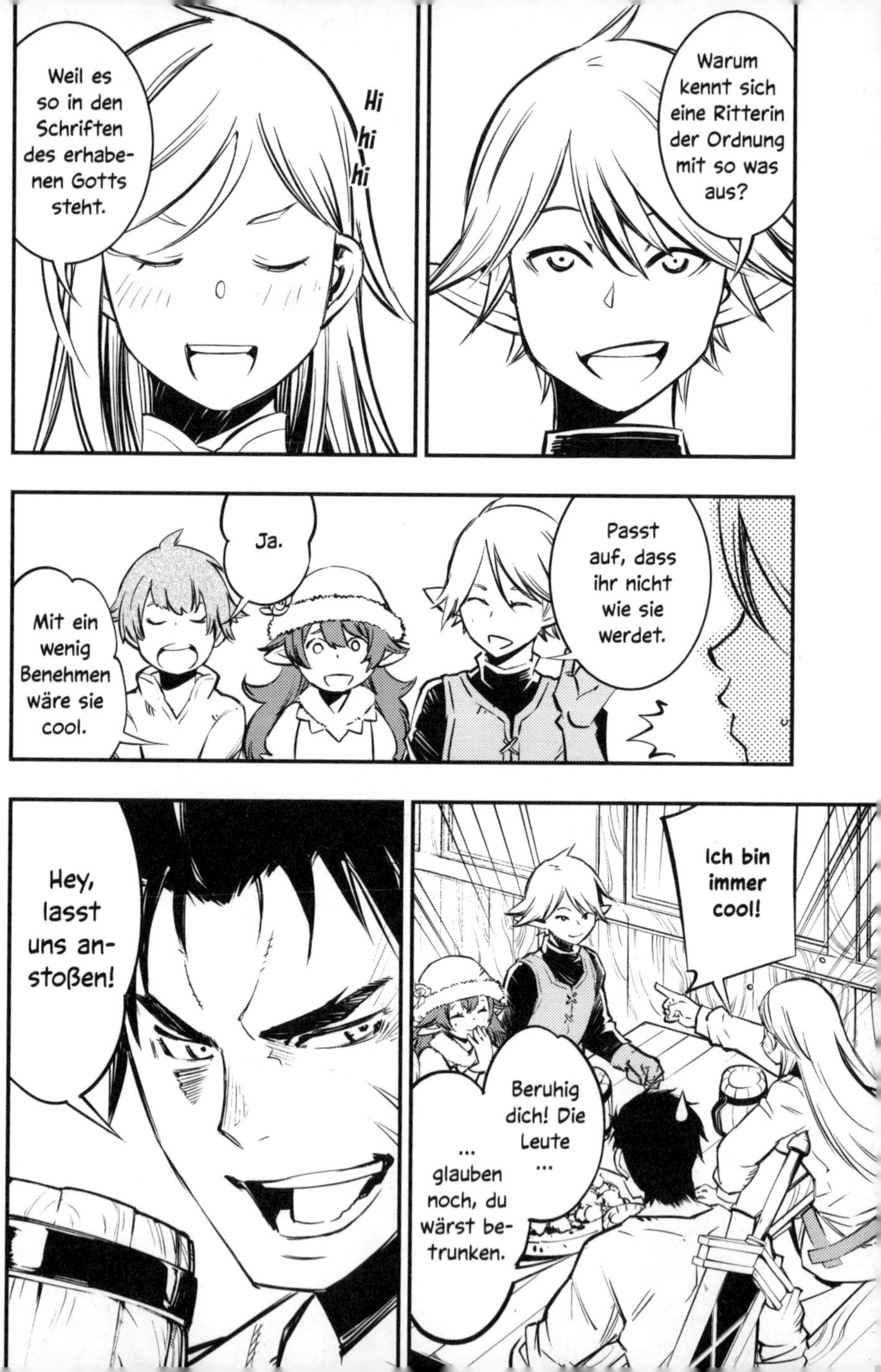
Warum kennt sich eine Ritterin der Ordnung mit so was aus?
Weil es so in den Schriften des erhabe-nen Gotts steht.
Hi hi hi
Passt auf, dass ihr nicht wie sie werdet.
Ja.
Mit ein wenig Benehmen wäre sie cool.
Ich bin immer cool!
Beruhig dich! Die Leute ...
... glauben noch, du wärst be-trunken.
Hey, lasst uns an-stoßen!

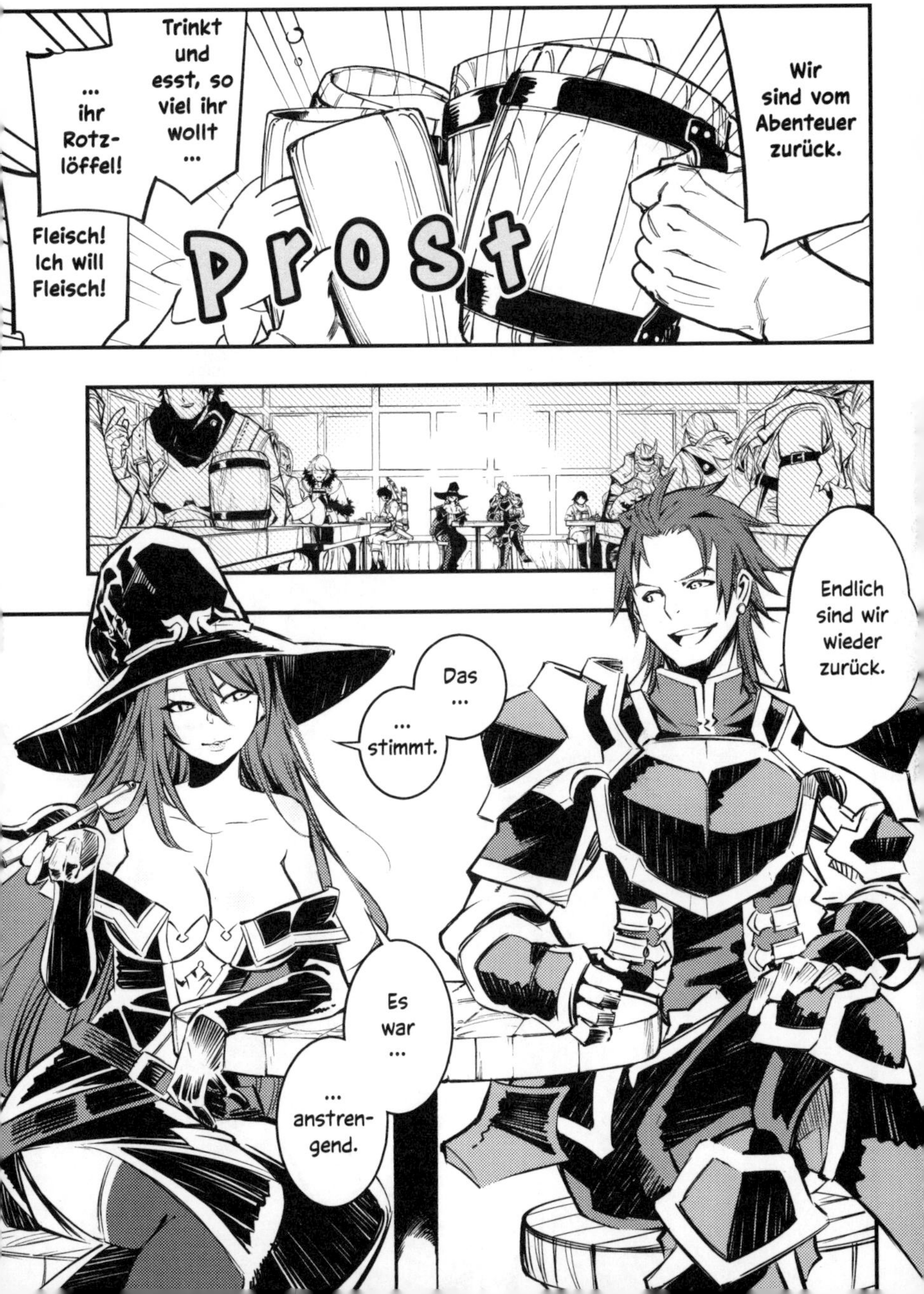
Wir sind vom Abenteuer zurück.
Prost
Trinkt und esst, so viel ihr wollt ...
... ihr Rotzlöffel!
Fleisch! Ich will Fleisch!
Endlich sind wir wieder zurück.
Das ...
... stimmt.
Es war ...
... anstrengend.

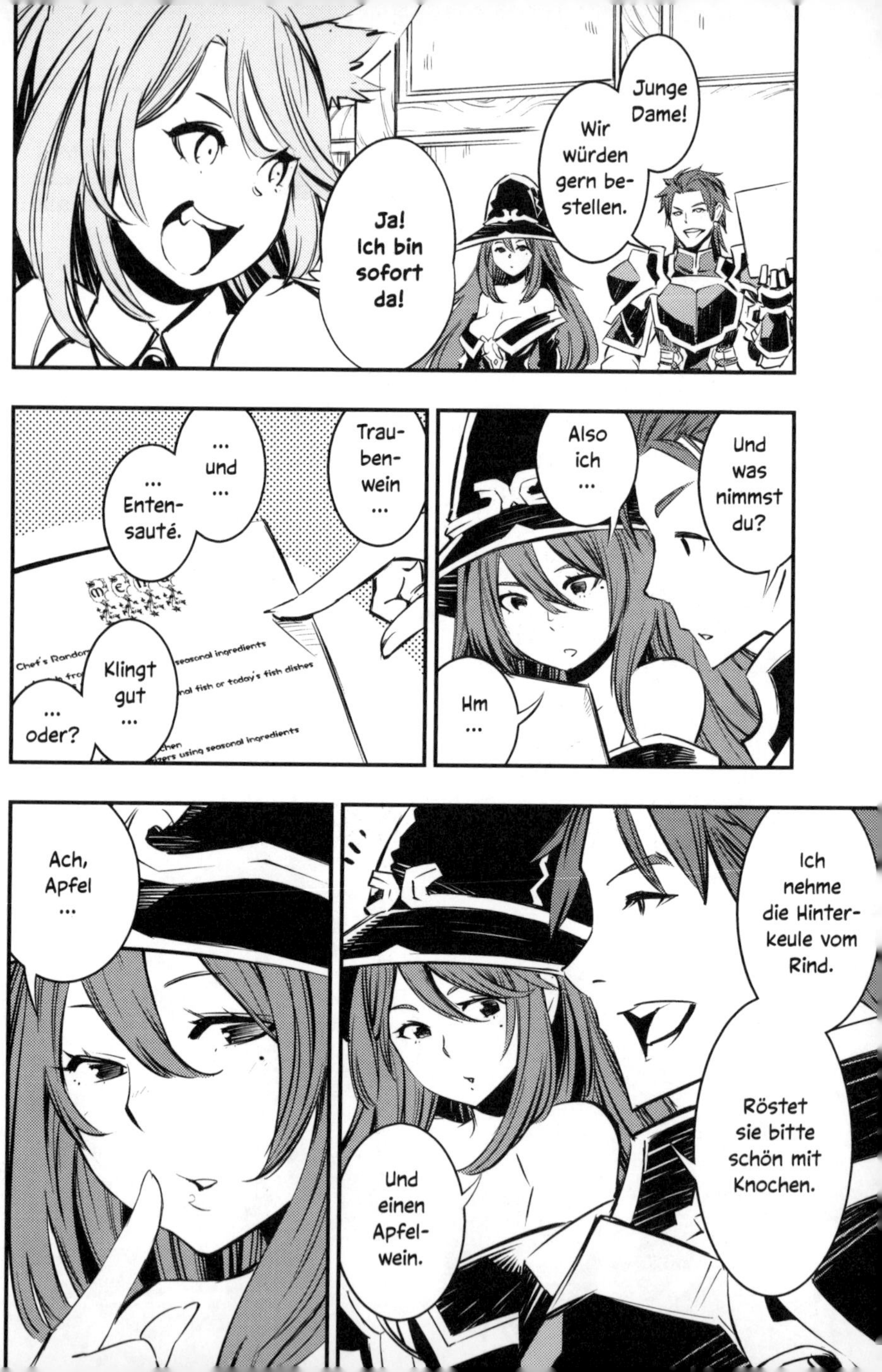
Junge Dame!
Wir würden gern be-stellen.
Ja! Ich bin sofort da!
Und was nimmst du?
Also ich ...
Hm ...
Trau-ben-wein ...
... und ...
... Enten-sauté.
Klingt gut ...
... oder?
Ich nehme die Hinter-keule vom Rind.
Röstet sie bitte schön mit Knochen.
Und einen Apfel-wein.
Ach, Apfel ...

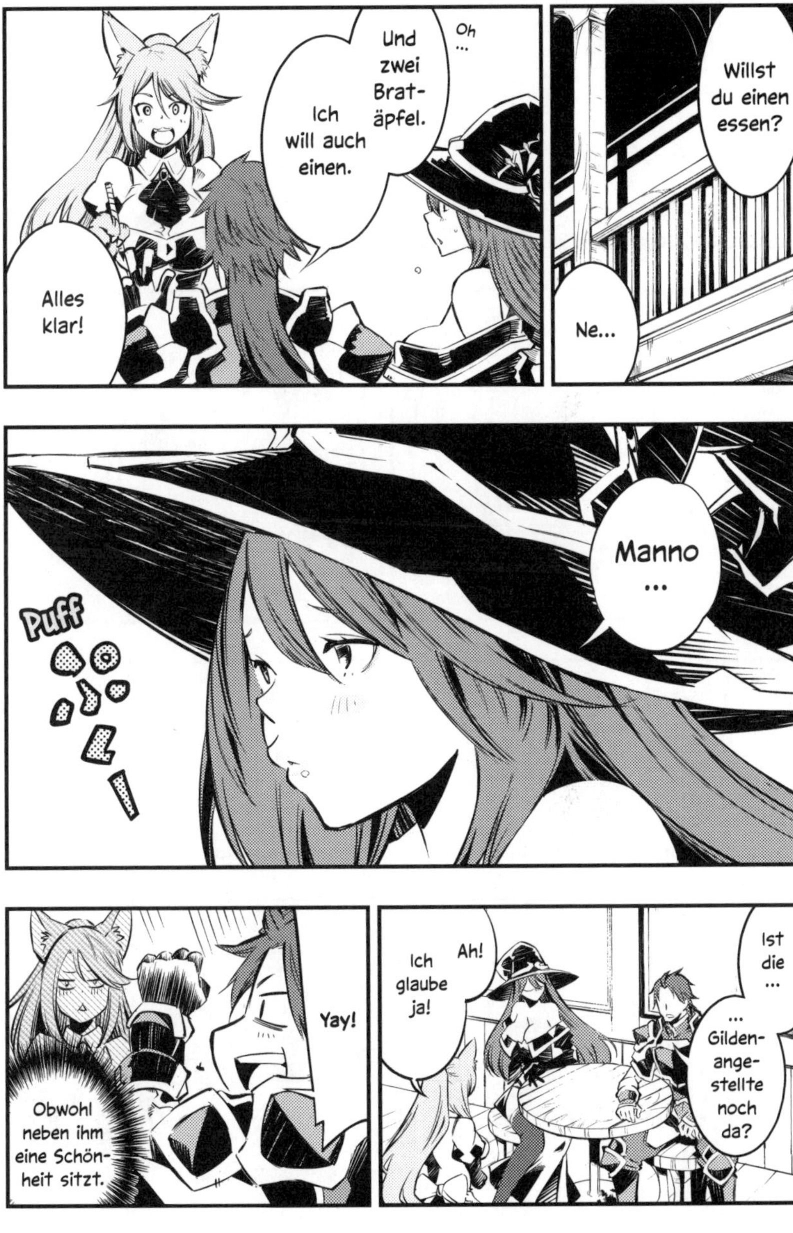
Willst du einen essen?
Ne...
Oh ...
Und zwei Brat-äpfel.
Ich will auch einen.
Alles klar!
Manno ...
Puff
Ist die ...
... Gilden-ange-stellte noch da?
Ah!
Ich glaube ja!
Yay!
Obwohl neben ihm eine Schön-heit sitzt.

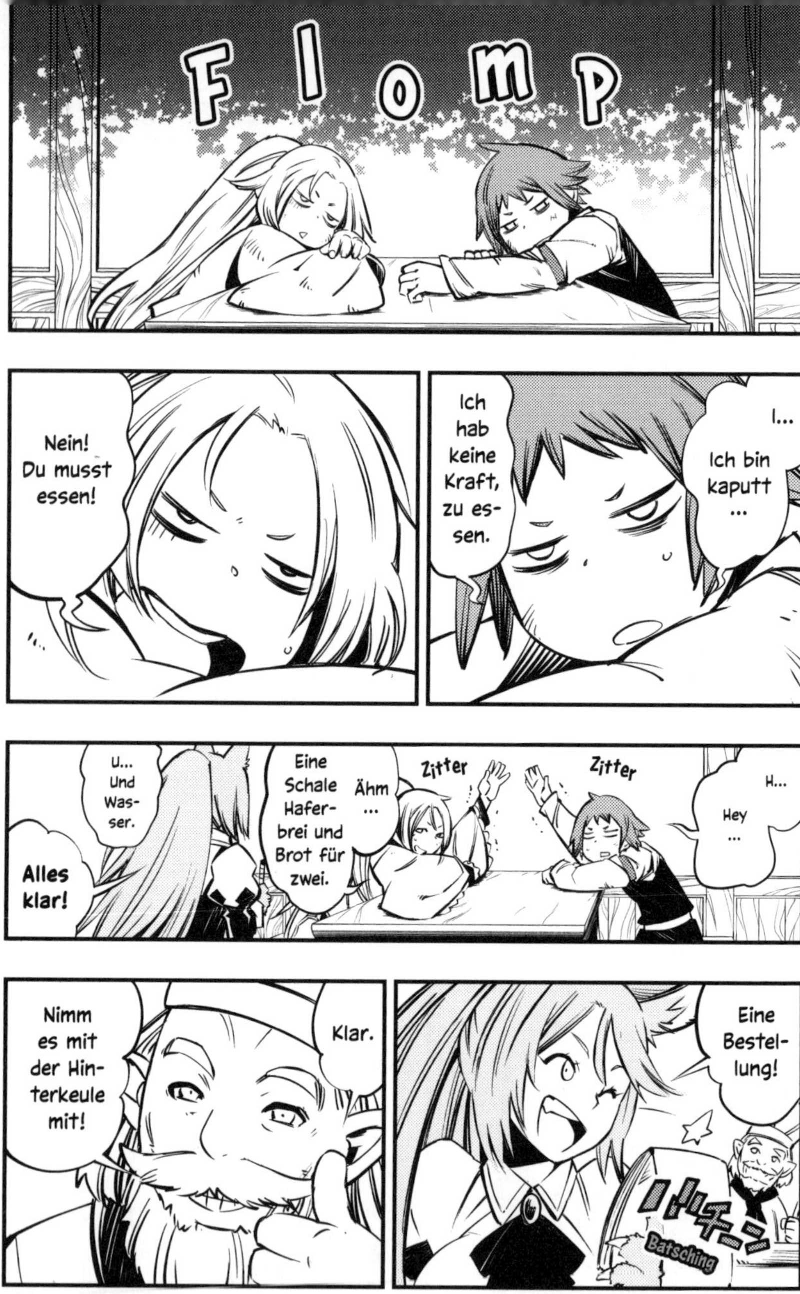
Flomp
I...
Ich bin kaputt ...
Ich hab keine Kraft, zu essen.
Nein! Du musst essen!
H... Hey ...
Zitter
Zitter
Ähm ...
Eine Schale Haferbrei und Brot für zwei.
U... Und Wasser.
Alles klar!
Eine Bestellung!
Batsching
Klar.
Nimm es mit der Hinterkeule mit!

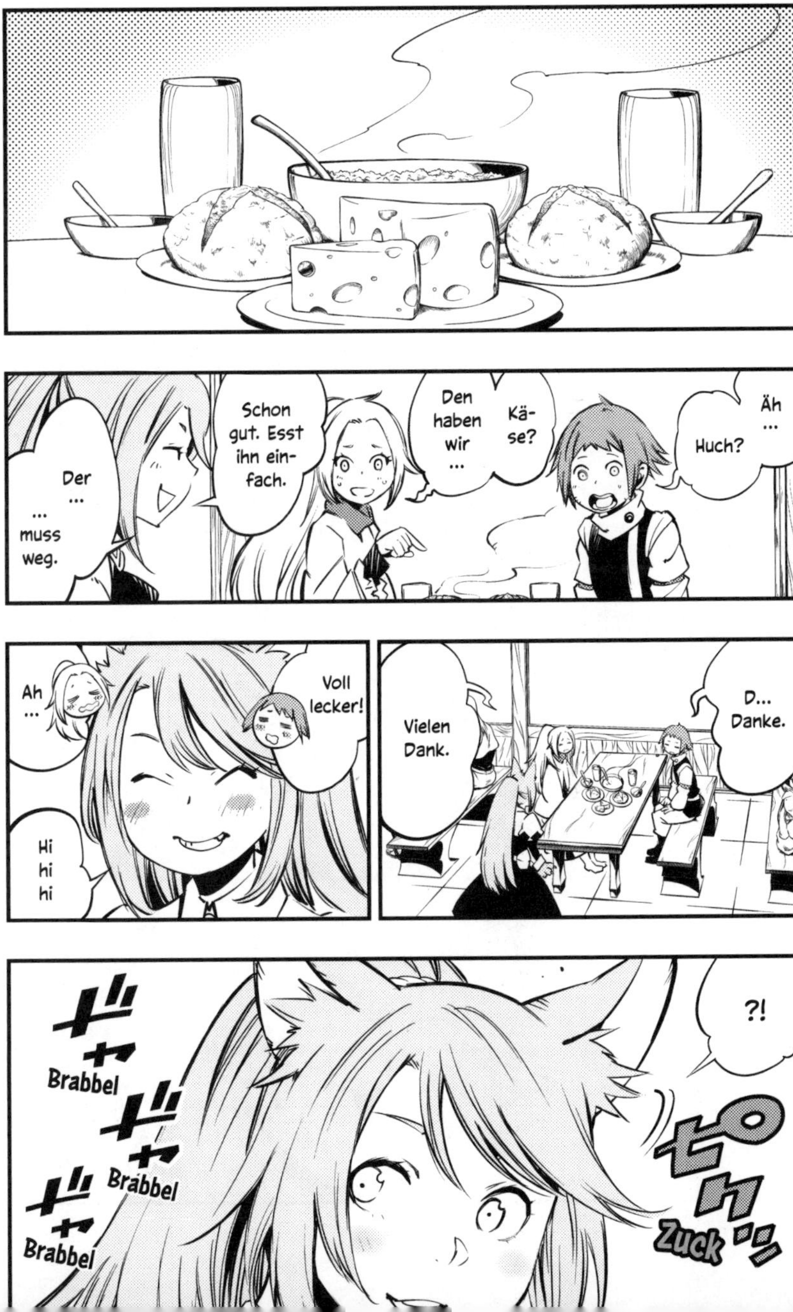
Äh ...
Huch?
Kä-se?
Den haben wir ...
Schon gut. Esst ihn ein-fach.
Der ... ... muss weg.
D... Danke.
Vielen Dank.
Voll lecker!
Ah ...
Hi hi hi
?!
Zuck
Brabbel
Brabbel
Brabbel

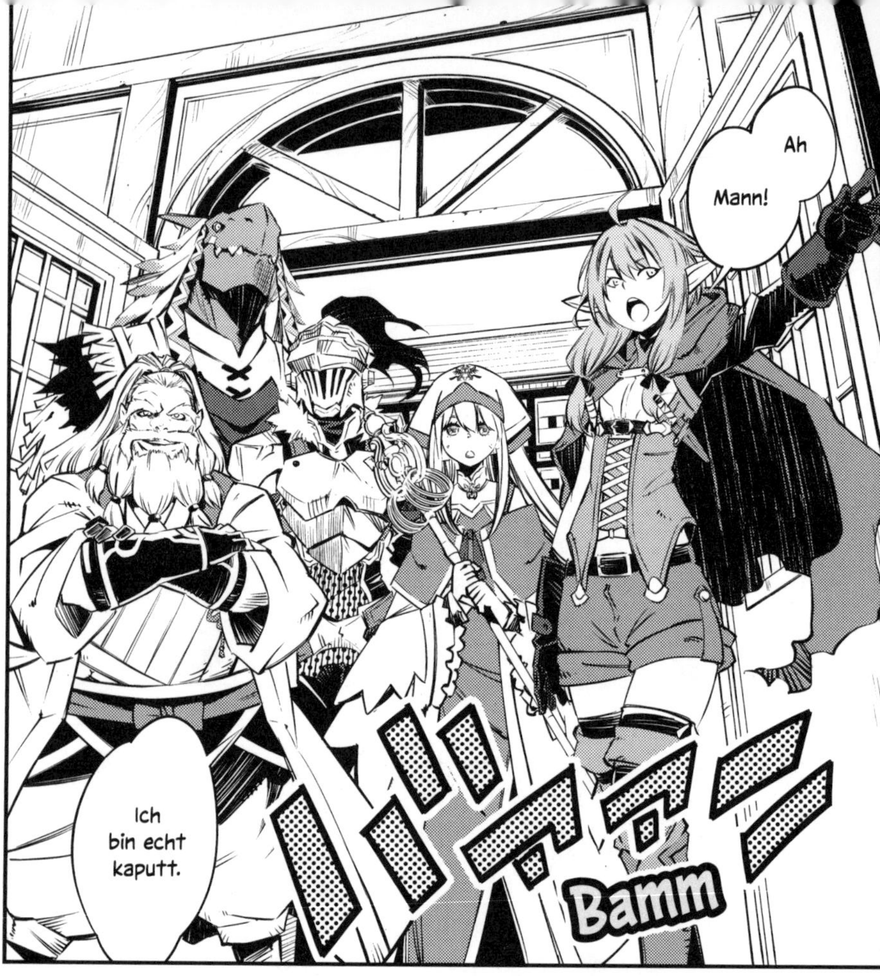
Ah Mann!
Ich bin echt kaputt.
Bamm

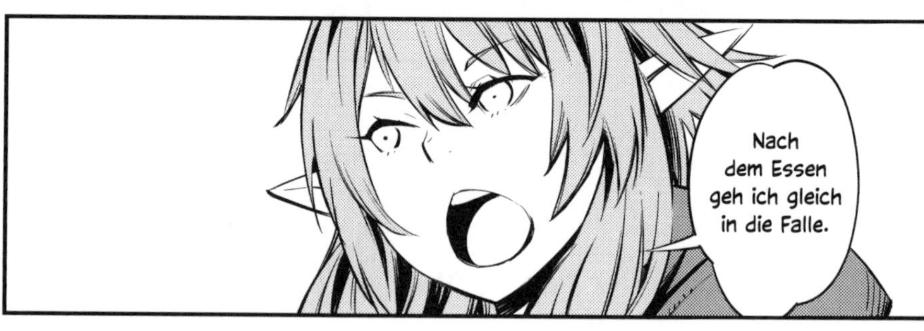
Nach dem Essen geh ich gleich in die Falle.

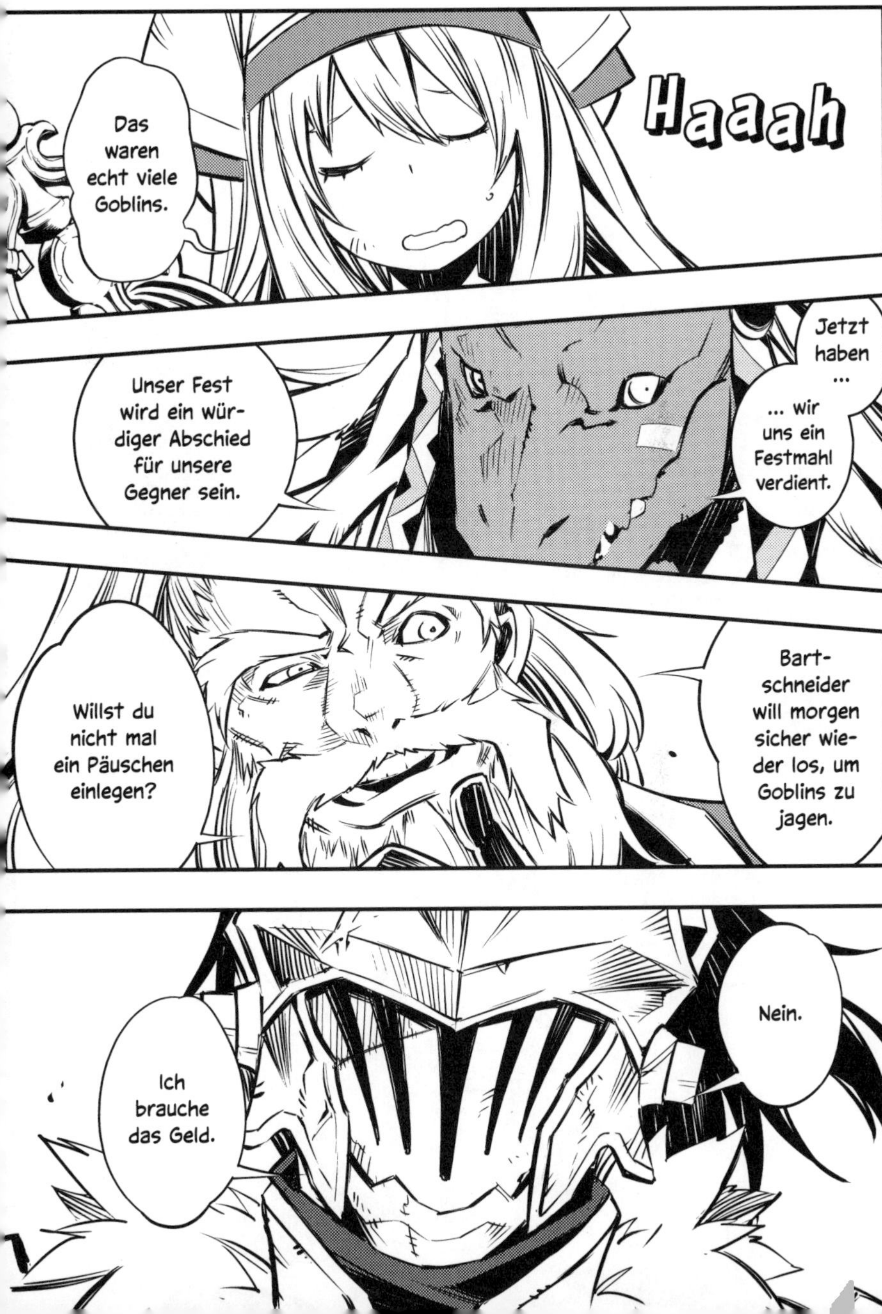
Haaaah
Das waren echt viele Goblins.
Jetzt haben ...
... wir uns ein Festmahl verdient.
Unser Fest wird ein würdiger Abschied für unsere Gegner sein.
Bartschneider will morgen sicher wieder los, um Goblins zu jagen.
Willst du nicht mal ein Päuschen einlegen?
Nein.
Ich brauche das Geld.

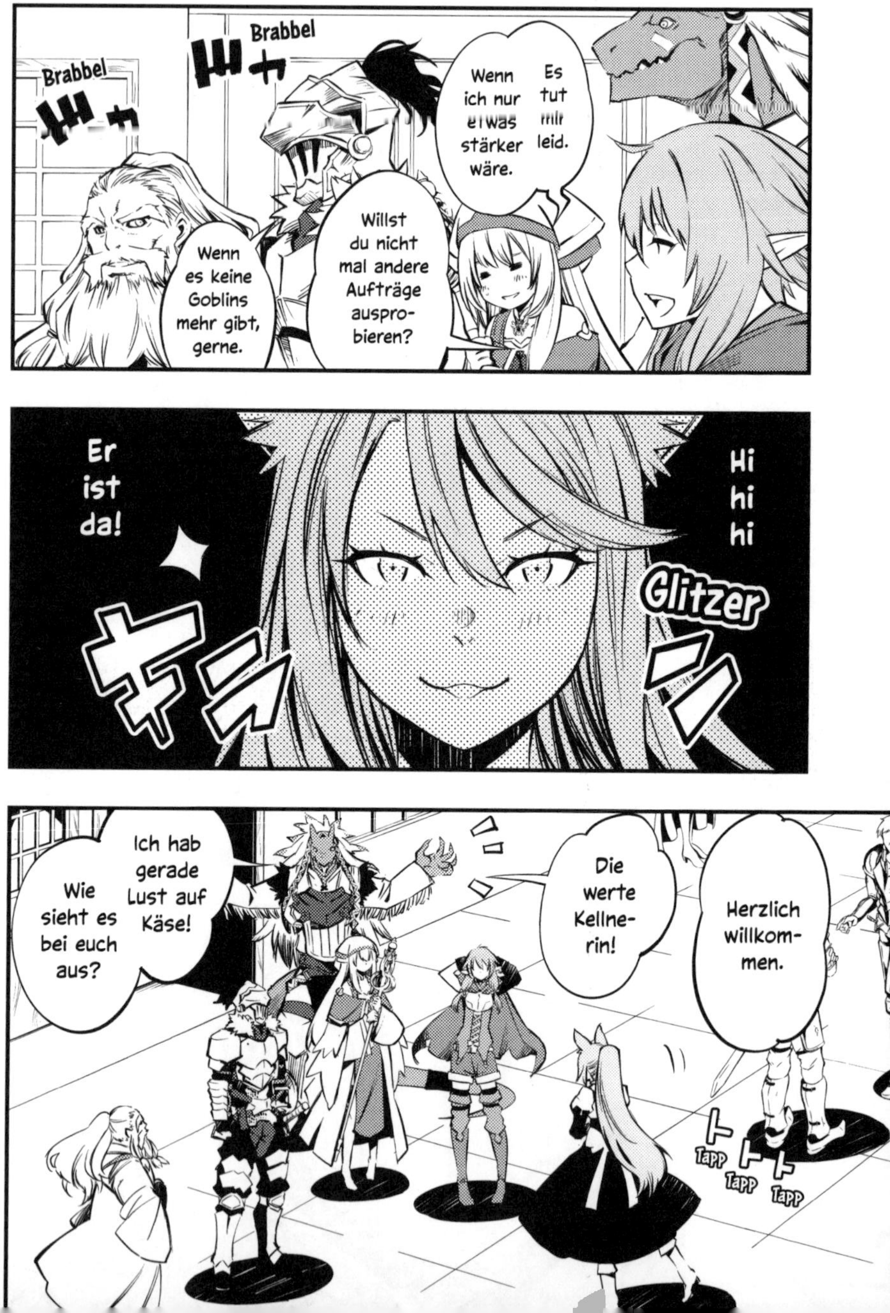
Es tut mir leid.
Wenn ich nur etwas stärker wäre.
Brabbel
Brabbel
Willst du nicht mal andere Aufträge ausprobieren?
Wenn es keine Goblins mehr gibt, gerne.
Hi hi hi
Glitzer
Er ist da!
Herzlich willkommen.
Die werte Kellnerin!
Ich hab gerade Lust auf Käse!
Wie sieht es bei euch aus?
Tapp
Tapp
Tapp

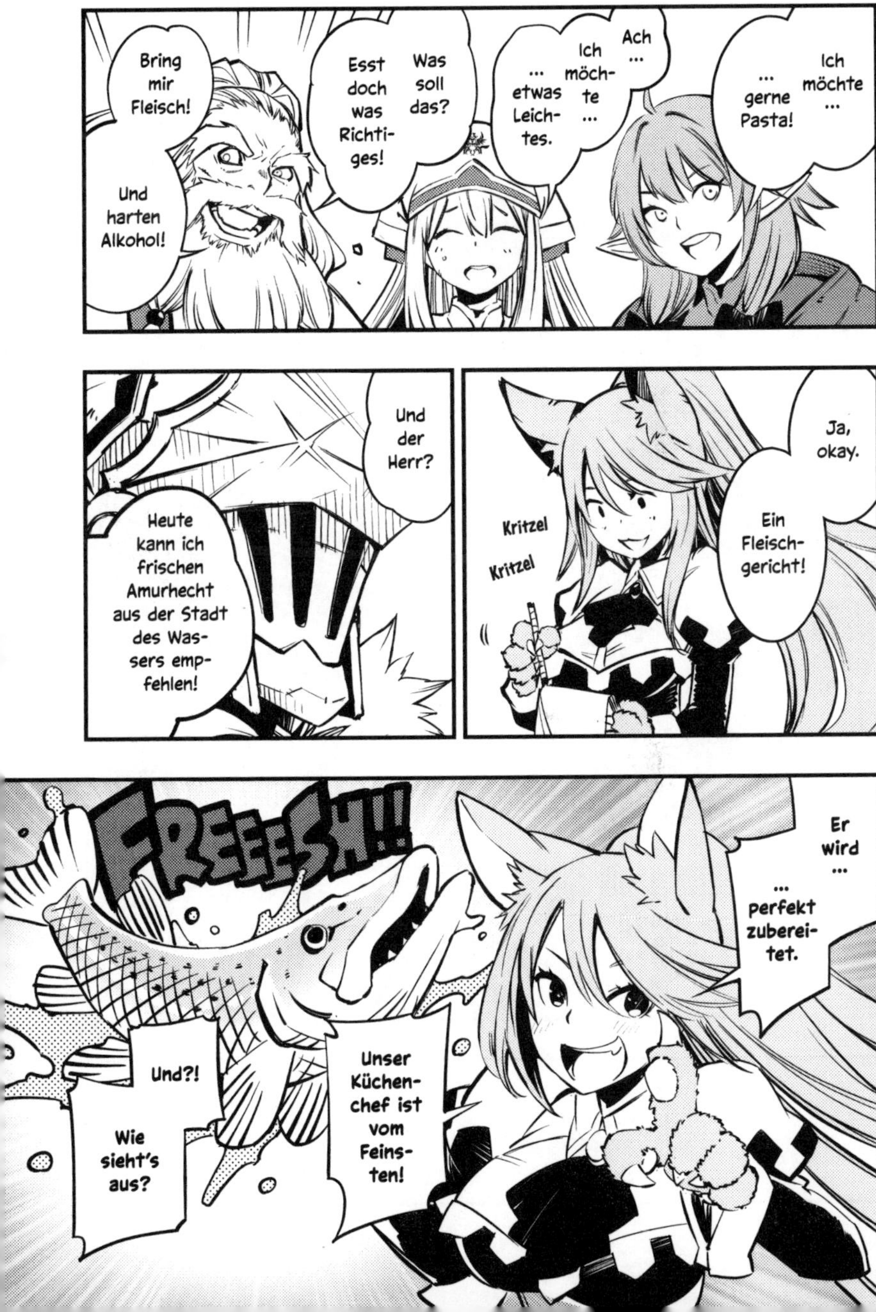

Ich möchte ...
... gerne Pasta!
Ach ...
Ich möchte ...
... etwas Leichtes.
Was soll das?
Esst doch was Richtiges!
Bring mir Fleisch!
Und harten Alkohol!
Ja, okay.
Ein Fleischgericht!
Kritzel
Kritzel
Und der Herr?
Heute kann ich frischen Amurhecht aus der Stadt des Wassers empfehlen!
Er wird ...
... perfekt zubereitet.
FREEESH!!
Unser Küchenchef ist vom Feinsten!
Und?!
Wie sieht's aus?

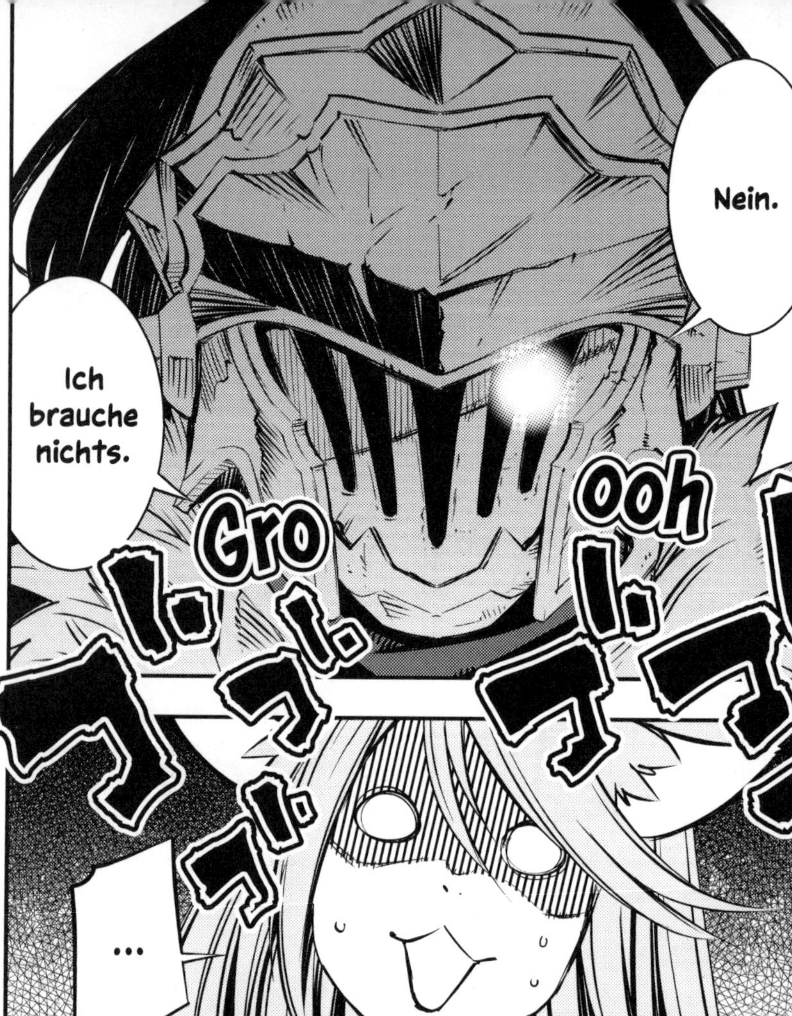
Nein.
Ich brauche nichts.
Gro
ooh
...

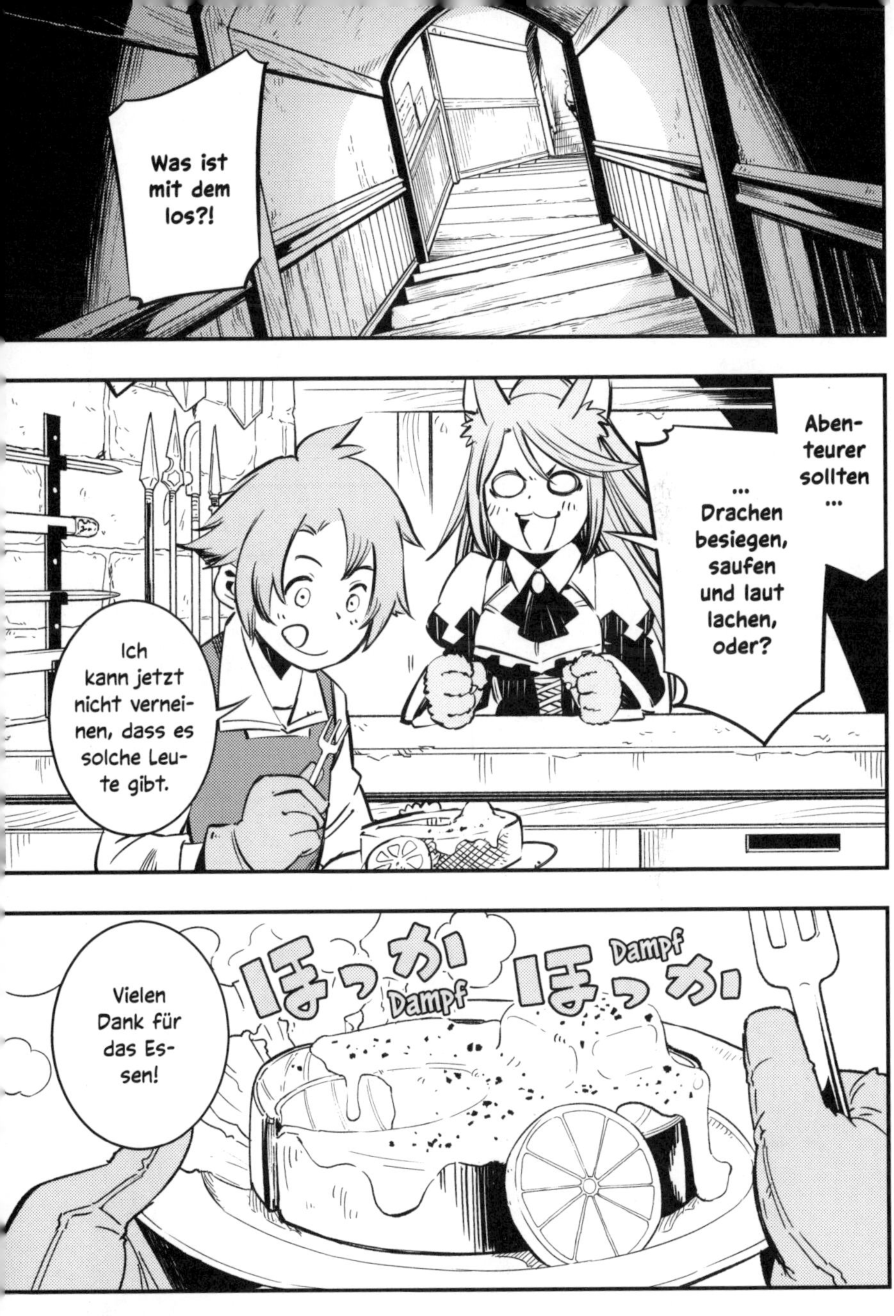
Was ist mit dem los?!
Abenteurer sollten ...
... Drachen besiegen, saufen und laut lachen, oder?
Ich kann jetzt nicht verneinen, dass es solche Leute gibt.
Dampf
ほっか
Dampf
ほっか
Vielen Dank für das Essen!

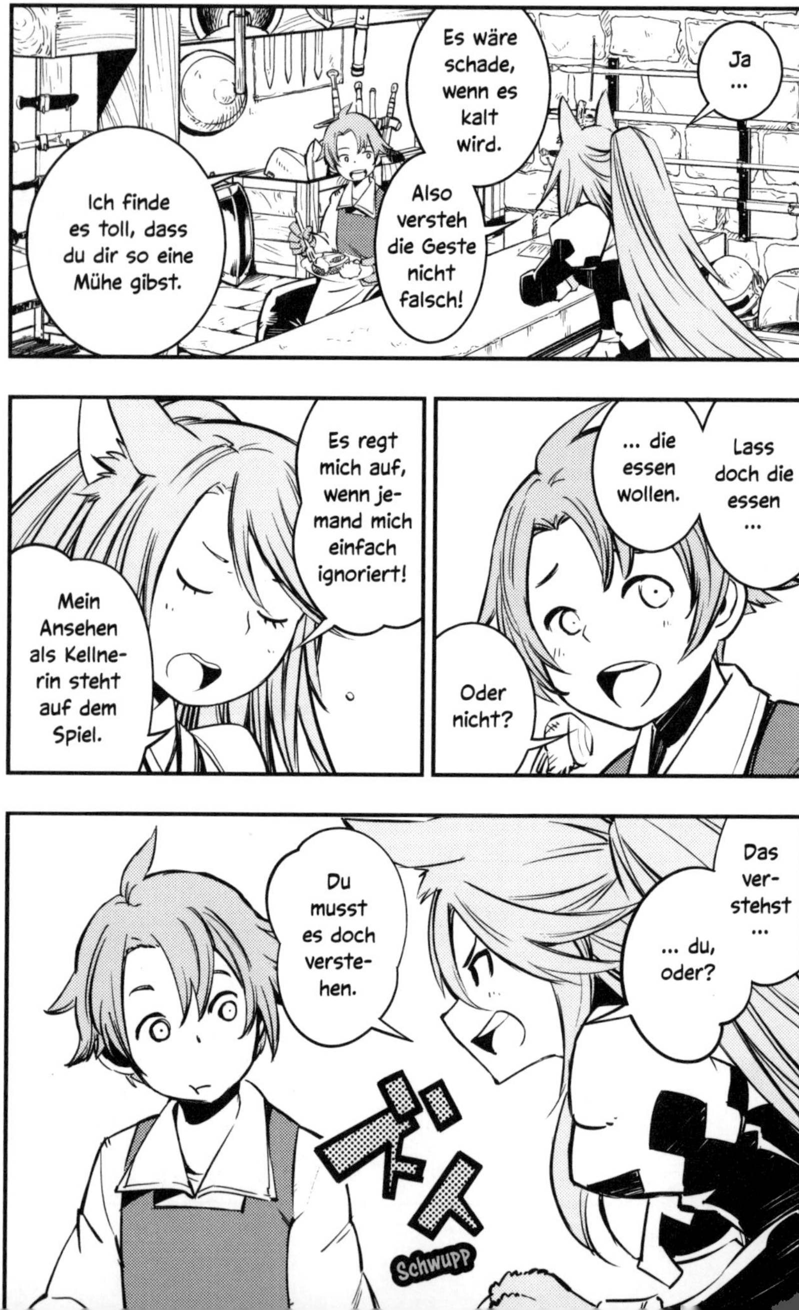
Ja ...
Es wäre schade, wenn es kalt wird.
Also versteh die Geste nicht falsch!
Ich finde es toll, dass du dir so eine Mühe gibst.
Lass doch die essen ...
... die essen wollen.
Oder nicht?
Es regt mich auf, wenn jemand mich einfach ignoriert!
Mein Ansehen als Kellnerin steht auf dem Spiel.
Das versteht ...
... du, oder?
Du musst es doch verstehen.
ズイ
Schwupp

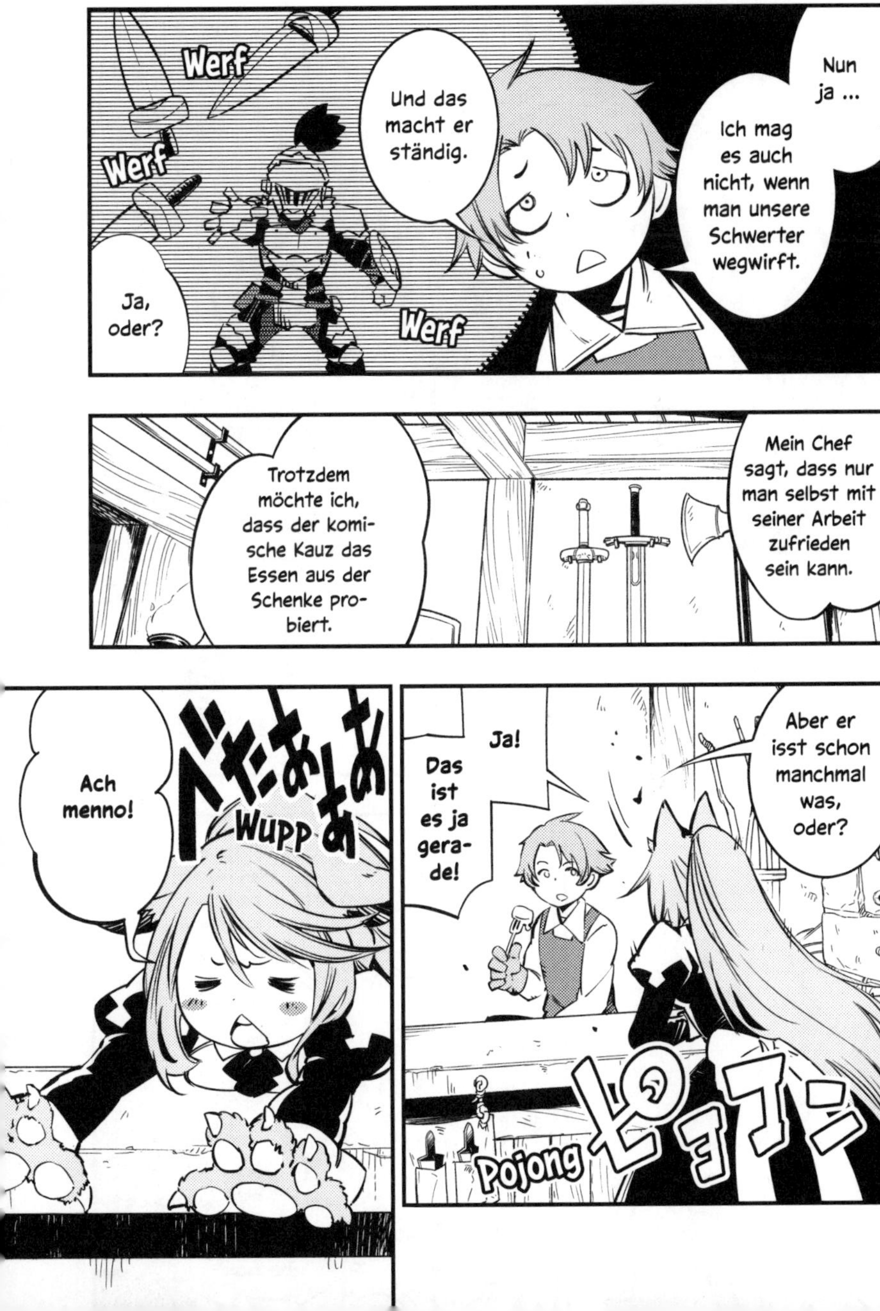
Nun ja ...
Ich mag es auch nicht, wenn man unsere Schwerter wegwirft.
Und das macht er ständig.
Werf
Werf
Ja, oder?
Werf
Mein Chef sagt, dass nur man selbst mit seiner Arbeit zufrieden sein kann.
Trotzdem möchte ich, dass der komische Kauz das Essen aus der Schenke probiert.
Aber er isst schon manchmal was, oder?
Ja!
Das ist es ja gerade!
Pojong
Ach menno!
Wupp

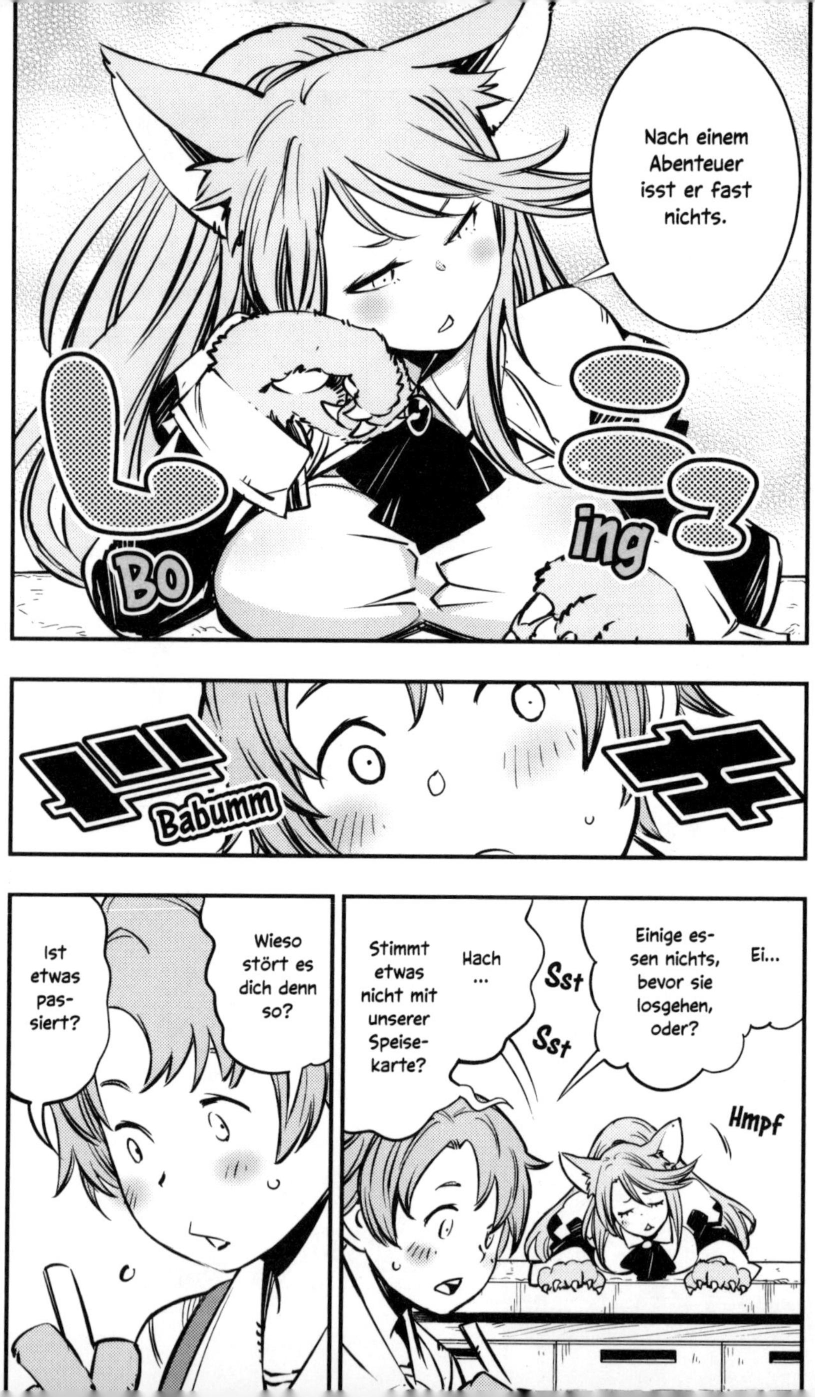

Nach einem Abenteuer isst er fast nichts.
Bo
ing
Babumm
Einige essen nichts, bevor sie losgehen, oder?
Ei...
Sst
Sst
Hach ...
Stimmt etwas nicht mit unserer Speisekarte?
Hmpf
Wieso stört es dich denn so?
Ist etwas passiert?

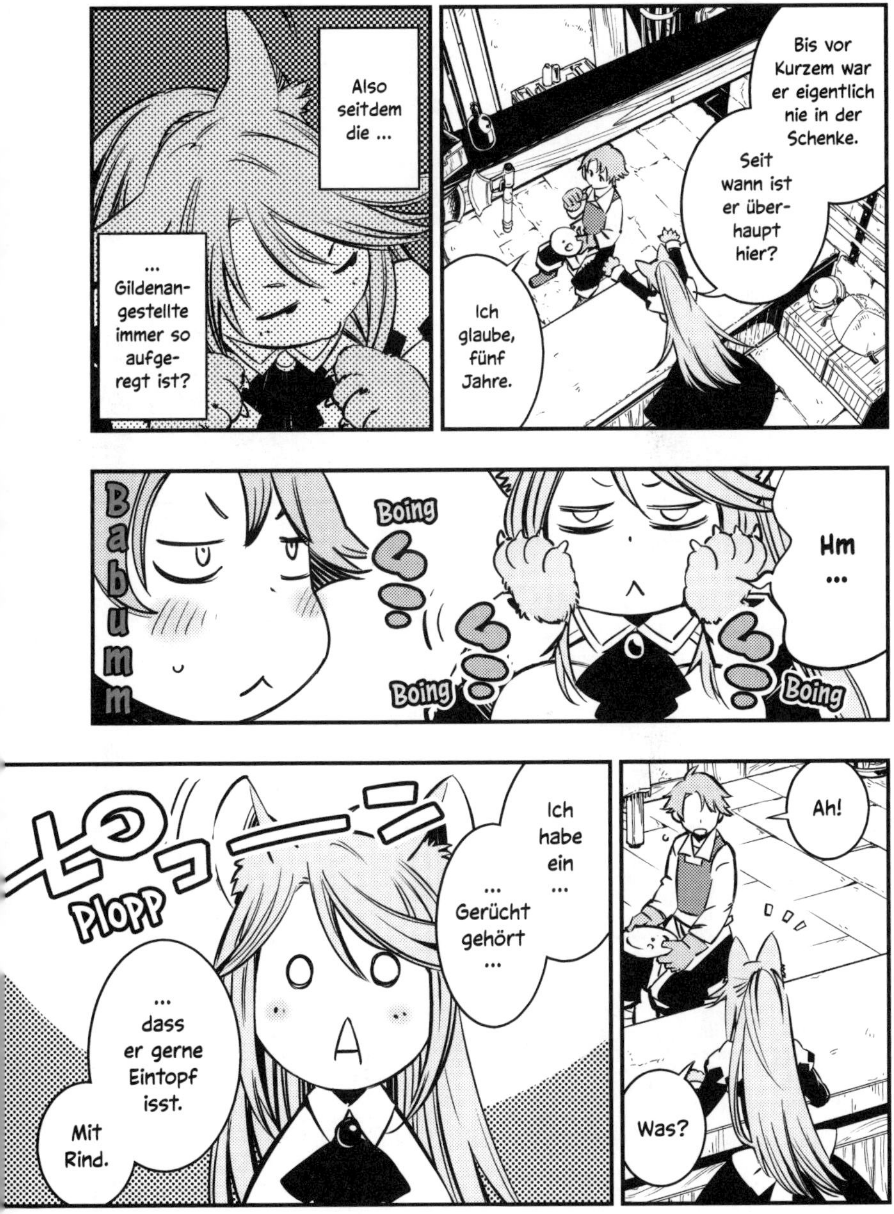

Bis vor Kurzem war er eigentlich nie in der Schenke.
Seit wann ist er überhaupt hier?
Ich glaube, fünf Jahre.
Also seitdem die ...
... Gildenangestellte immer so aufgeregt ist?
Hm ...
Boing
Boing
Boing
Babumm
Ah!
Was?
Ich habe ein ...
... Gerücht gehört ...
... dass er gerne Eintopf isst.
Mit Rind.
Plopp

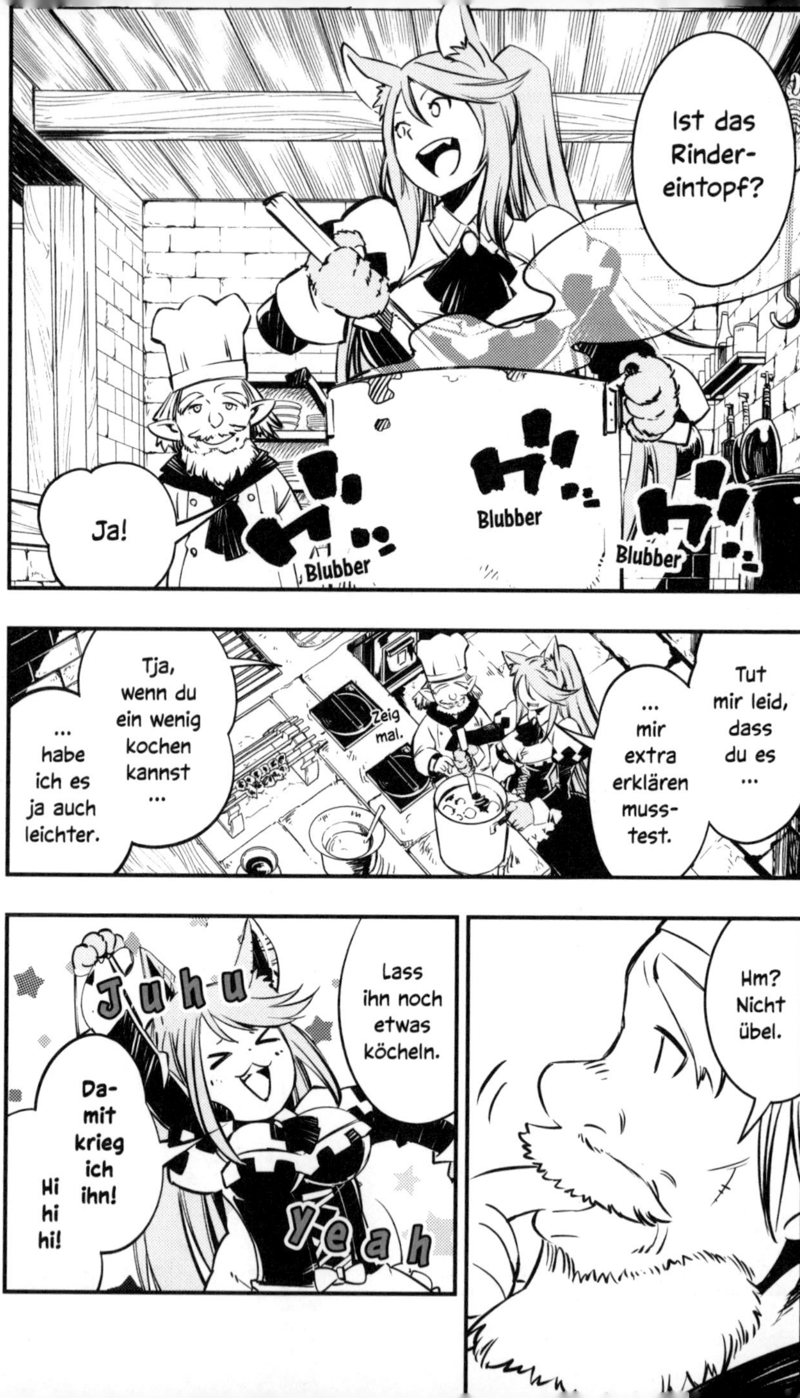
Ist das Rinder-eintopf?
Blubber
Blubber
Blubber
Ja!
Tut mir leid, dass du es …
… mir extra erklären musstest.
Zeig mal.
Tja, wenn du ein wenig kochen kannst …
… habe ich es ja auch leichter.
Hm? Nicht übel.
Lass ihn noch etwas köcheln.
Juhu
Damit krieg ich ihn!
Hi hi hi!
yeah

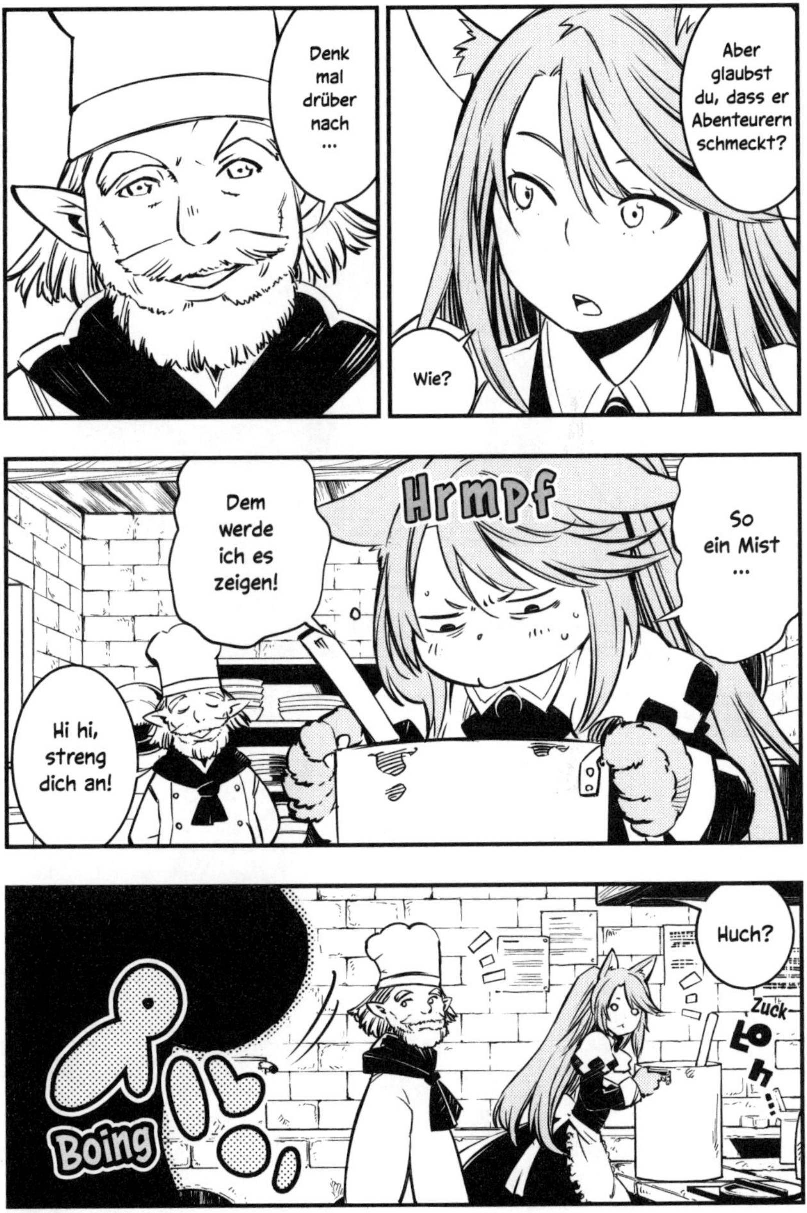

Aber glaubst du, dass er Abenteurern schmeckt?
Wie?
Denk mal drüber nach ...
So ein Mist ...
Hrmpf
Dem werde ich es zeigen!
Hi hi, streng dich an!
Huch?
Zuck
Boing

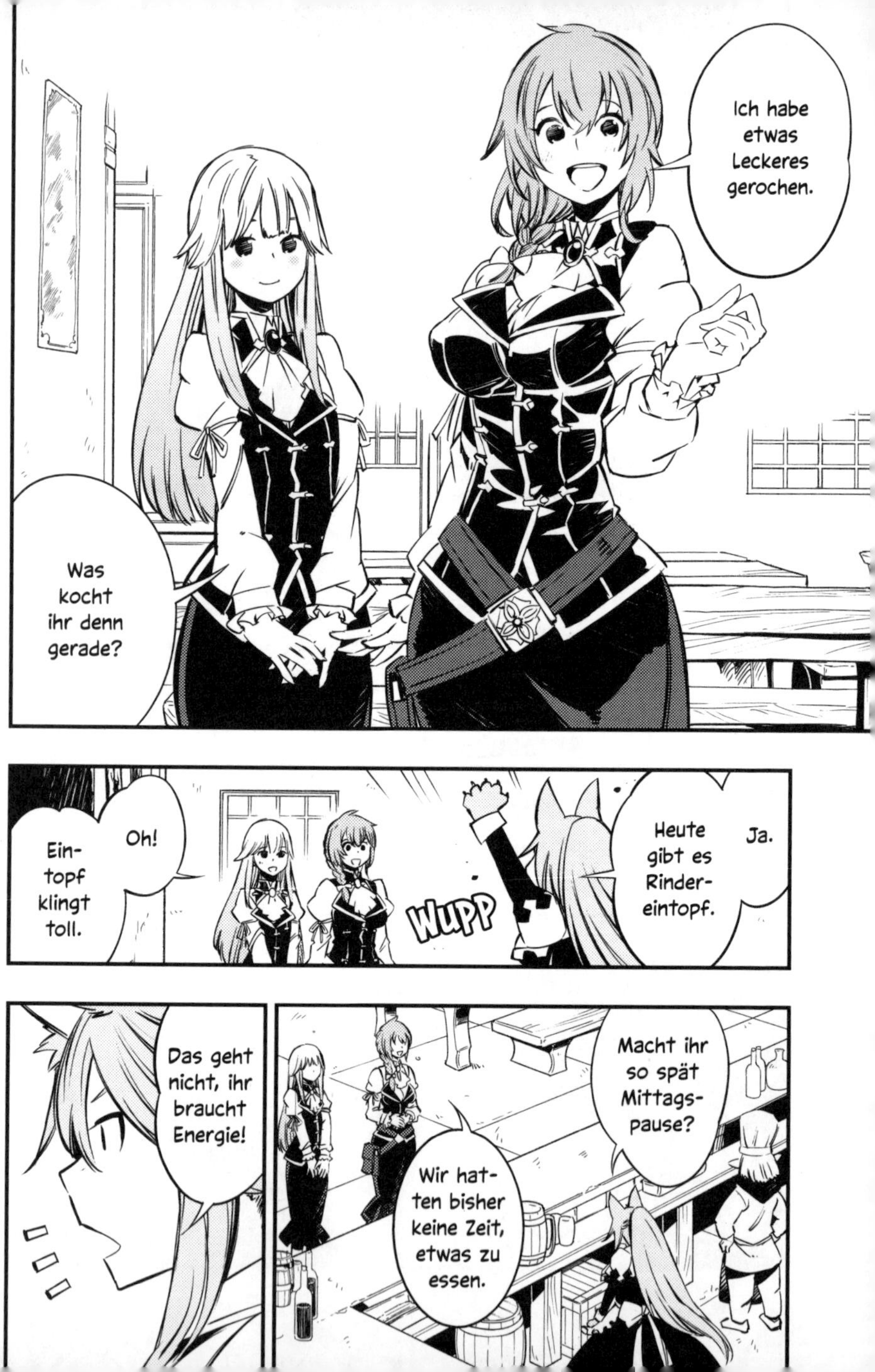
Ich habe etwas Leckeres gerochen.
Was kocht ihr denn gerade?
Ja.
Heute gibt es Rinder-eintopf.
WUPP
Oh!
Ein-topf klingt toll.
Macht ihr so spät Mittags-pause?
Wir hat-ten bisher keine Zeit, etwas zu essen.
Das geht nicht, ihr braucht Energie!

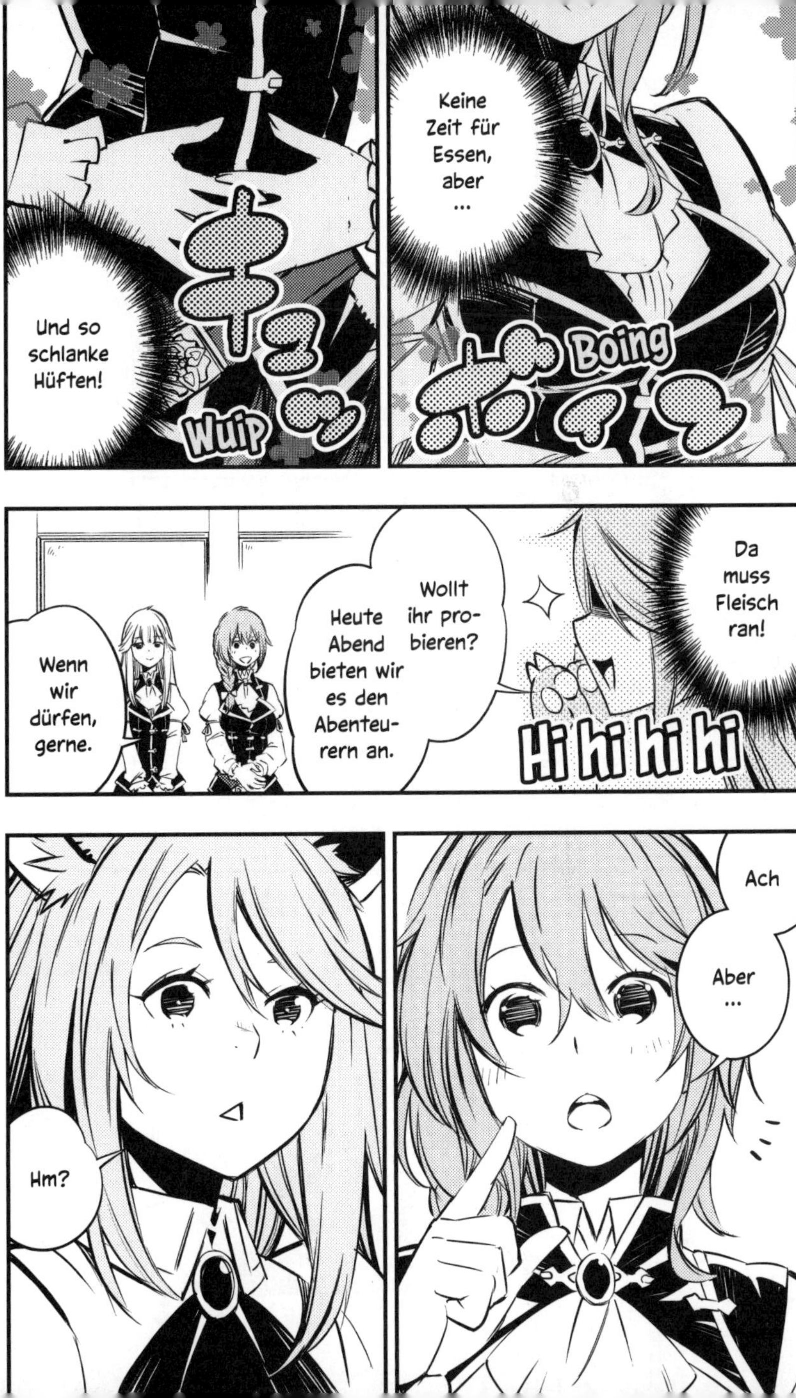
Keine Zeit für Essen, aber ...
Boing
Und so schlanke Hüften!
Wuip
Da muss Fleisch ran!
Hi hi hi hi
Heute Abend bieten wir es den Abenteu-rern an. Wollt ihr pro-bieren?
Wenn wir dürfen, gerne.
Ach
Aber ...
Hm?

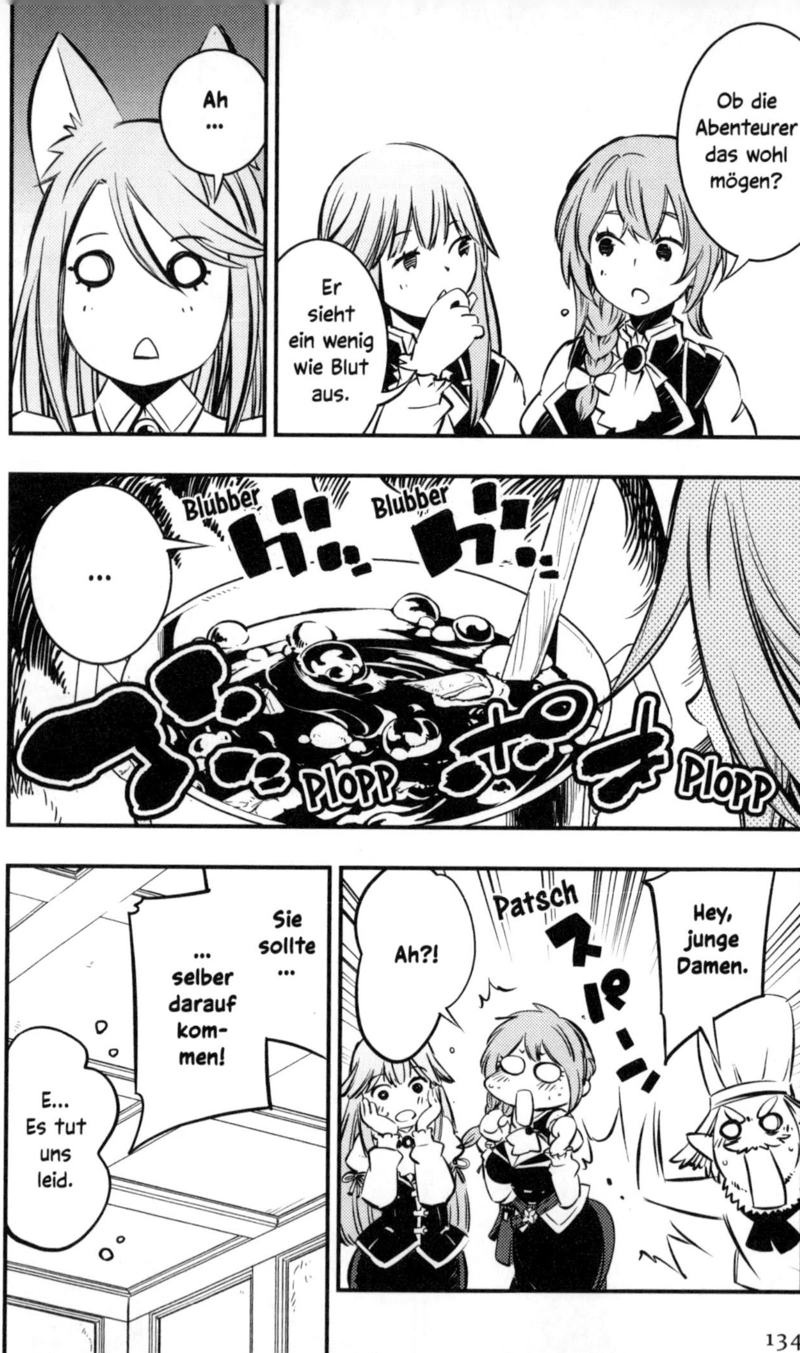
Ob die Abenteurer das wohl mögen?
Er sieht ein wenig wie Blut aus.
Ah ...
Blubber
Blubber
...
Plopp
Plopp
Hey, junge Damen.
Patsch
Ah?!
Sie sollte ...
... selber darauf kom-men!
E... Es tut uns leid.

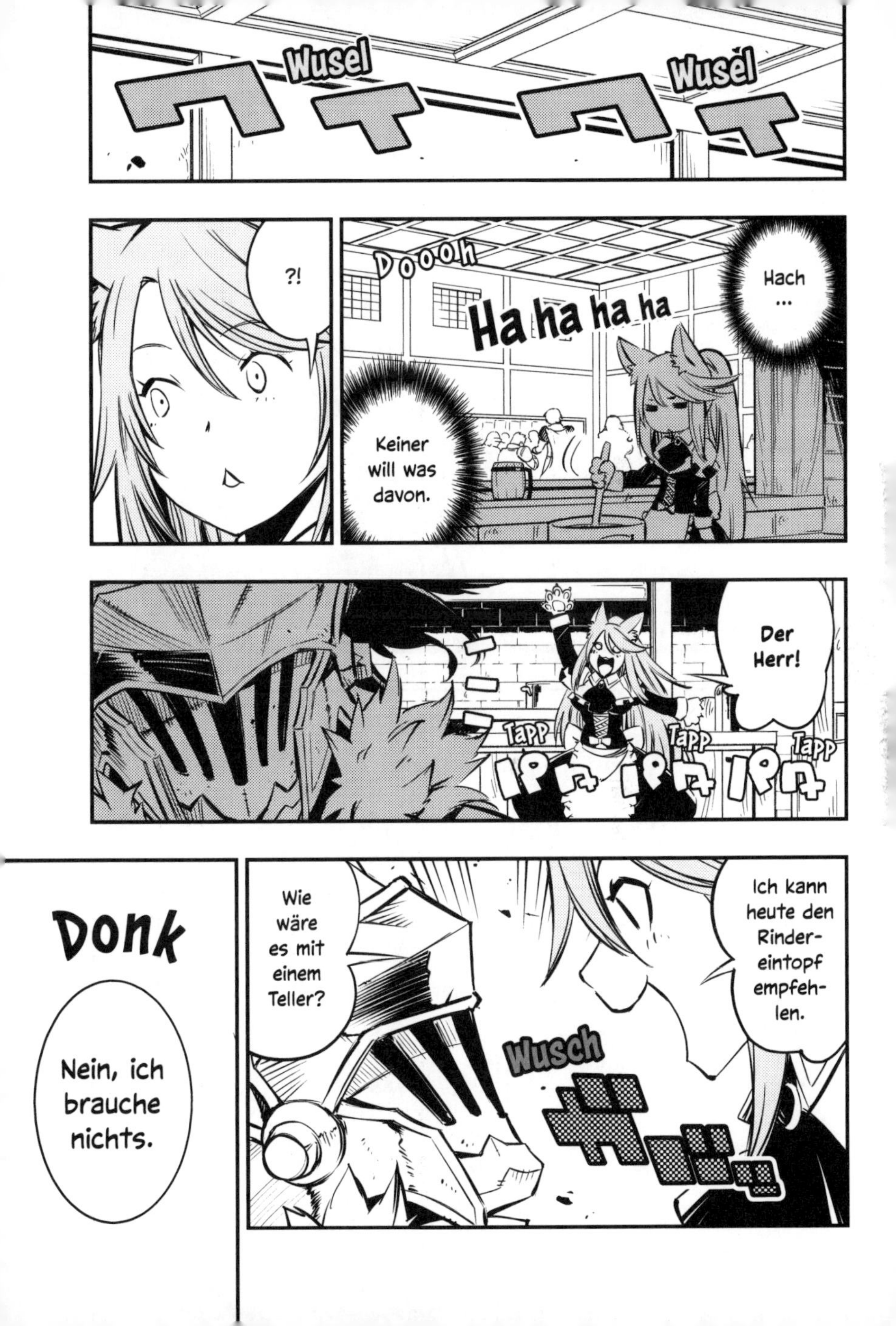

Wusel
Wusel
Hach ...
Ha ha ha ha
Doooh
Keiner will was davon.
?!
Der Herr!
Tapp
Tapp
Tapp
Ich kann heute den Rinder-eintopf empfeh-len.
Wie wäre es mit einem Teller?
Wusch
Donk
Nein, ich brauche nichts.

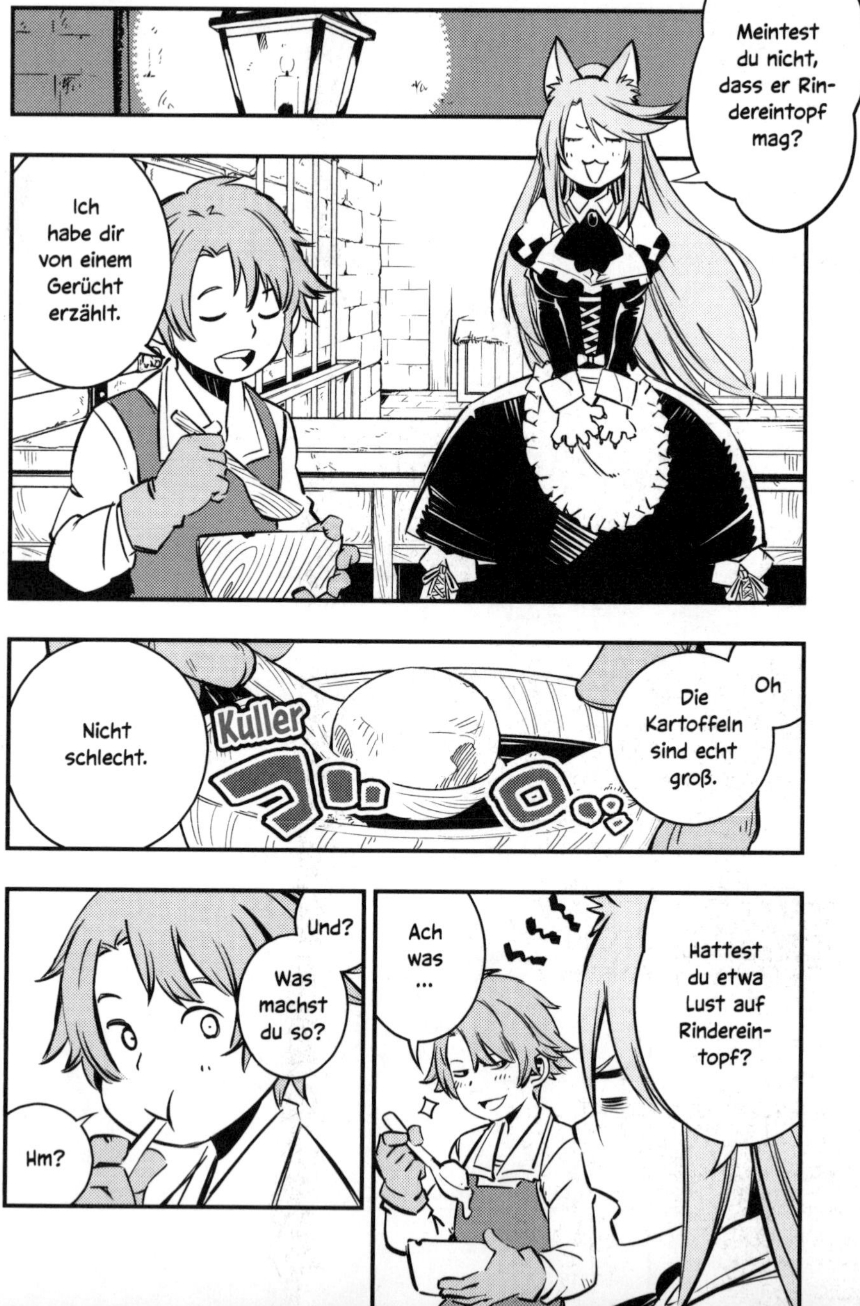
Meintest du nicht, dass er Rindereintopf mag?
Ich habe dir von einem Gerücht erzählt.
Oh
Die Kartoffeln sind echt groß.
Kuller
Nicht schlecht.
Hattest du etwa Lust auf Rindereintopf?
Ach was …
Und?
Was machst du so?
Hm?

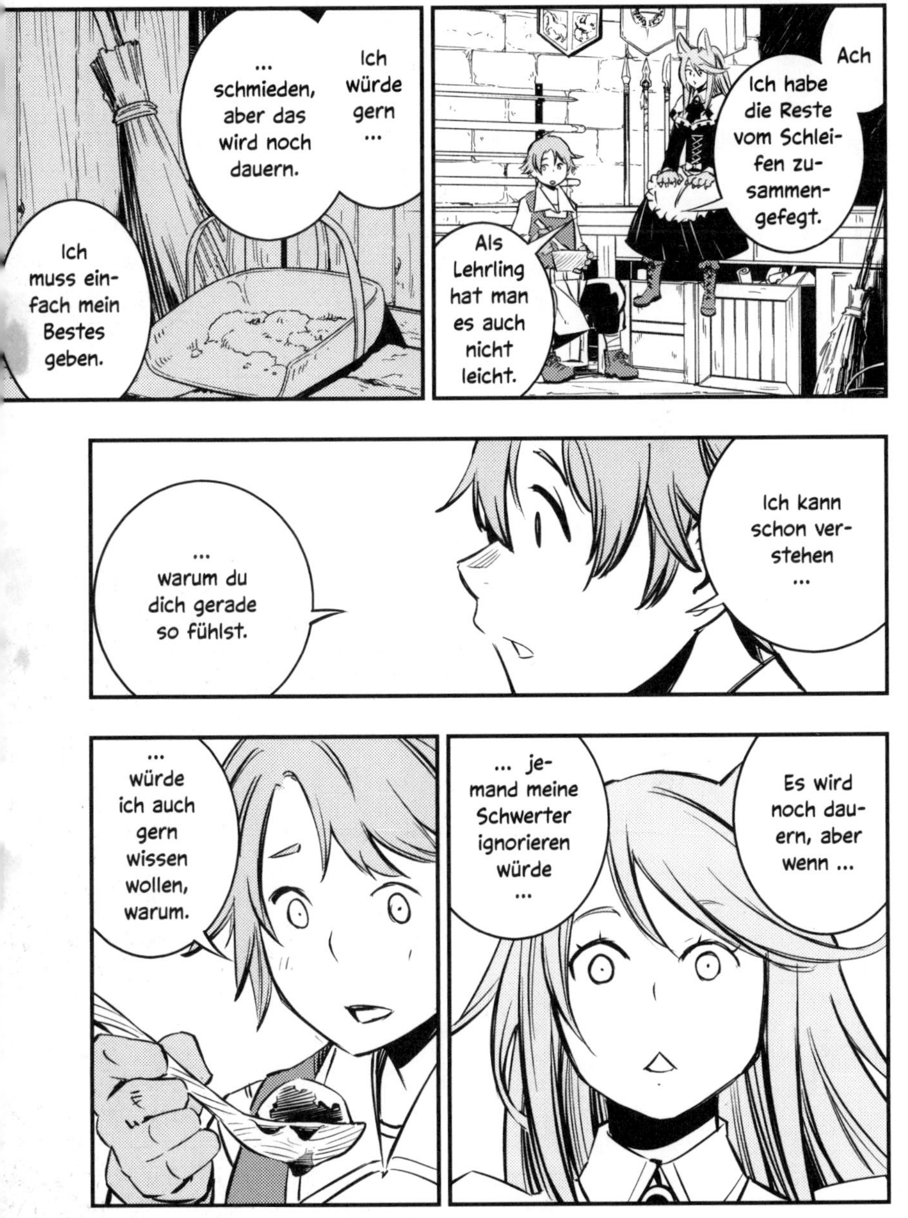
Ach
Ich habe die Reste vom Schleifen zusammengefegt.
Als Lehrling hat man es auch nicht leicht.
Ich würde gern ...
... schmieden, aber das wird noch dauern.
Ich muss einfach mein Bestes geben.
Ich kann schon verstehen ...
... warum du dich gerade so fühlst.
Es wird noch dauern, aber wenn ...
... jemand meine Schwerter ignorieren würde ...
... würde ich auch gern wissen wollen, warum.

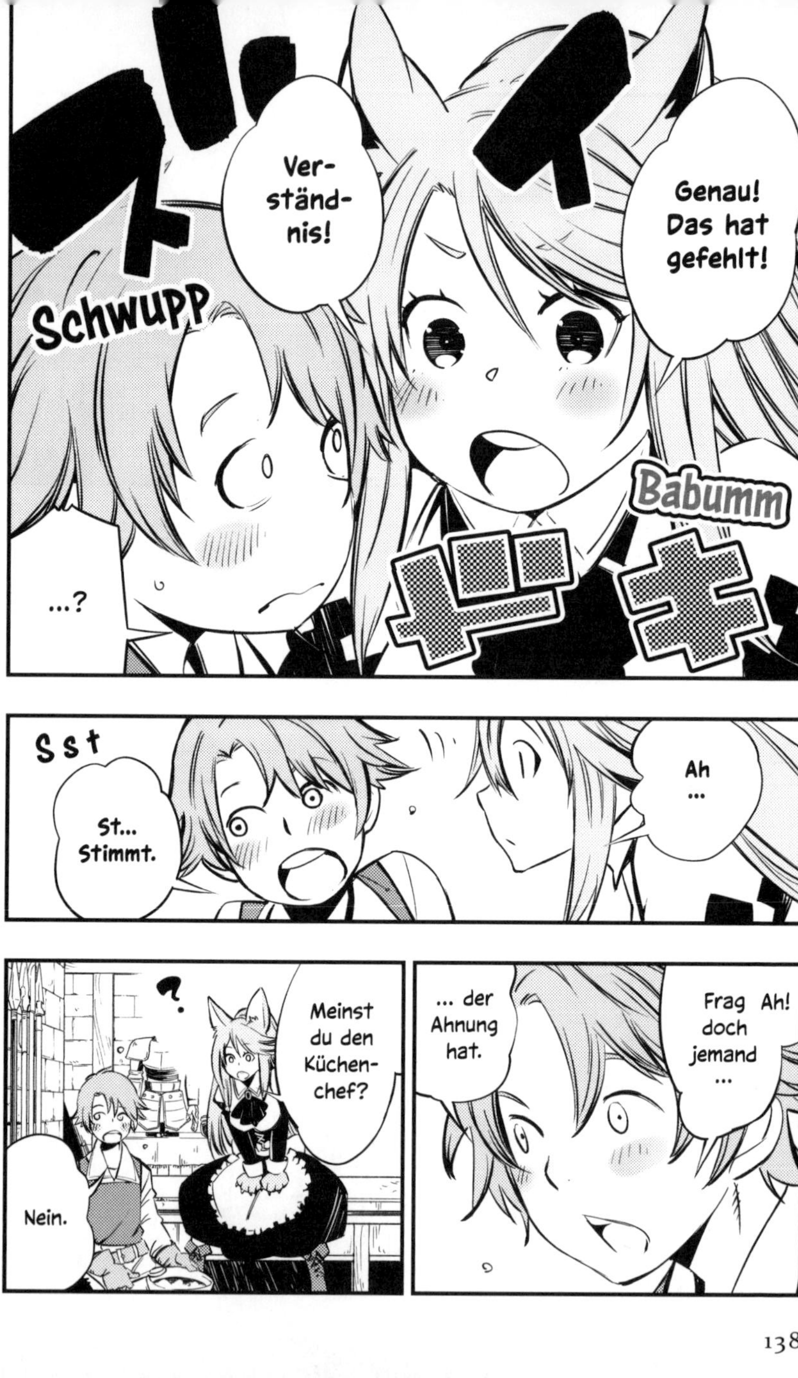
Genau! Das hat gefehlt!
Ver-ständ-nis!
Schwupp
Babumm
...?
Ah ...
St... Stimmt.
Sst
Ah!
Frag doch jemand ...
... der Ahnung hat.
Meinst du den Küchen-chef?
Nein.

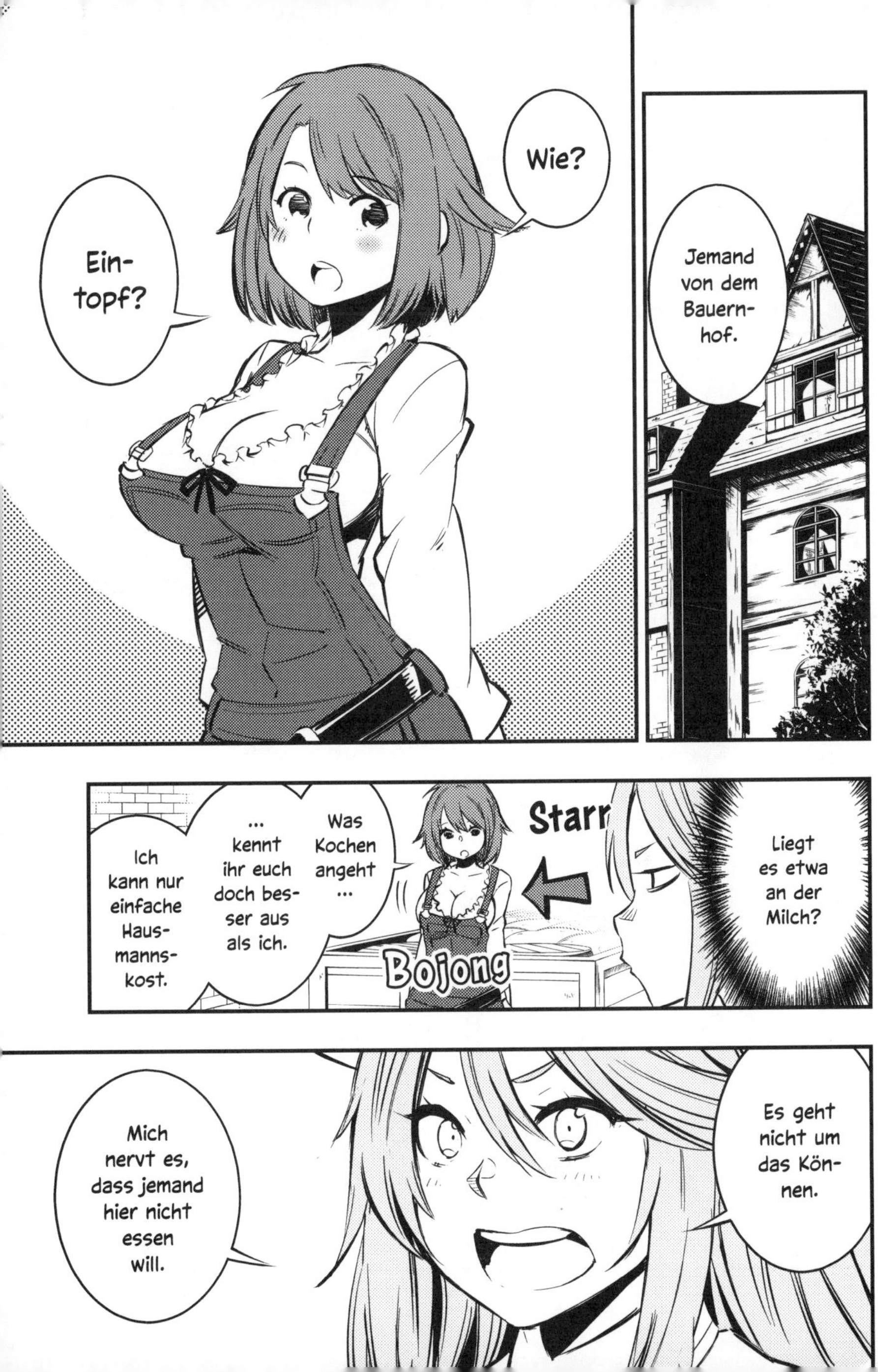
Jemand von dem Bauernhof.
Wie?
Eintopf?
Liegt es etwa an der Milch?
Starr
Bojong
Was Kochen angeht ...
... kennt ihr euch doch besser aus als ich.
Ich kann nur einfache Hausmannskost.
Es geht nicht um das Können.
Mich nervt es, dass jemand hier nicht essen will.

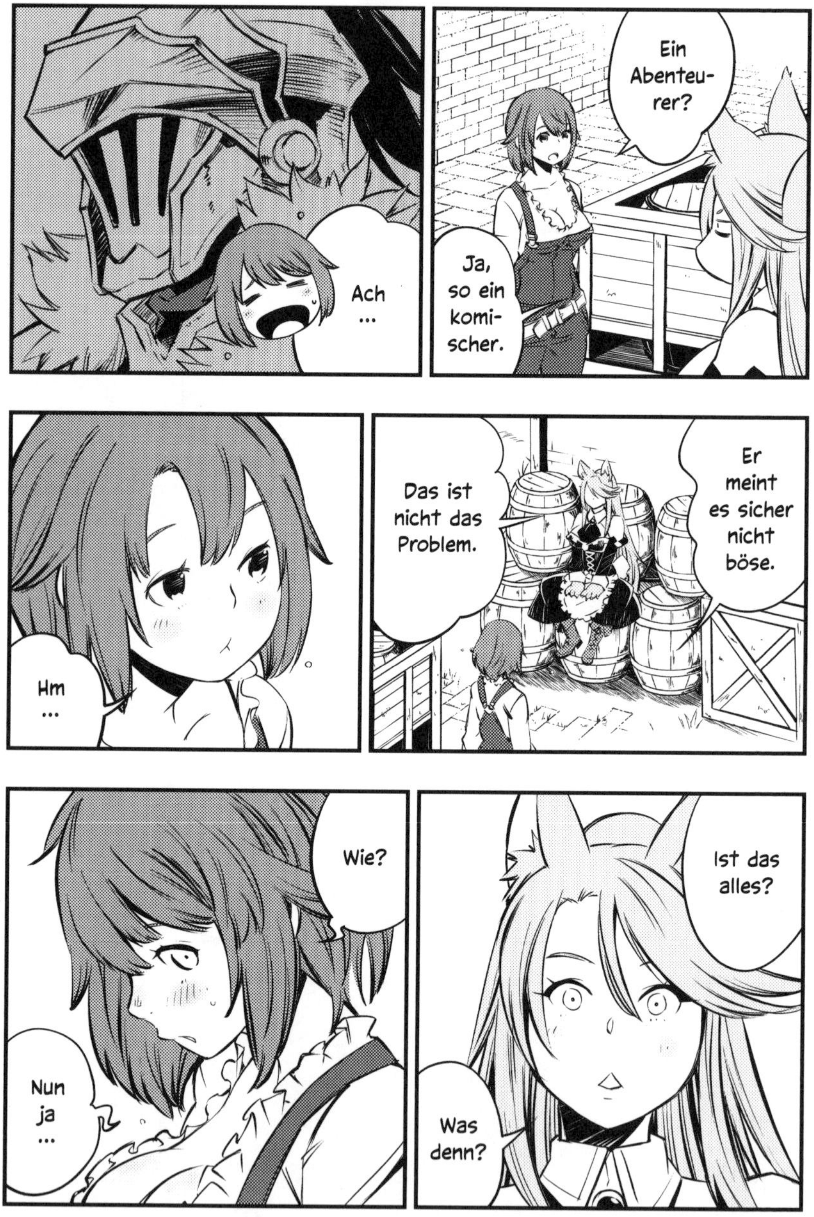
Ein Abenteurer?
Ja, so ein komischer.
Ach ...
Er meint es sicher nicht böse.
Das ist nicht das Problem.
Hm ...
Ist das alles?
Was denn?
Wie?
Nun ja ...

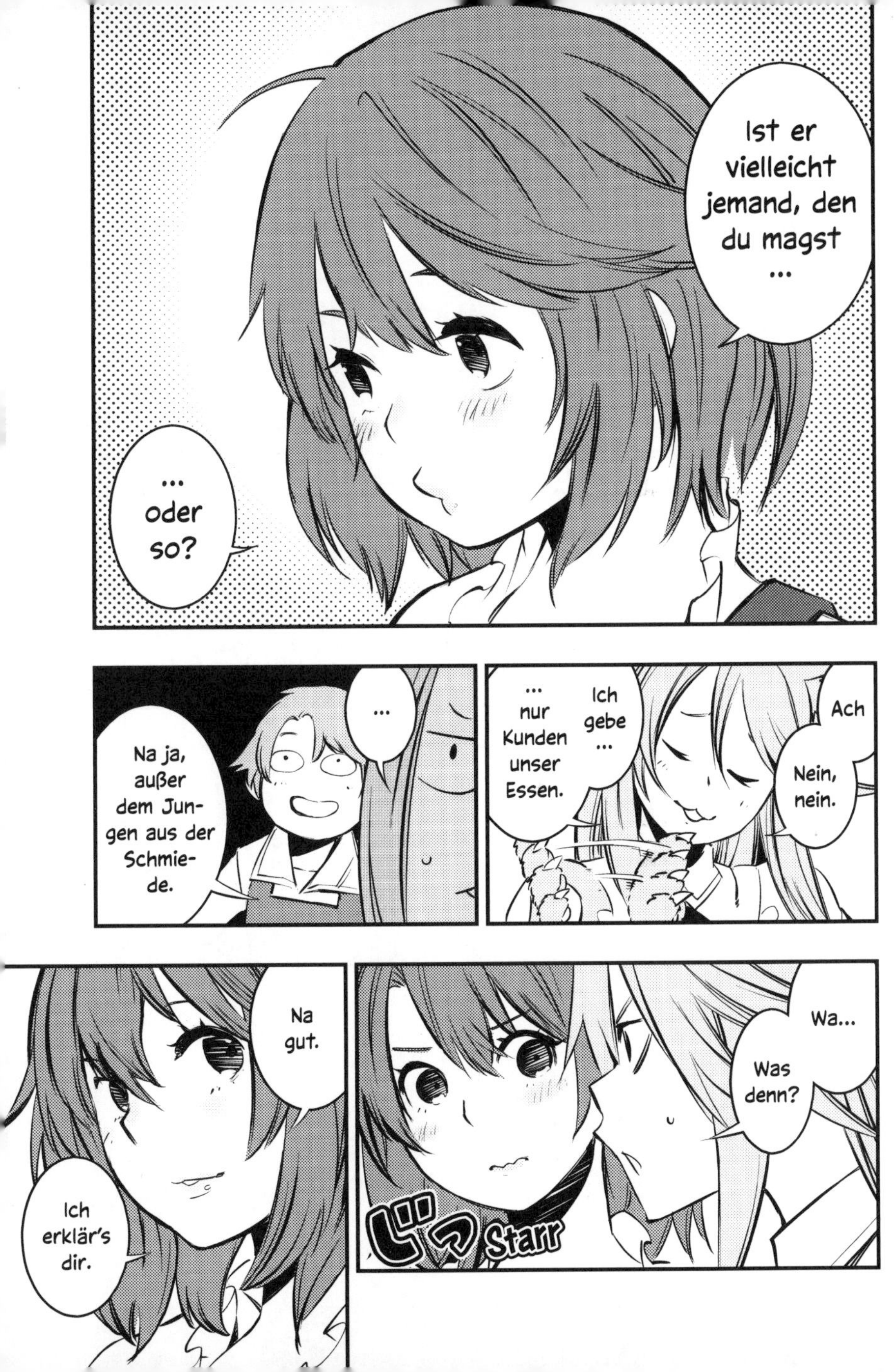
Ist er vielleicht jemand, den du magst ...
... oder so?
Ach
Nein, nein.
Ich gebe ...
... nur Kunden unser Essen.
...
Na ja, außer dem Jun-gen aus der Schmie-de.
Wa... Was denn?
Starr
Na gut.
Ich erklär's dir.

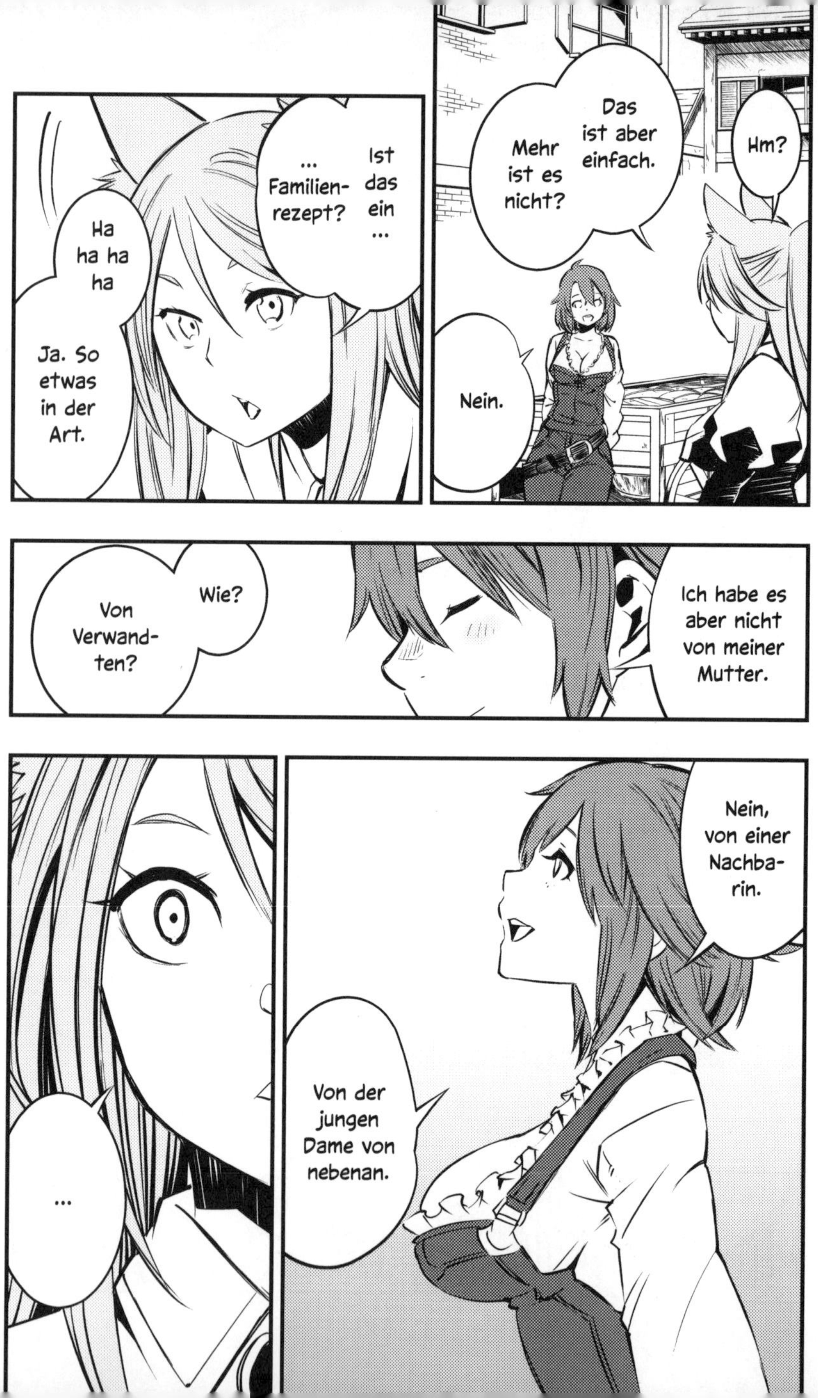
Hm?
Das ist aber einfach.
Mehr ist es nicht?
Nein.
Ist das ein …
… Familien-rezept?
Ha ha ha ha
Ja. So etwas in der Art.
Ich habe es aber nicht von meiner Mutter.
Wie?
Von Verwand-ten?
Nein, von einer Nachba-rin.
Von der jungen Dame von nebenan.
…

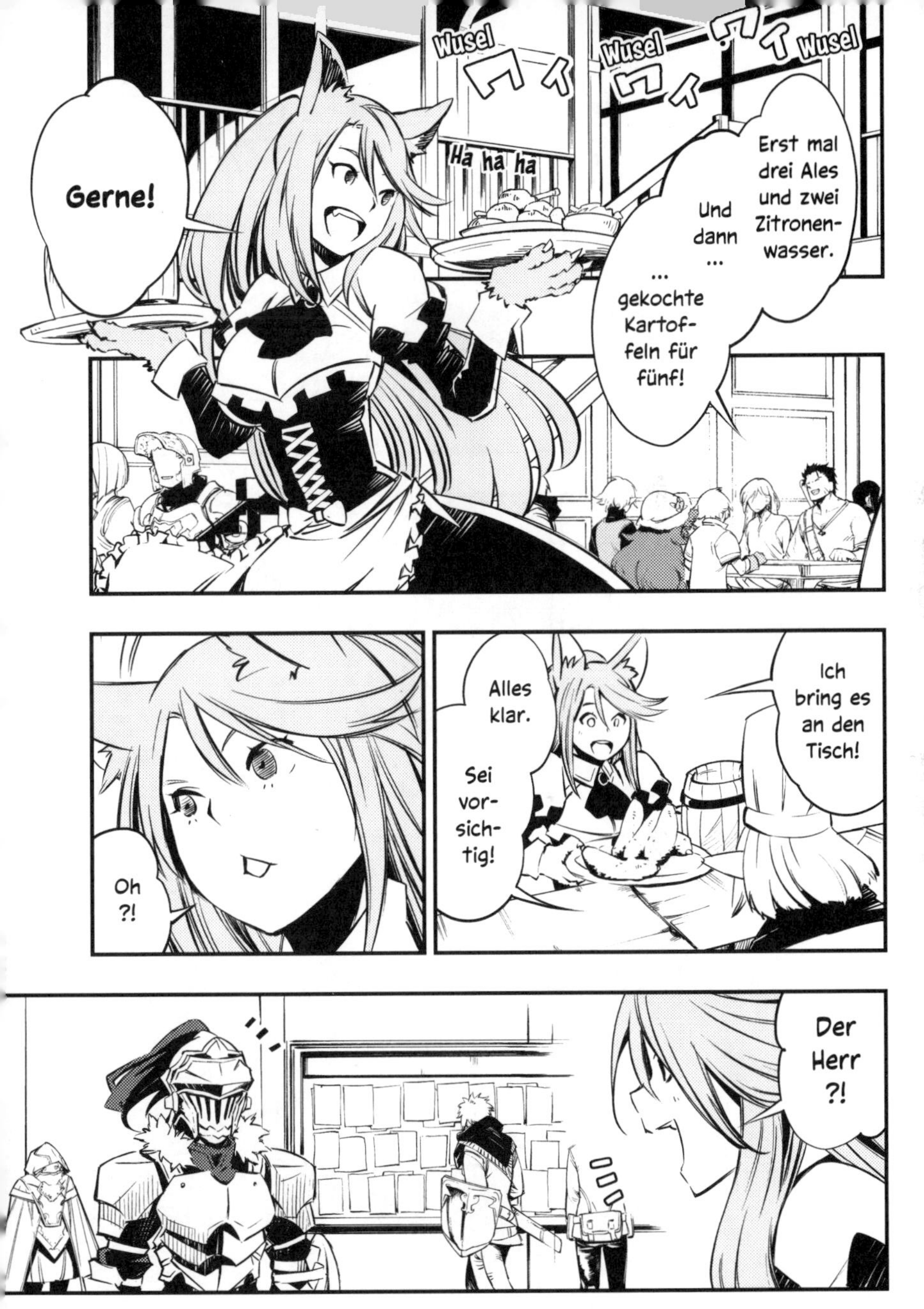
Wusel
Wusel
Wusel
Ha ha ha
Erst mal drei Ales und zwei Zitronen-wasser.
Und dann ...
... gekochte Kartof-feln für fünf!
Gerne!
Ich bring es an den Tisch!
Alles klar.
Sei vor-sich-tig!
Oh ?!
Der Herr ?!

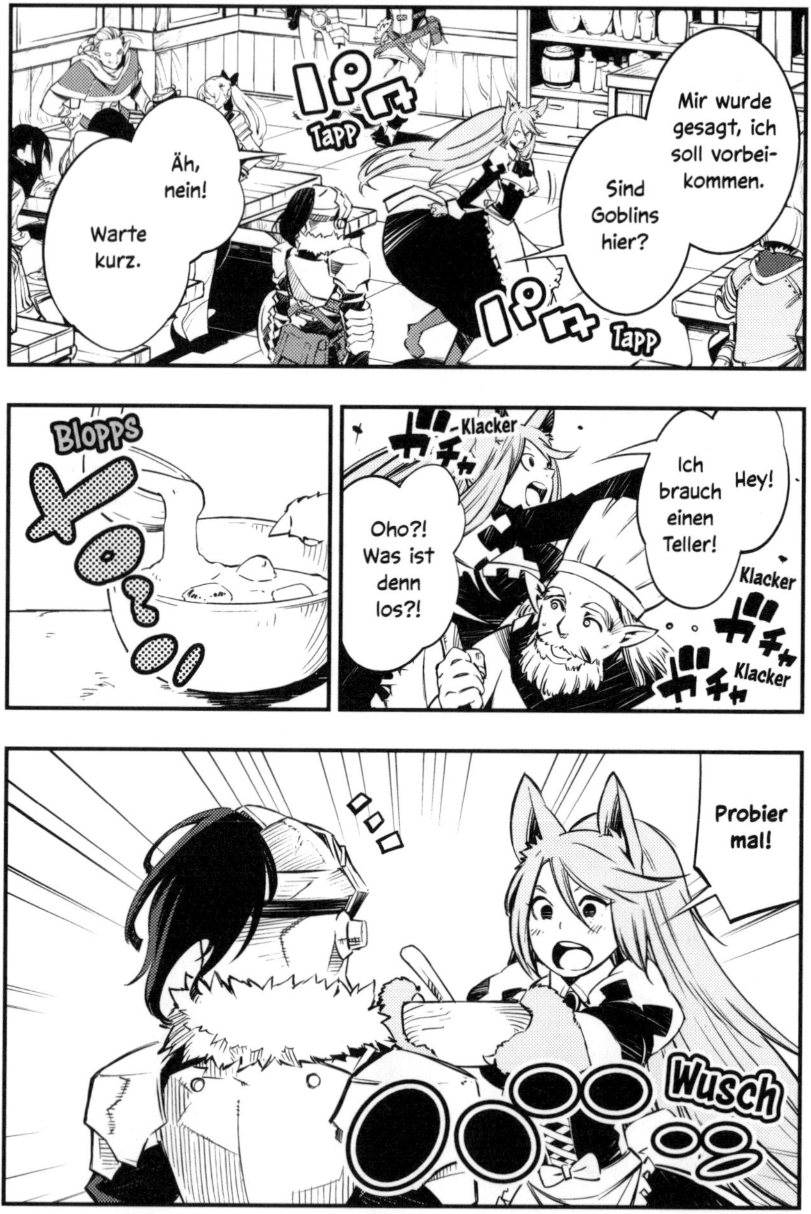
Mir wurde gesagt, ich soll vorbei-kommen.
Sind Goblins hier?
Tapp
Äh, nein!
Warte kurz.
Tapp
Klacker
Hey!
Ich brauch einen Teller!
Oho?! Was ist denn los?!
Klacker
Klacker
Blopps
Probier mal!
Wusch

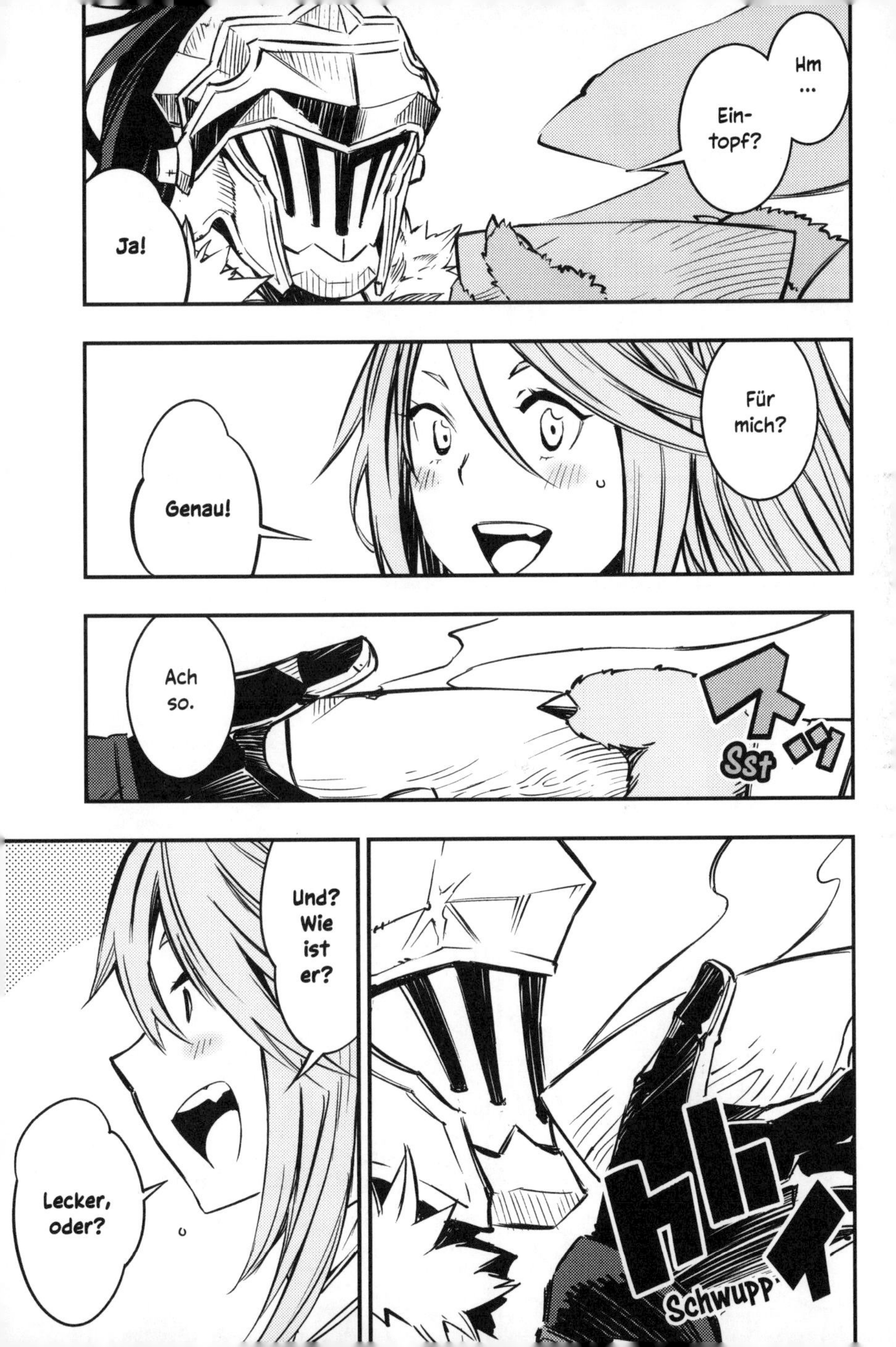

Hm ...
Ein-topf?
Ja!
Für mich?
Genau!
Ach so.
Sst
Schwupp
Und? Wie ist er?
Lecker, oder?

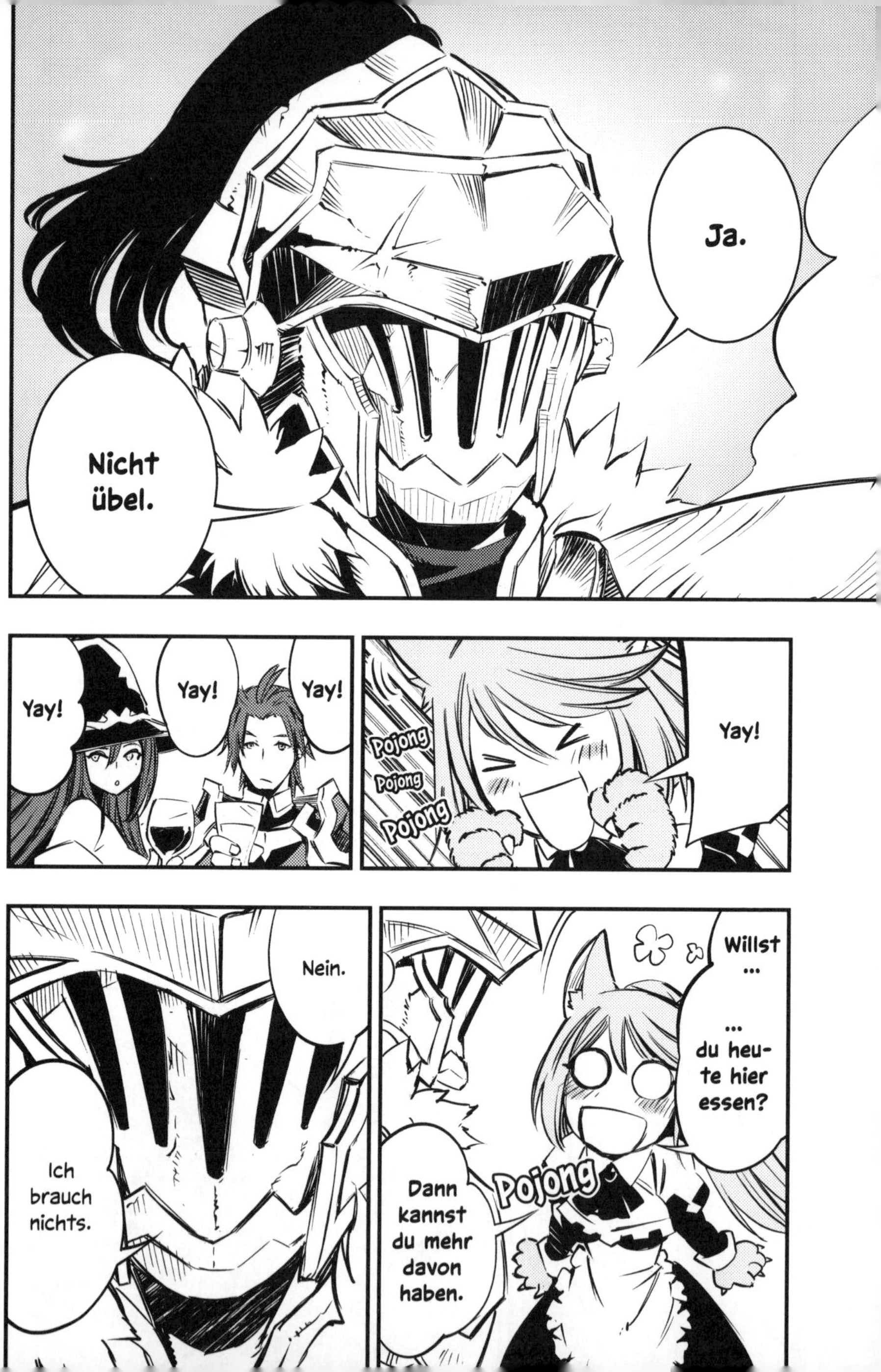
Ja.
Nicht übel.
Yay!
Pojong
Pojong
Pojong
Yay!
Yay!
Yay!
Willst ...
... du heu-
te hier
essen?
Pojong
Dann
kannst
du mehr
davon
haben.
Nein.
Ich
brauch
nichts.

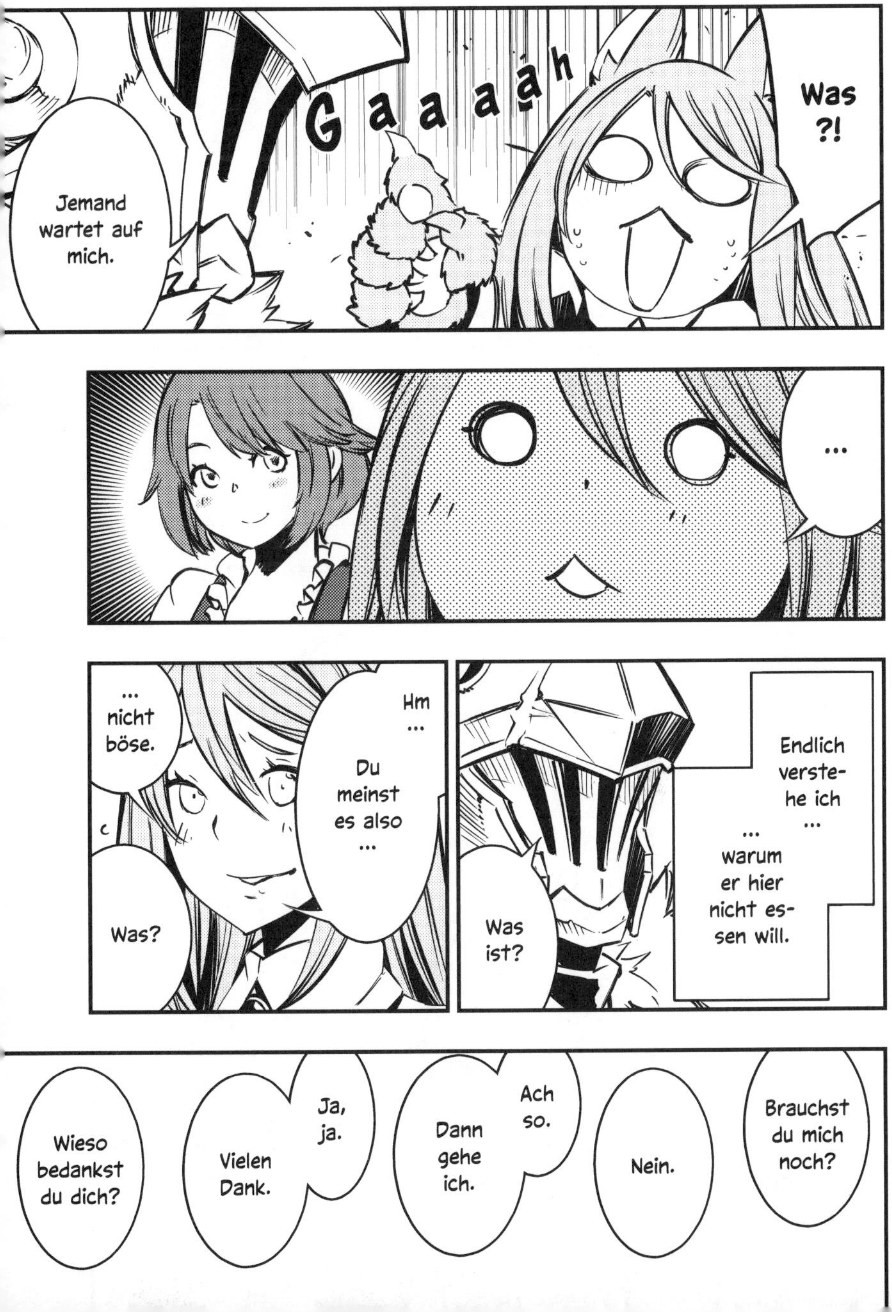
Was ?!
Gaaaaah
Jemand wartet auf mich.
...
Endlich verste-he ich ...
... warum er hier nicht es-sen will.
Was ist?
Hm ...
Du meinst es also ...
... nicht böse.
Was?
Brauchst du mich noch?
Nein.
Ach so.
Dann gehe ich.
Ja, ja.
Vielen Dank.
Wieso bedankst du dich?

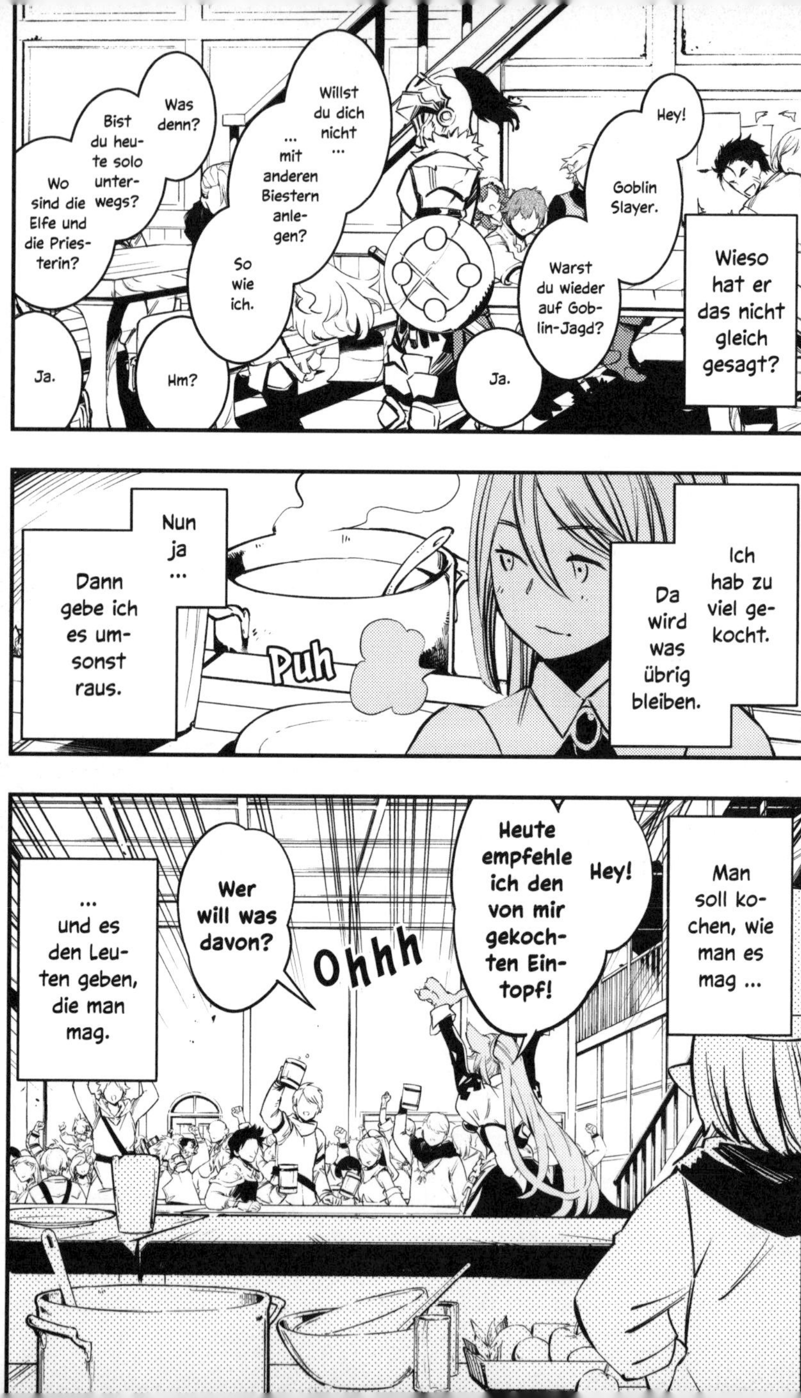

Wieso hat er das nicht gleich gesagt?
Hey!
Goblin Slayer.
Warst du wieder auf Goblin-Jagd?
Ja.
Willst du dich nicht ...
... mit anderen Biestern anlegen?
So wie ich.
Hm?
Was denn?
Bist du heute solo unterwegs?
Wo sind die Elfe und die Priesterin?
Ja.
Ich hab zu viel gekocht.
Da wird was übrig bleiben.
Puh
Nun ja ...
Dann gebe ich es umsonst raus.
Man soll kochen, wie man es mag ...
Hey!
Heute empfehle ich den von mir gekochten Eintopf!
Wer will was davon?
Ohhh
... und es den Leuten geben, die man mag.

Kapitel 4:
Ein typisches Goblin-Nest

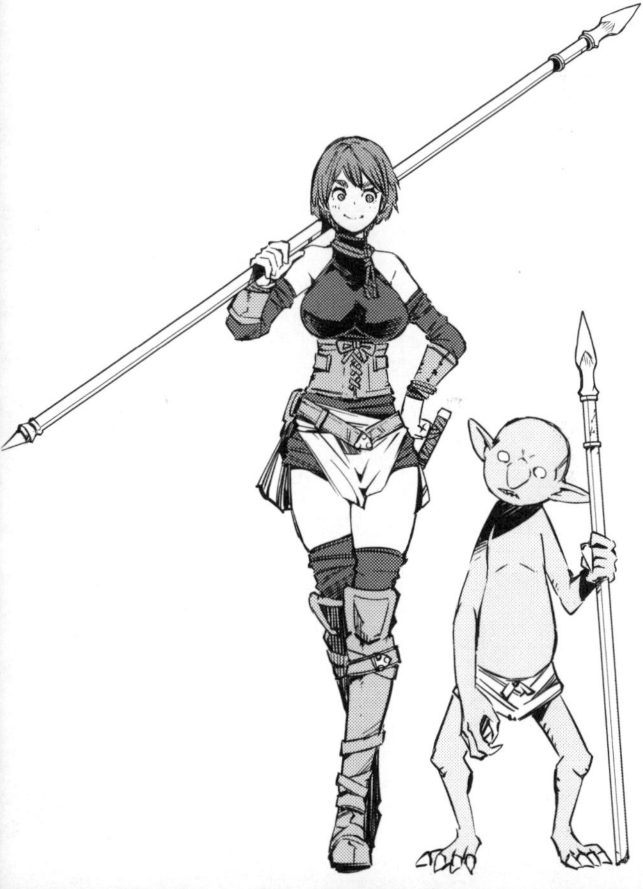

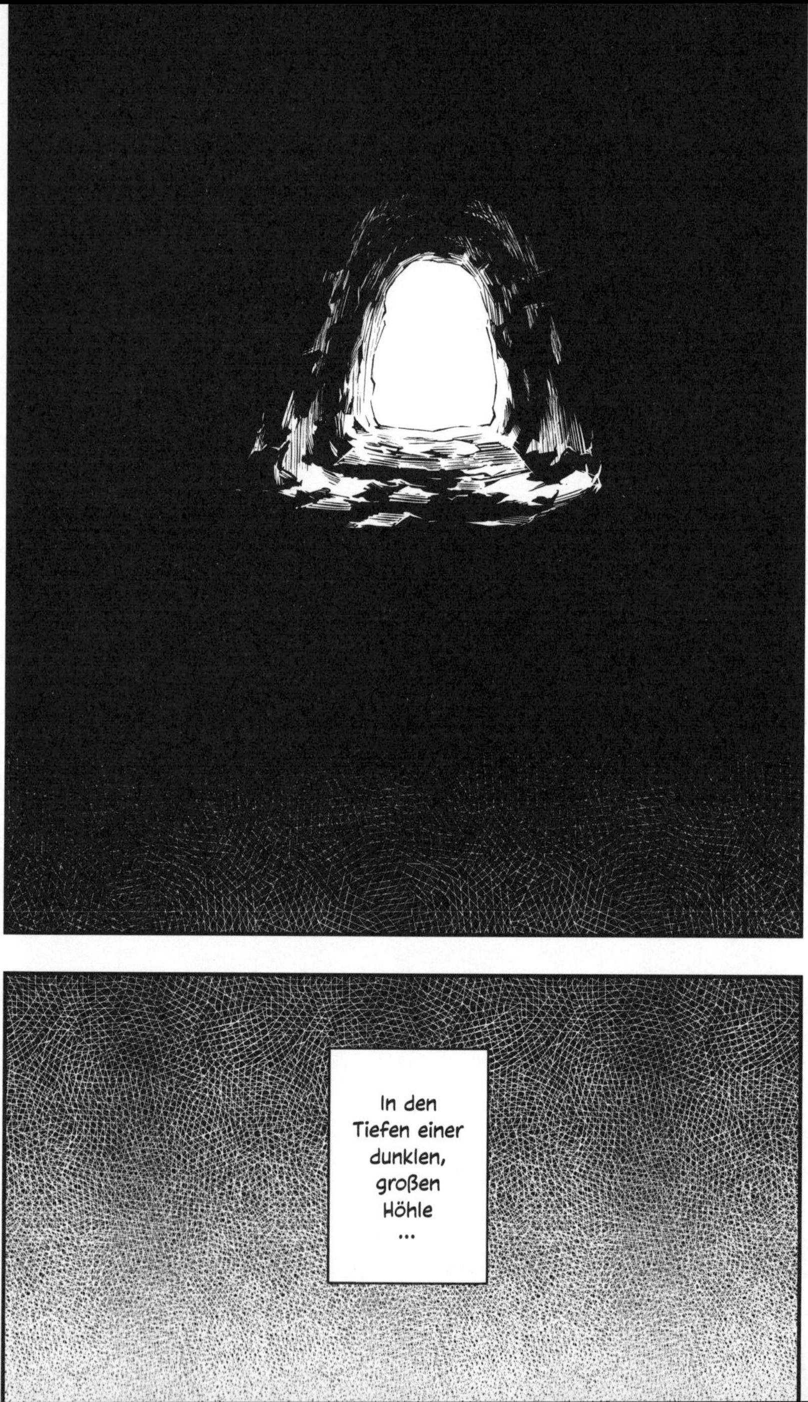
In den Tiefen einer dunklen, großen Höhle ...

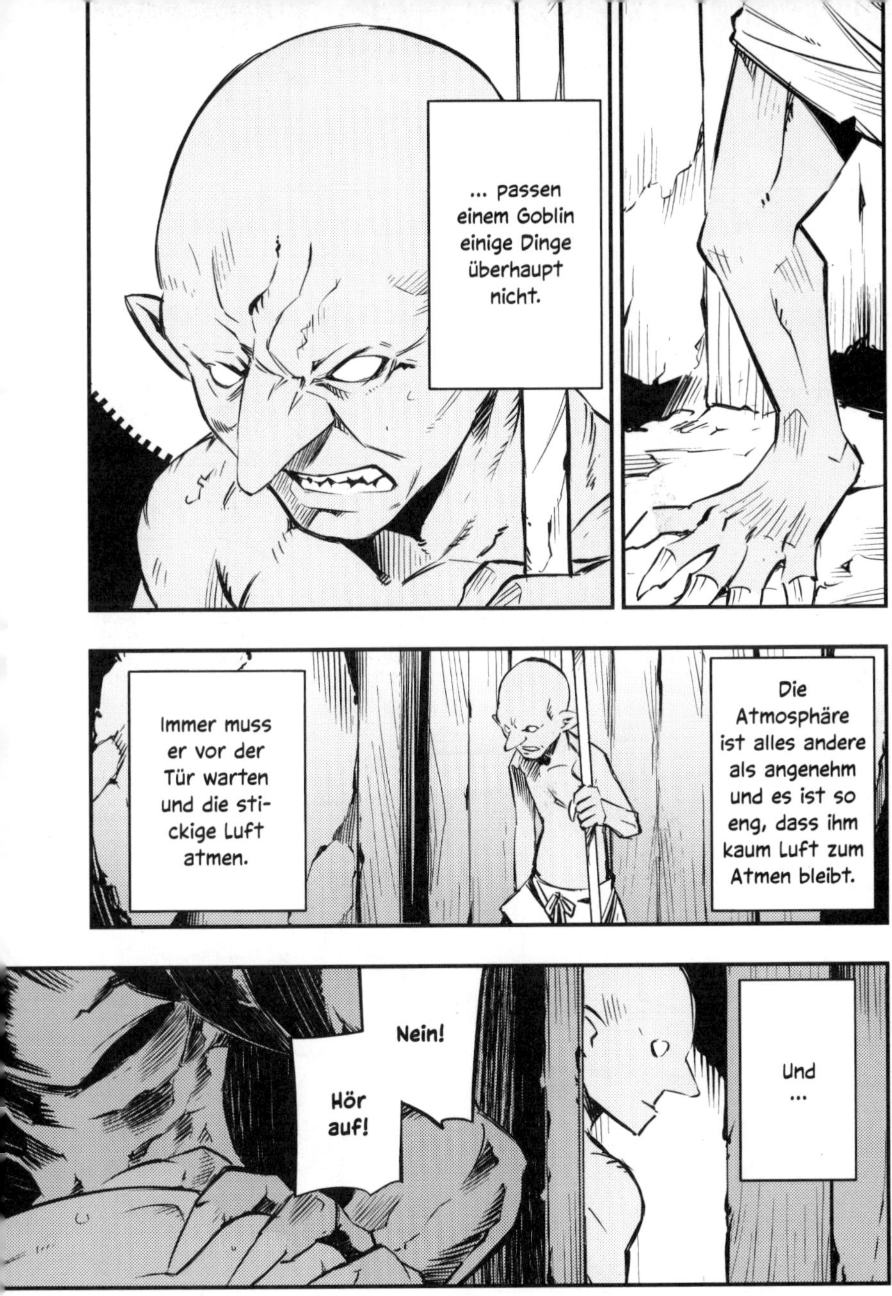
... passen einem Goblin einige Dinge überhaupt nicht.
Die Atmosphäre ist alles andere als angenehm und es ist so eng, dass ihm kaum Luft zum Atmen bleibt.
Immer muss er vor der Tür warten und die sti-ckige Luft atmen.
Und ...
Nein!
Hör auf!

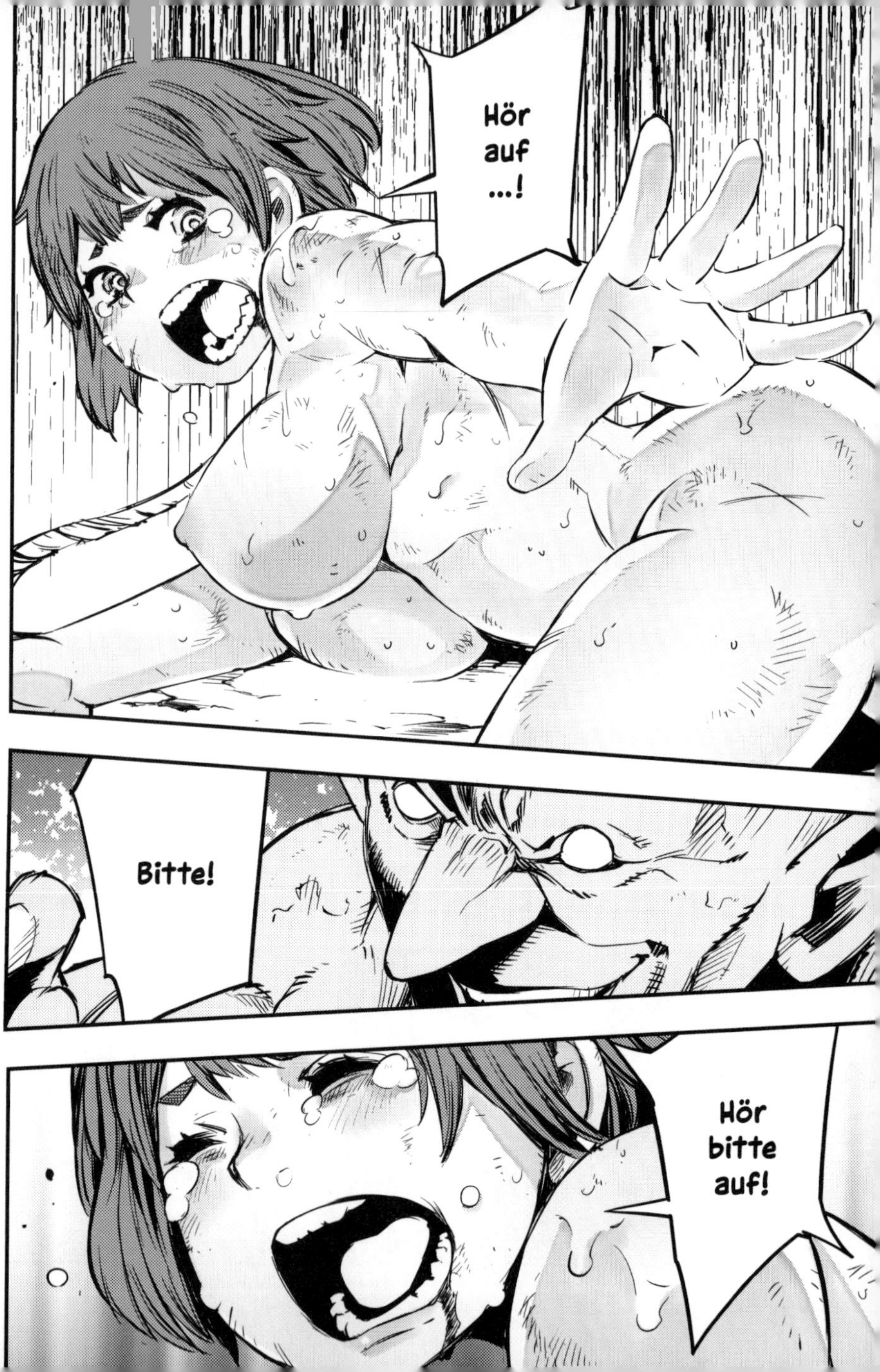
Hör auf ...!
Bitte!
Hör bitte auf!

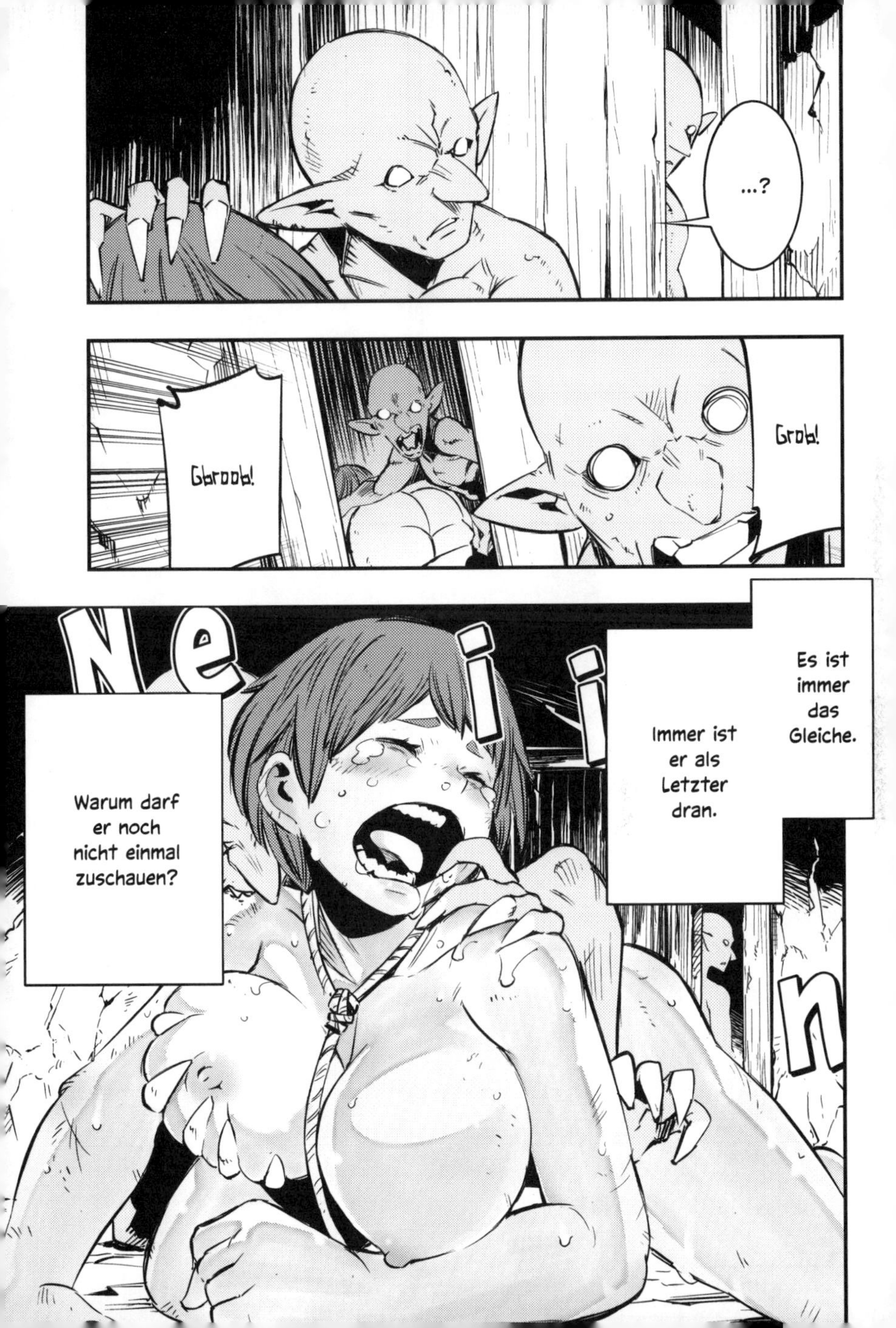

...?
Grob!
Gbroob!
Es ist immer das Gleiche.
Immer ist er als Letzter dran.
Warum darf er noch nicht einmal zuschauen?
Nein

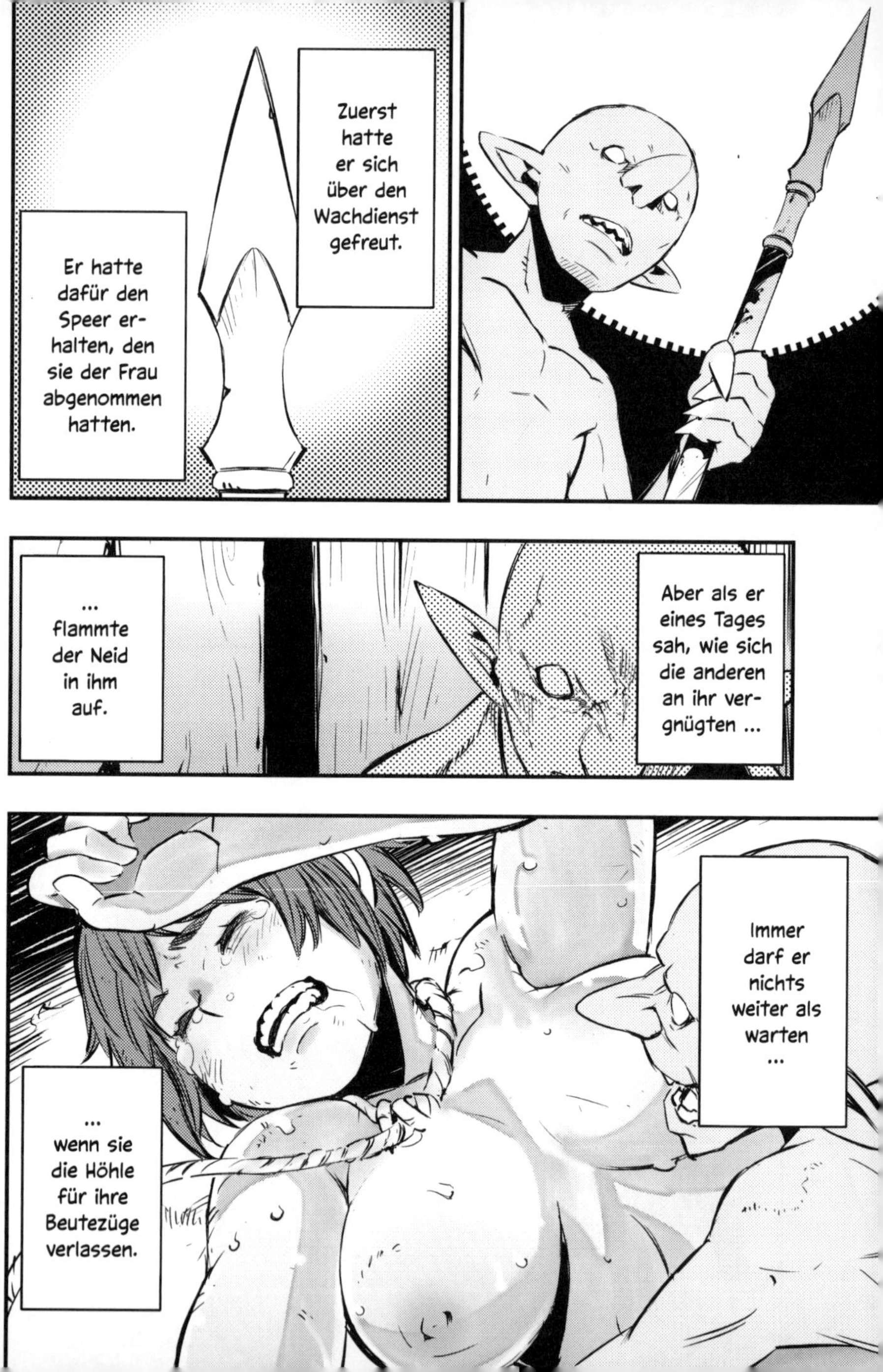
Zuerst hatte er sich über den Wachdienst gefreut.
Er hatte dafür den Speer erhalten, den sie der Frau abgenommen hatten.
Aber als er eines Tages sah, wie sich die anderen an ihr vergnügten ...
... flammte der Neid in ihm auf.
Immer darf er nichts weiter als warten ...
... wenn sie die Höhle für ihre Beutezüge verlassen.

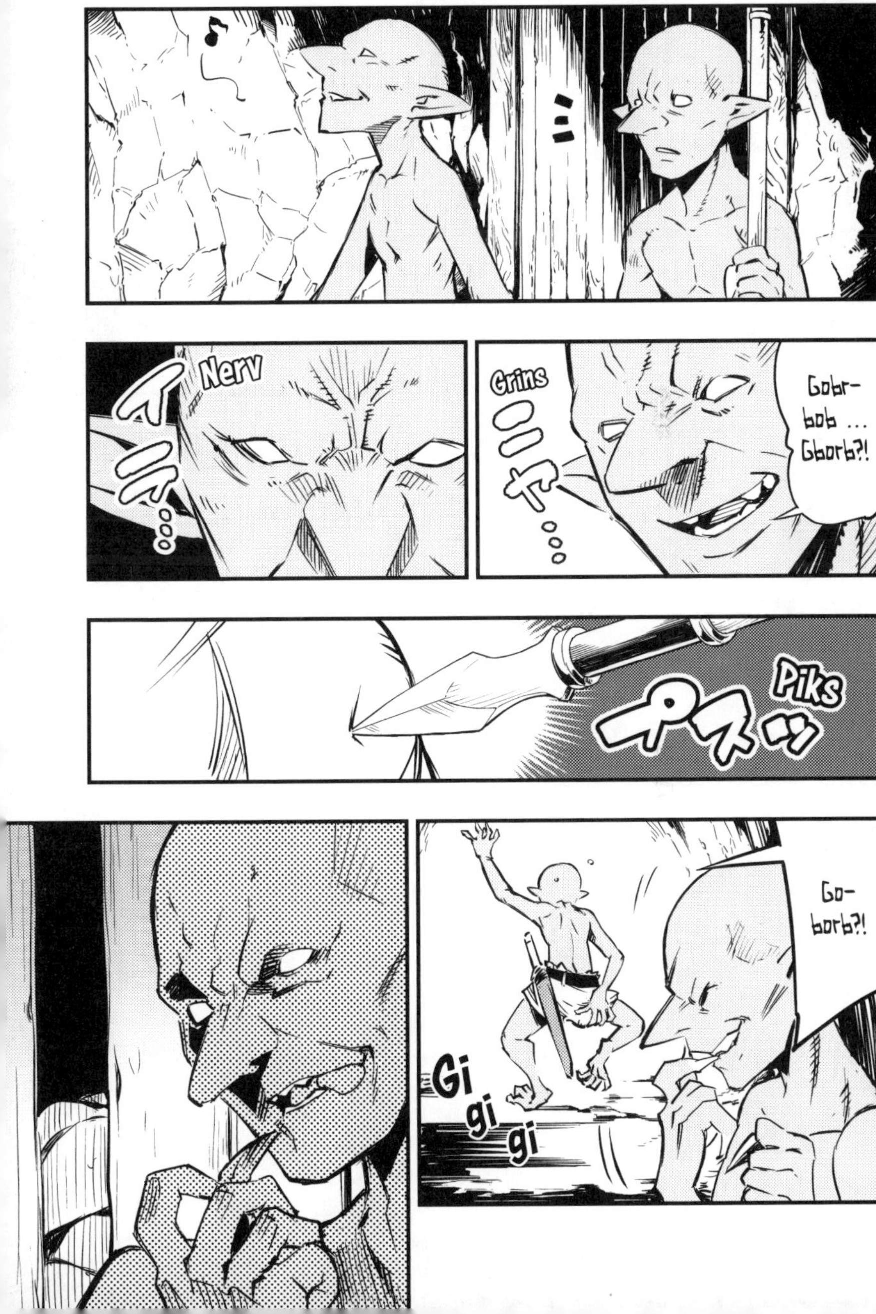
Grins
ニヤ...
Gobr-bob ... Gborb?!
Nerv
Piks
プスッ
Go-borb?!
Gi gi gi

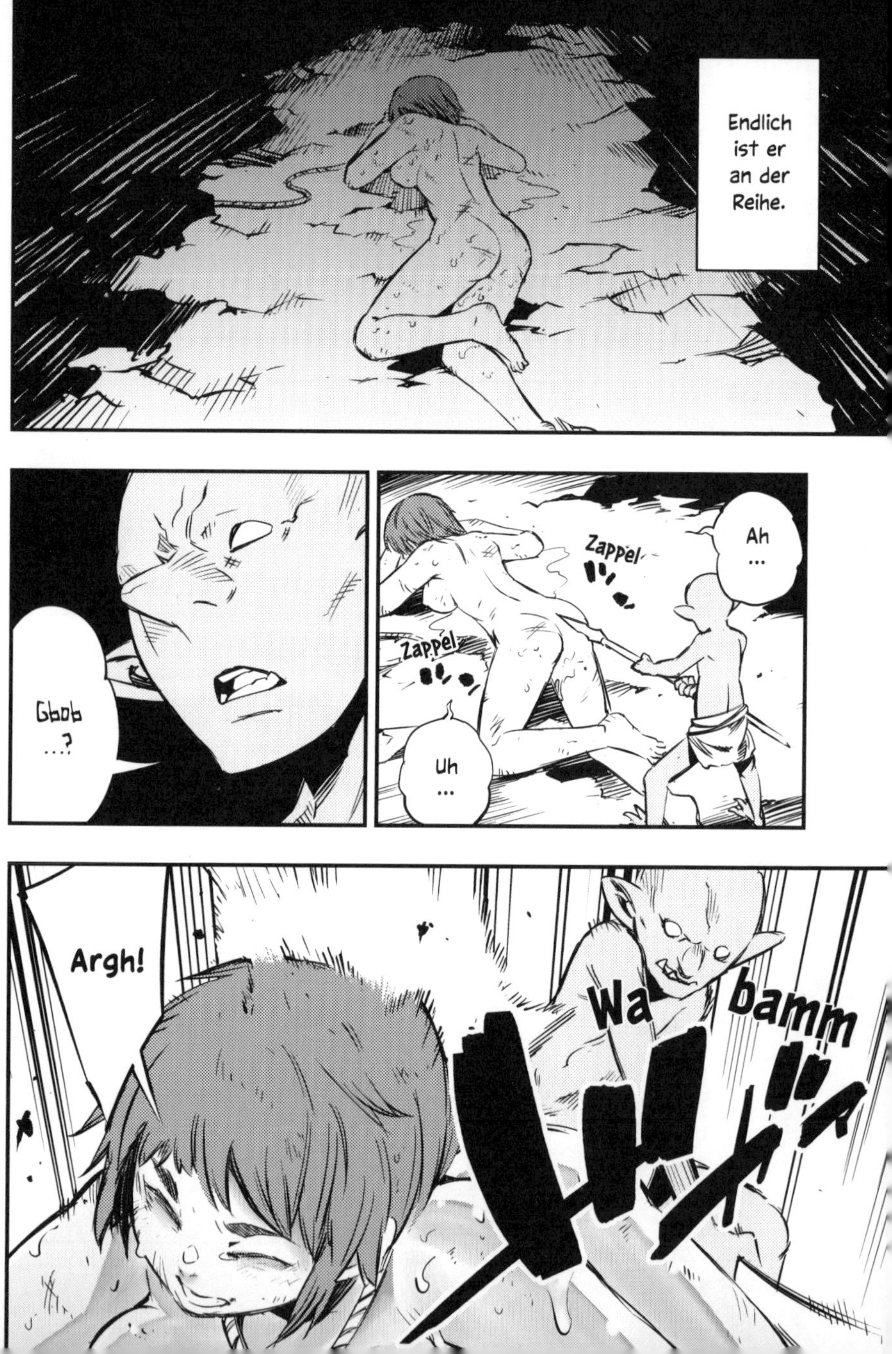
Endlich ist er an der Reihe.
Ah ...
Zappel
Zappel
Uh ...
Gbob ...?
Wa bamm
Argh!

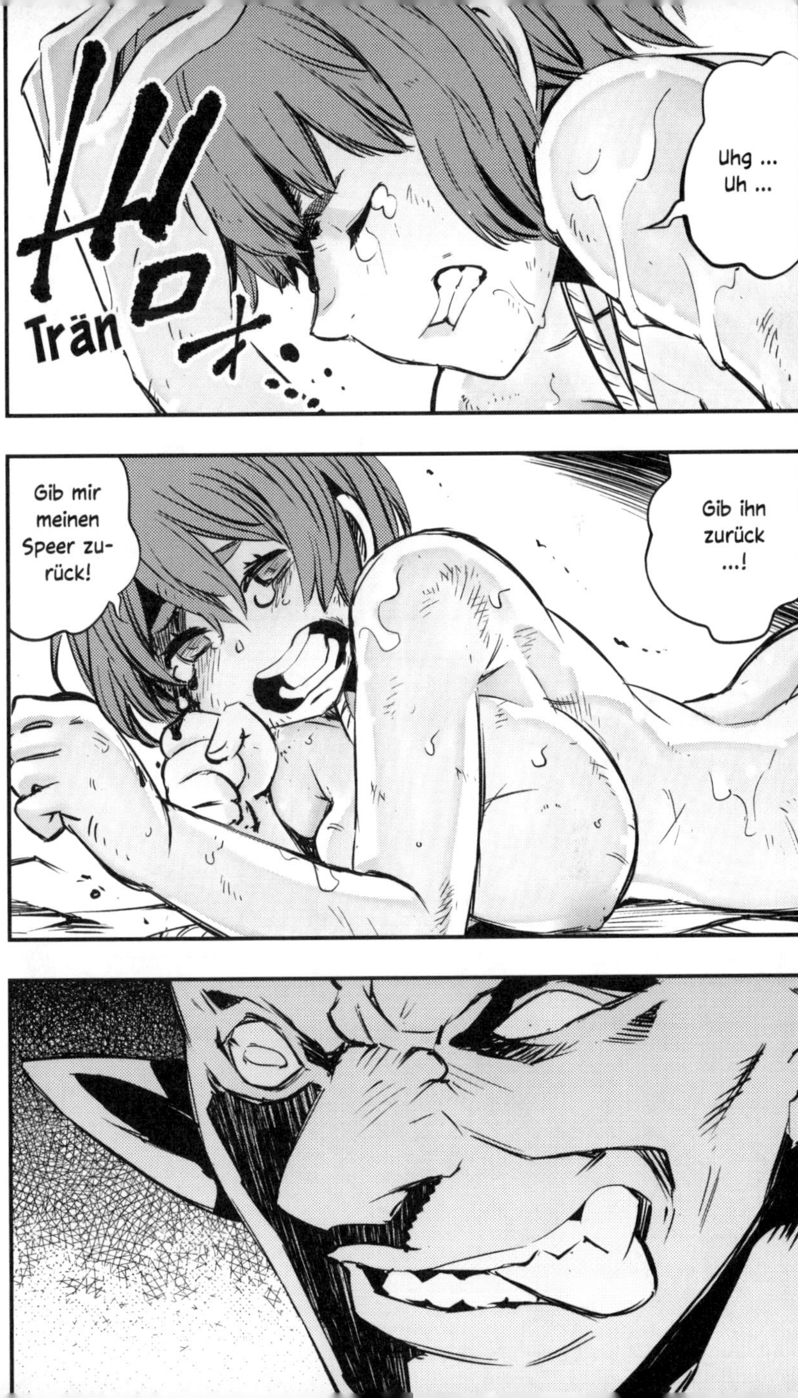

Uhg ...
Uh ...
Trän
Gib ihn zurück ...!
Gib mir meinen Speer zurück!

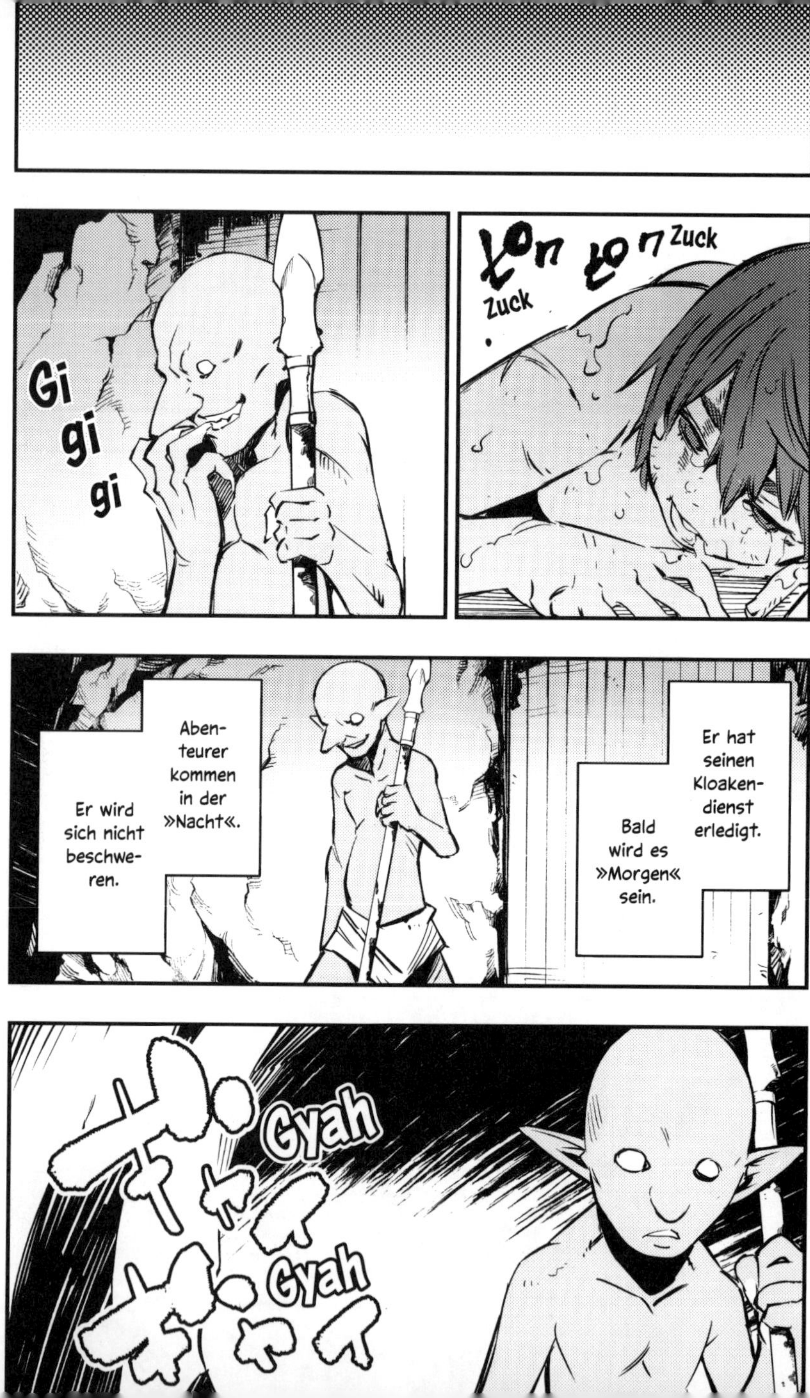
Zuck
Zuck
Gi gi gi
Er hat seinen Kloakendienst erledigt.
Bald wird es »Morgen« sein.
Abenteurer kommen in der »Nacht«.
Er wird sich nicht beschweren.
Gyah
Gyah

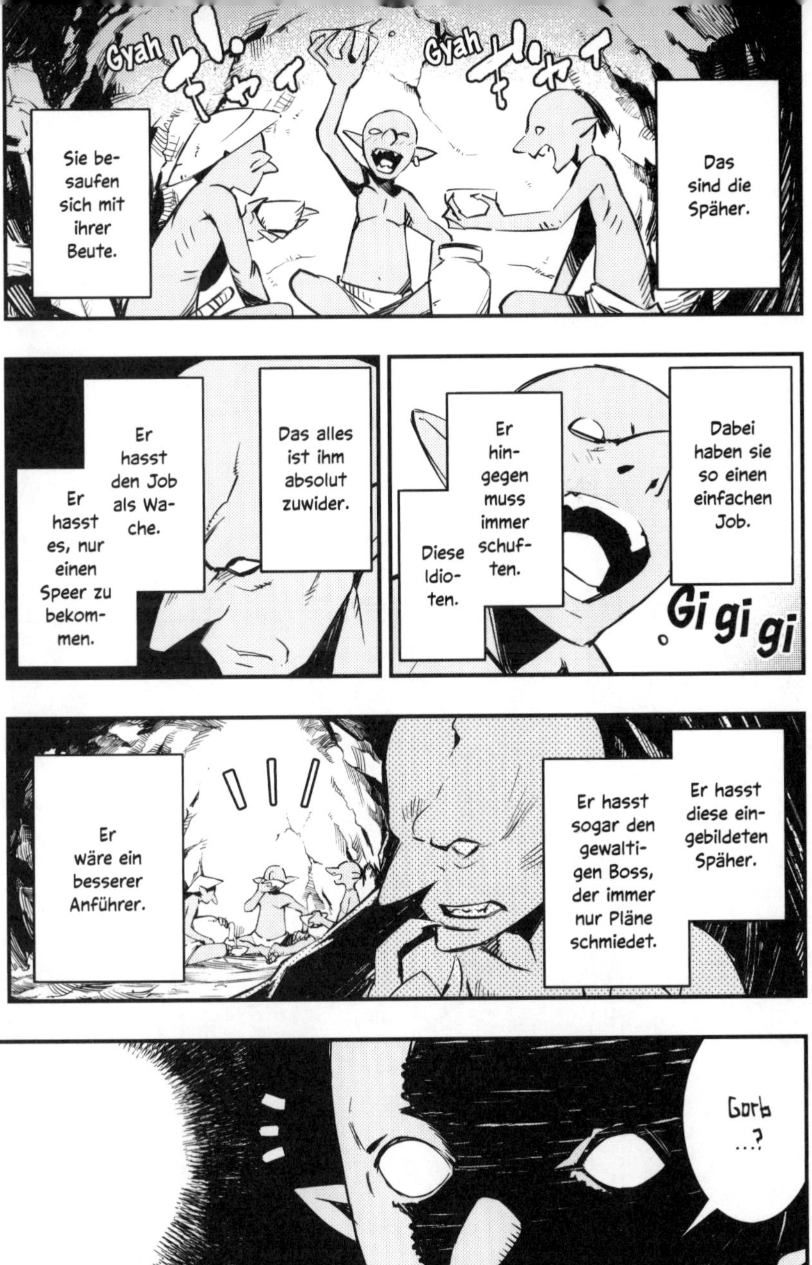
Gyah
Gyah
Das sind die Späher.
Sie besaufen sich mit ihrer Beute.
Dabei haben sie so einen einfachen Job.
Er hingegen muss immer schuften.
Diese Idioten.
Gi gi gi
Das alles ist ihm absolut zuwider.
Er hasst den Job als Wache.
Er hasst es, nur einen Speer zu bekommen.
Er hasst diese eingebildeten Späher.
Er hasst sogar den gewaltigen Boss, der immer nur Pläne schmiedet.
Er wäre ein besserer Anführer.
Gorb …?

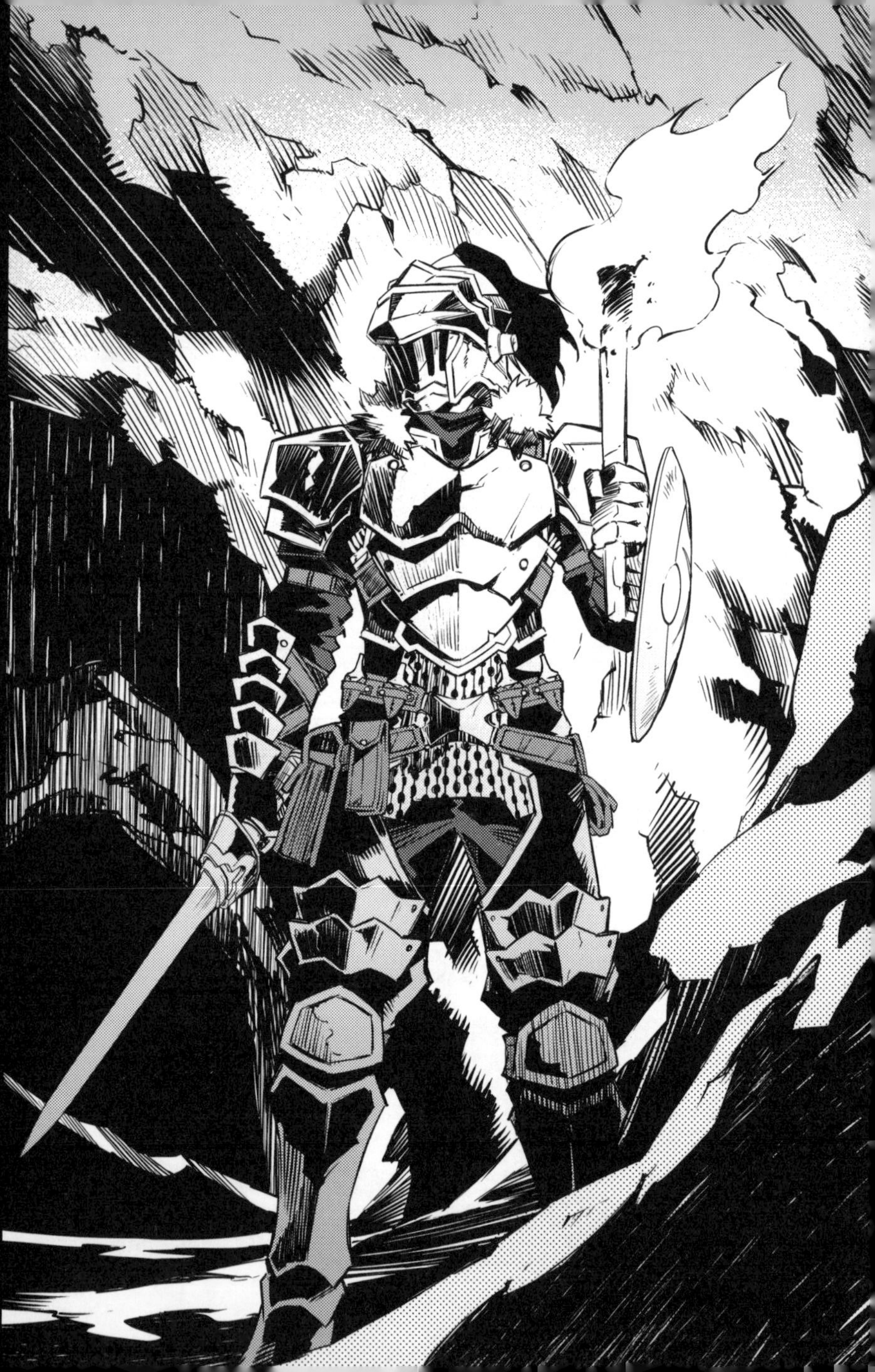

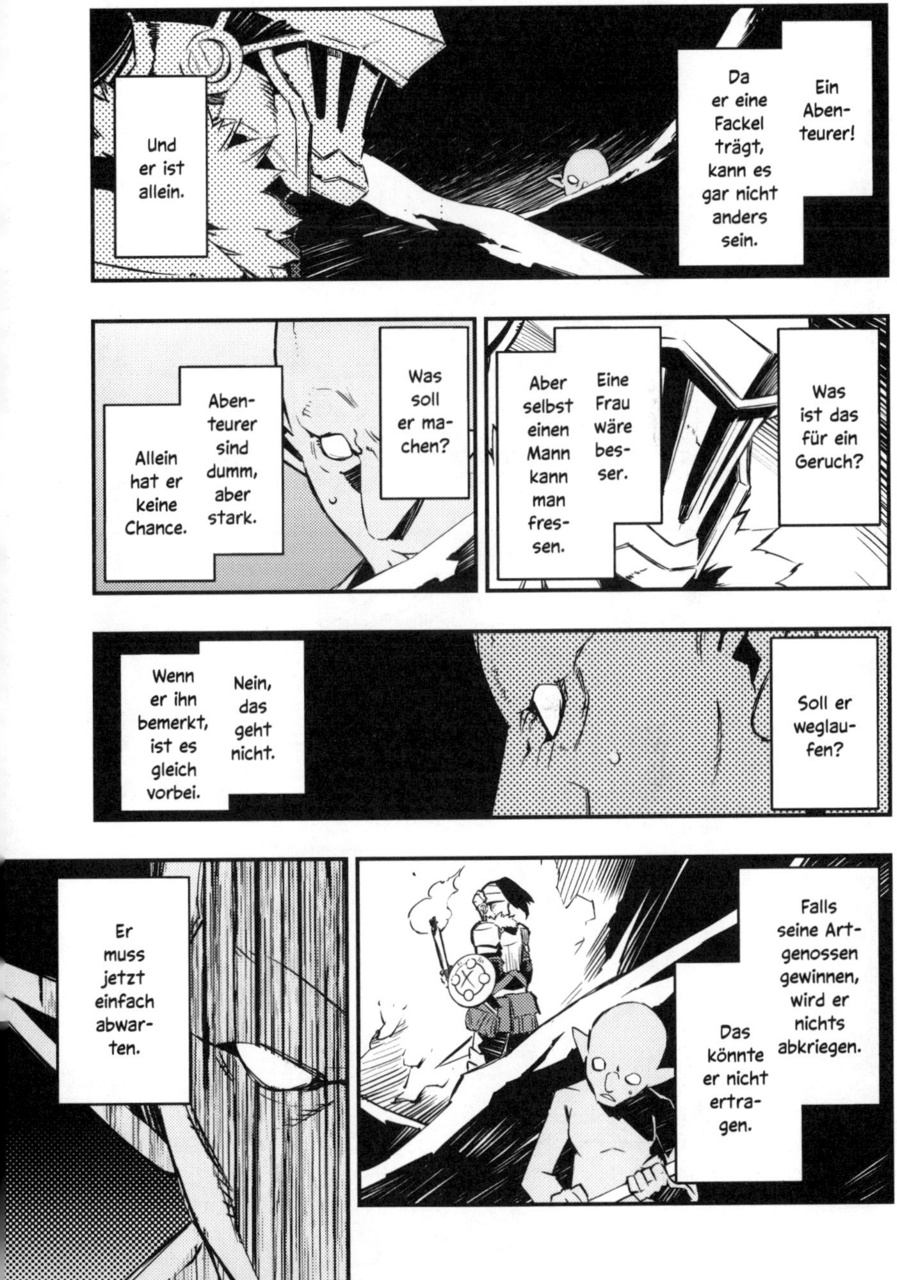

Ein Abenteurer!
Da er eine Fackel trägt, kann es gar nicht anders sein.
Und er ist allein.
Was ist das für ein Geruch?
Eine Frau wäre besser.
Aber selbst einen Mann kann man fressen.
Was soll er machen?
Abenteurer sind dumm, aber stark.
Allein hat er keine Chance.
Soll er weglaufen?
Nein, das geht nicht.
Wenn er ihn bemerkt, ist es gleich vorbei.
Falls seine Artgenossen gewinnen, wird er nichts abkriegen.
Das könnte er nicht ertragen.
Er muss jetzt einfach abwarten.

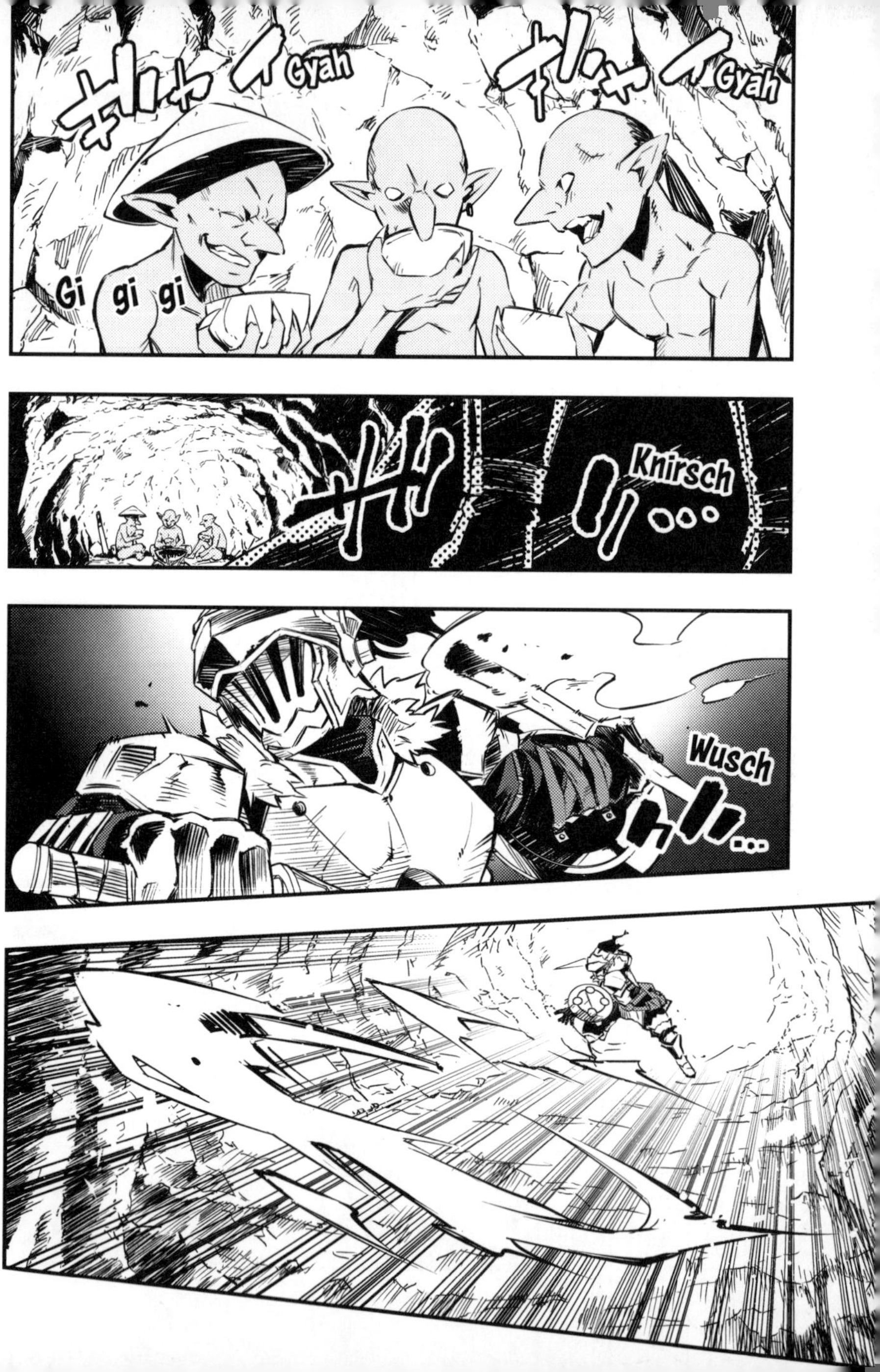

Gyah
Gyah
Gi gi gi
Knirsch
Wusch

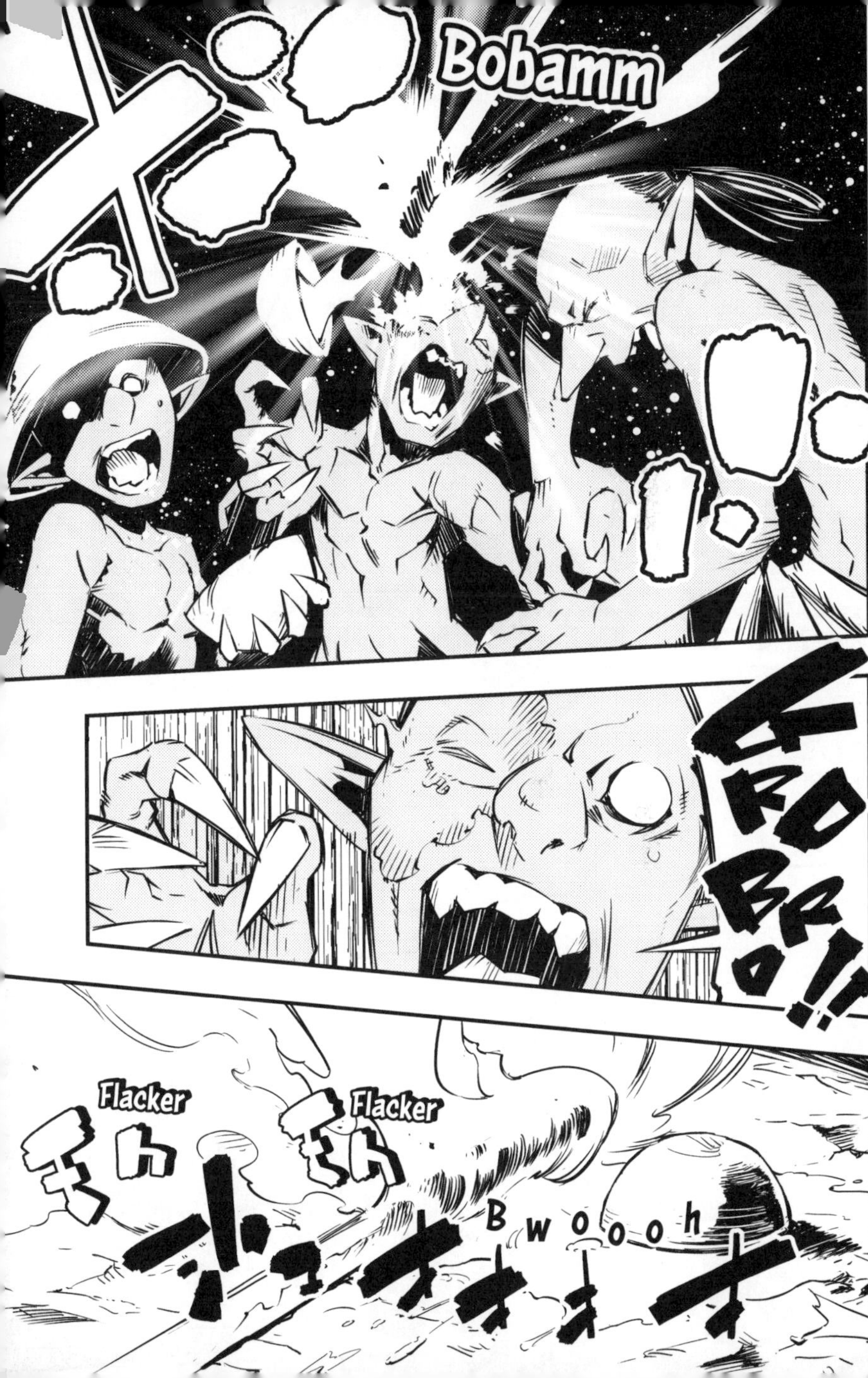
Bobamm
Flacker
Flacker
Bwoooh

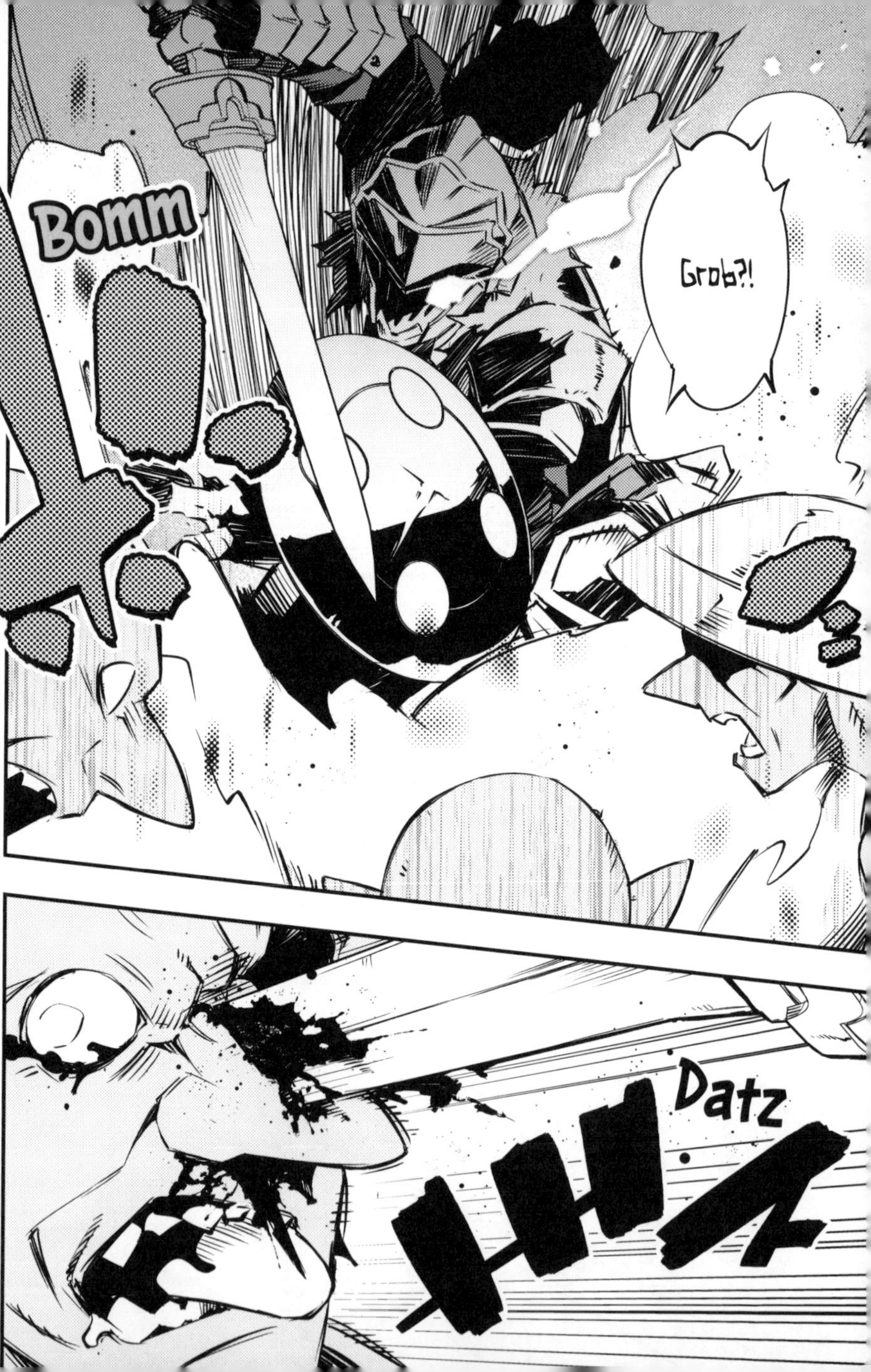
Grob?!
Bomm
Datz

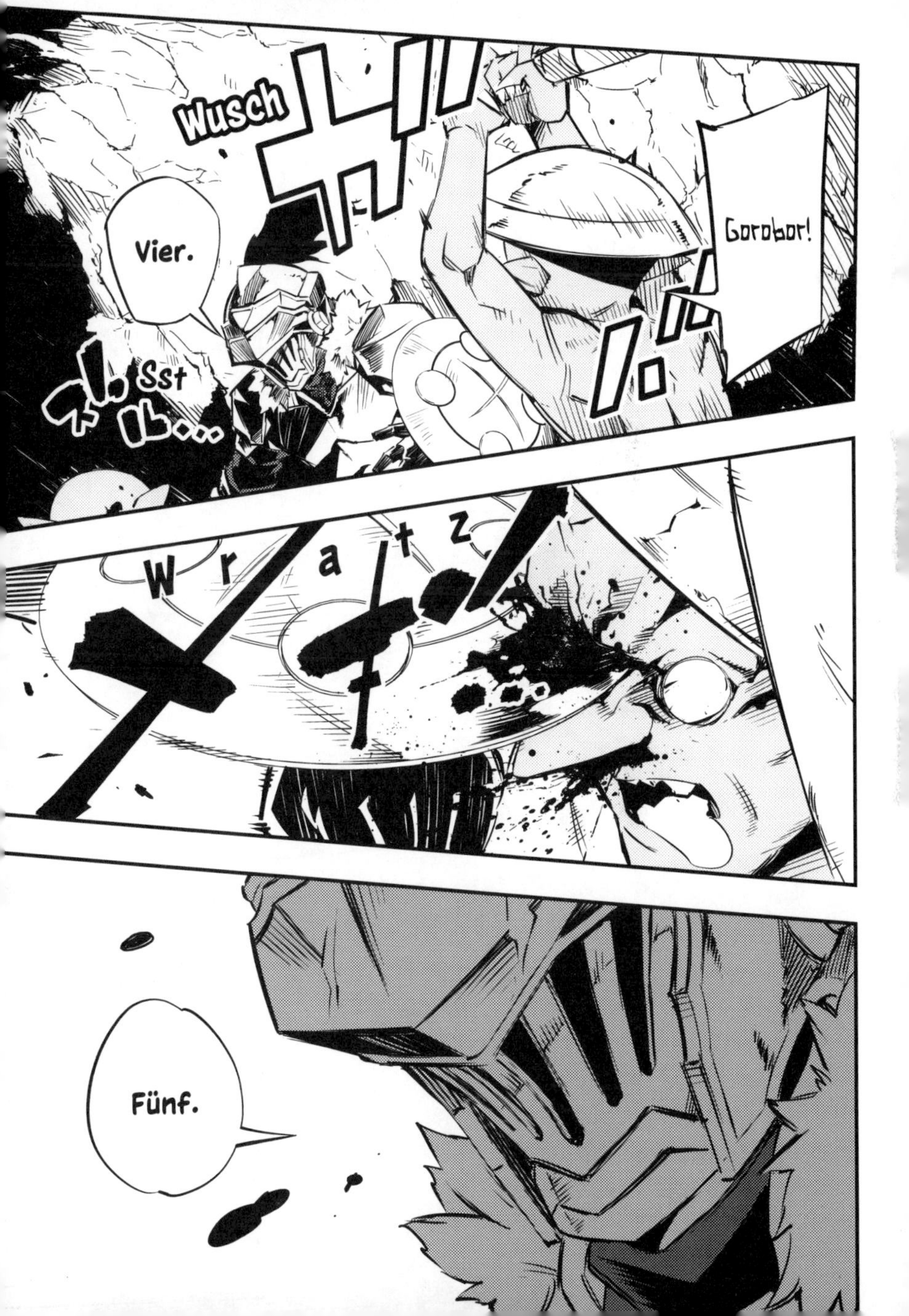

Gorobor!
Wusch
Vier.
Sst
Wratz
Fünf.

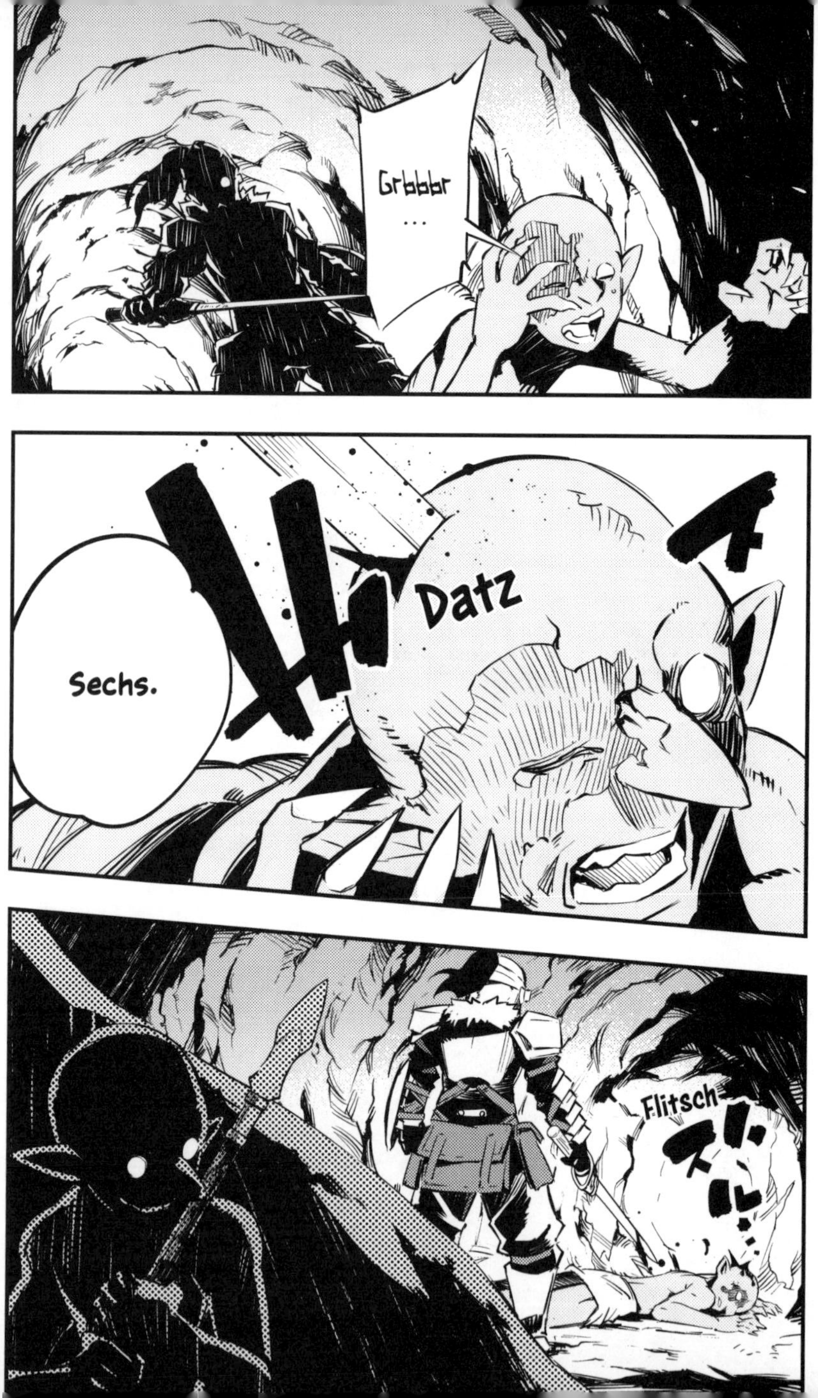

Grbbbr
...
Datz
Sechs.
Flitsch

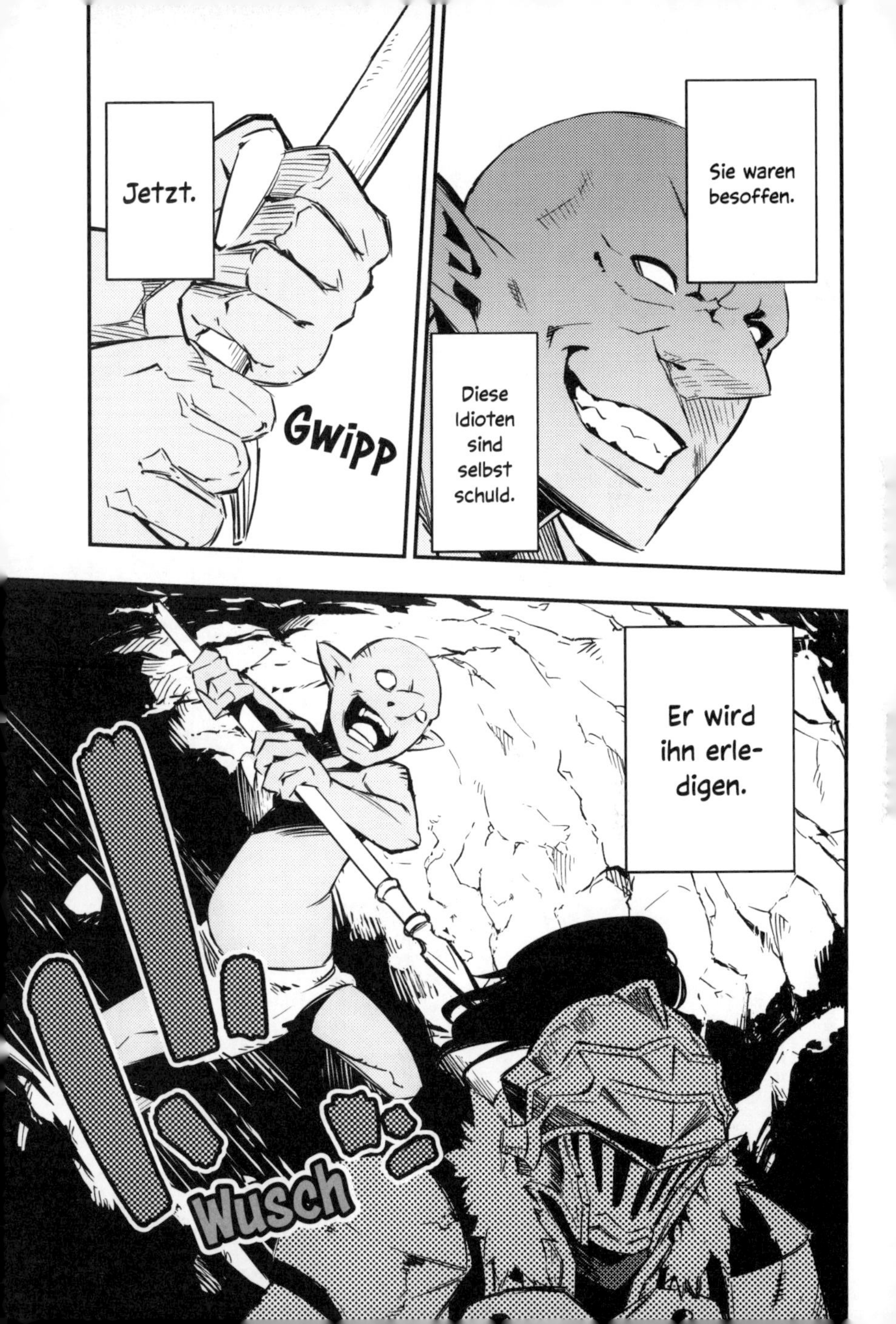
Sie waren besoffen.
Diese Idioten sind selbst schuld.
Jetzt.
Gwipp
Er wird ihn erle-digen.
Wusch

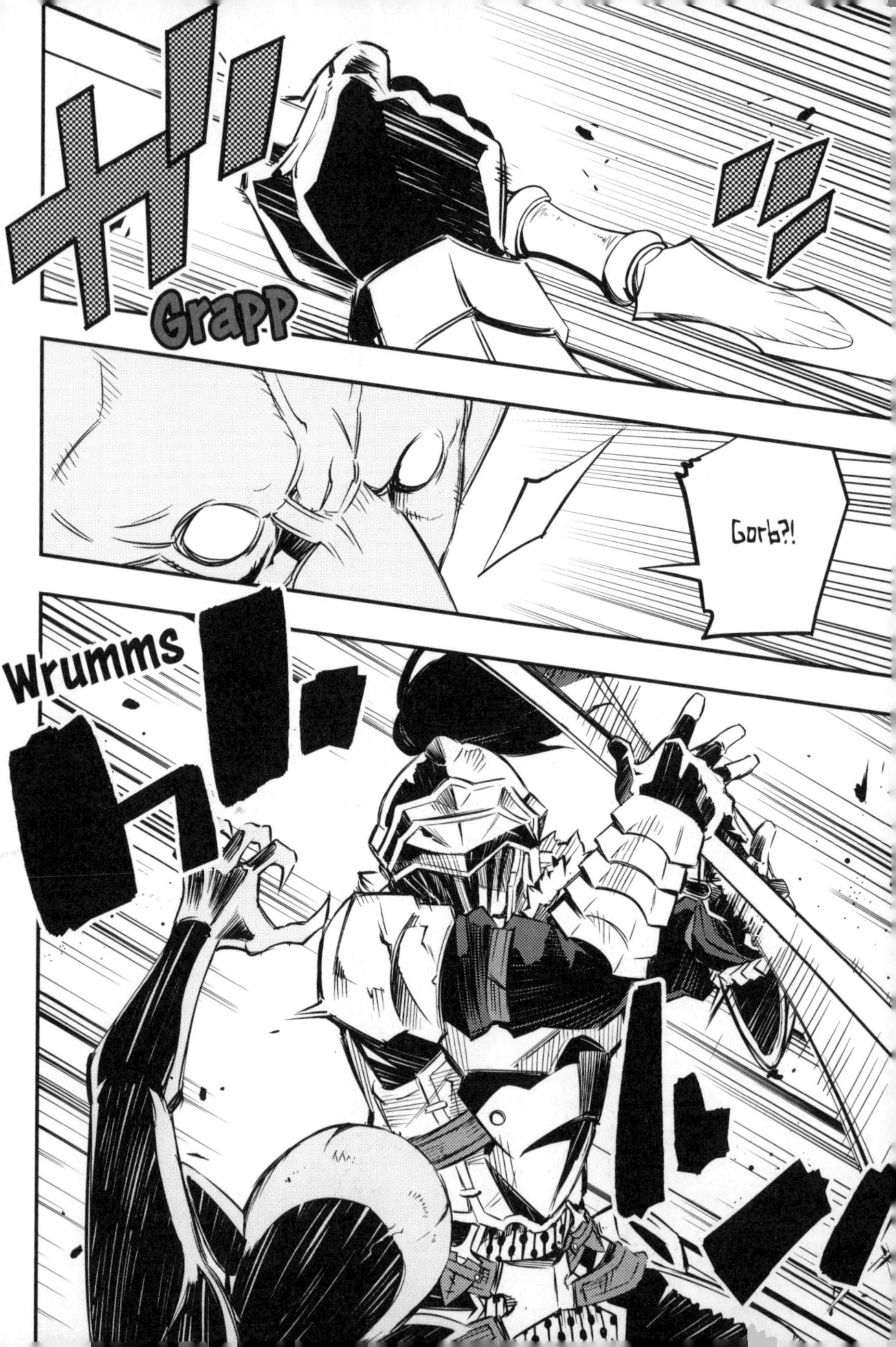
Grapp
Gorb?!
Wrumms

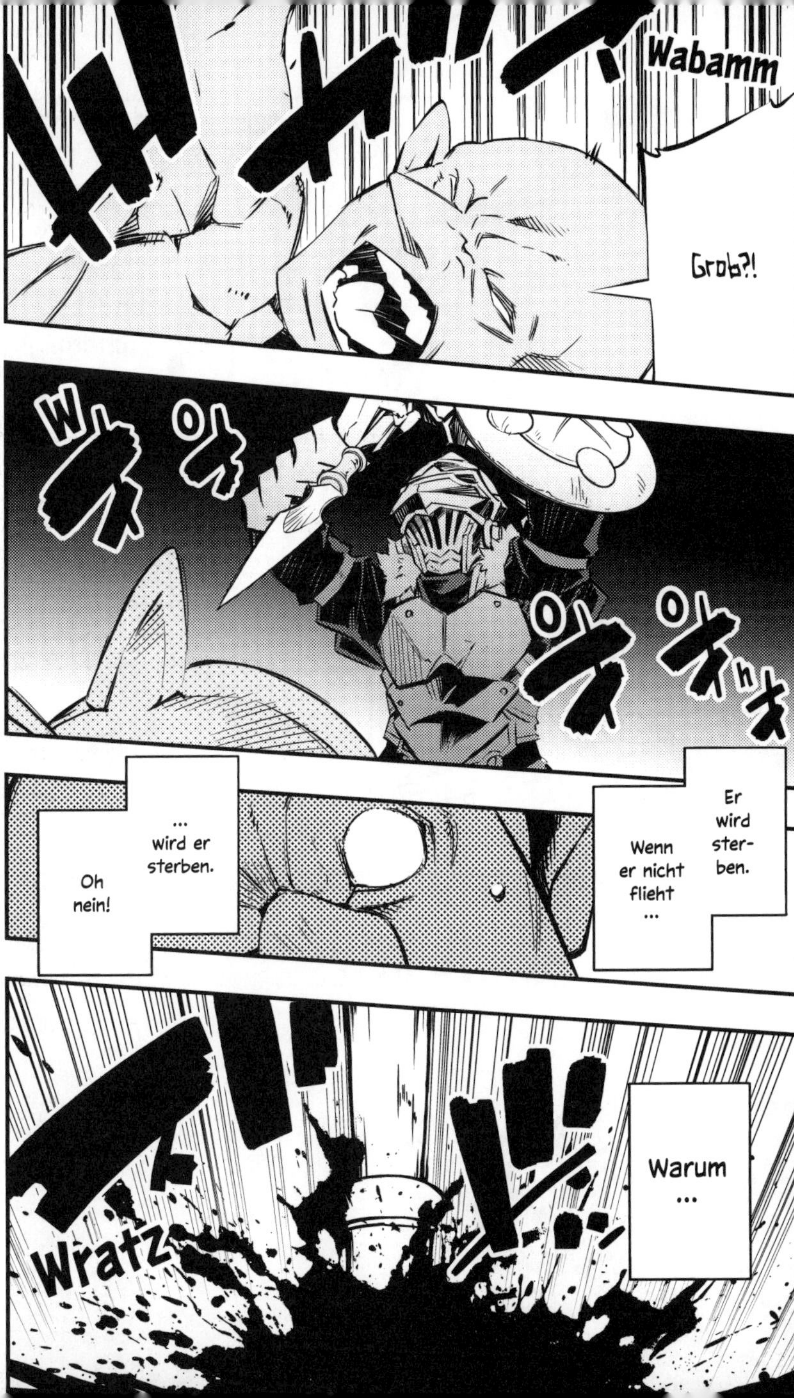
Wabamm
Grob?!
Er wird ster-ben.
Wenn er nicht flieht …
… wird er sterben.
Oh nein!
Warum …
Wratz

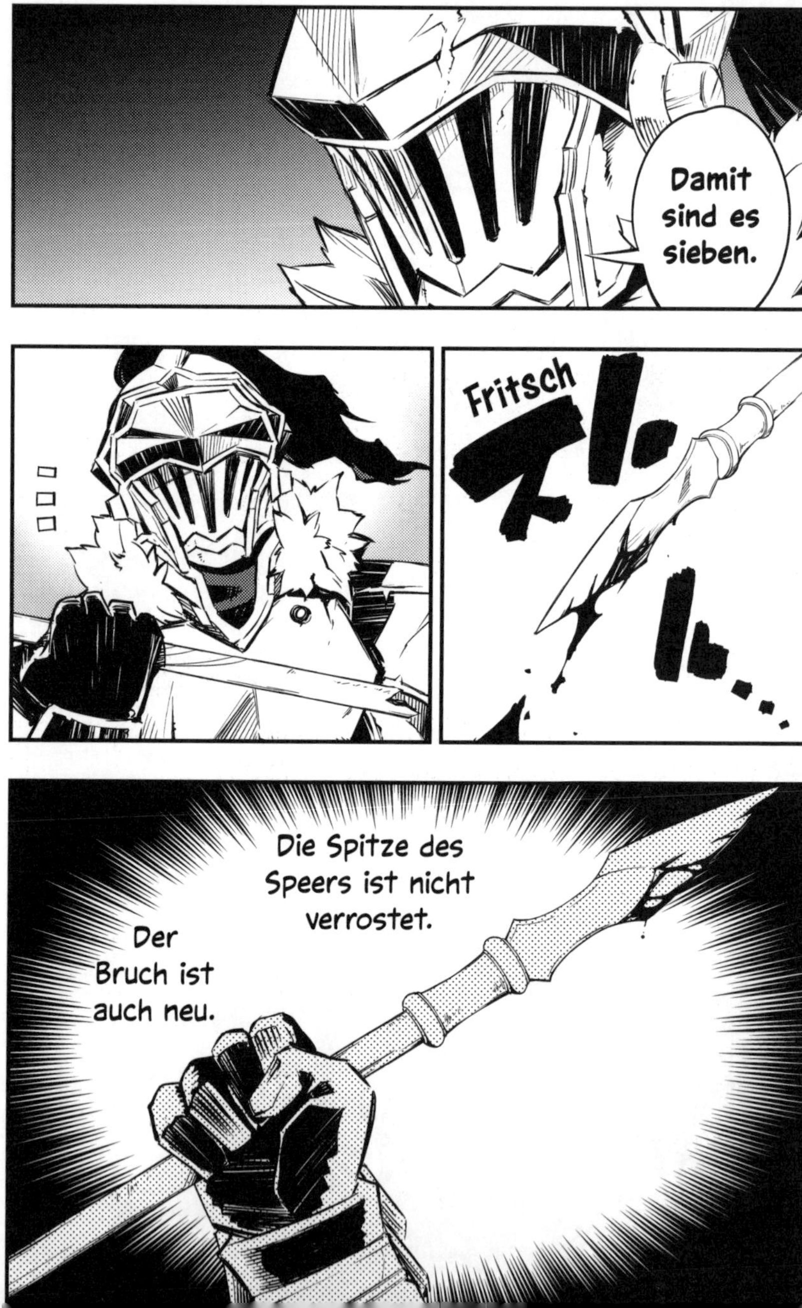

Damit sind es sieben.
Fritsch
Die Spitze des Speers ist nicht verrostet.
Der Bruch ist auch neu.

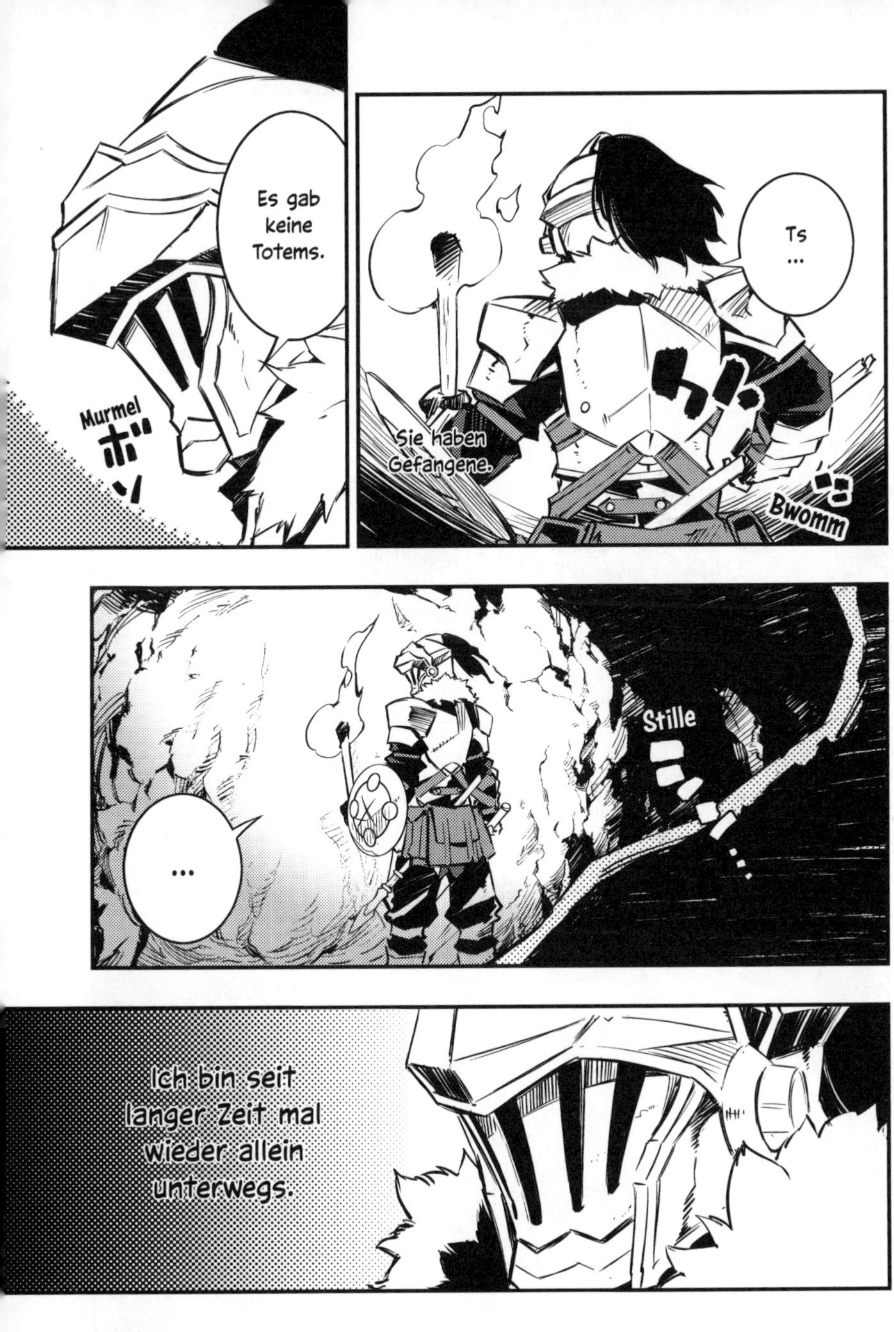

Ts
...
Sie haben Gefangene.
Bwomm
Es gab keine Totems.
Murmel
ボソ
Stille
...
Ich bin seit langer Zeit mal wieder allein unterwegs.

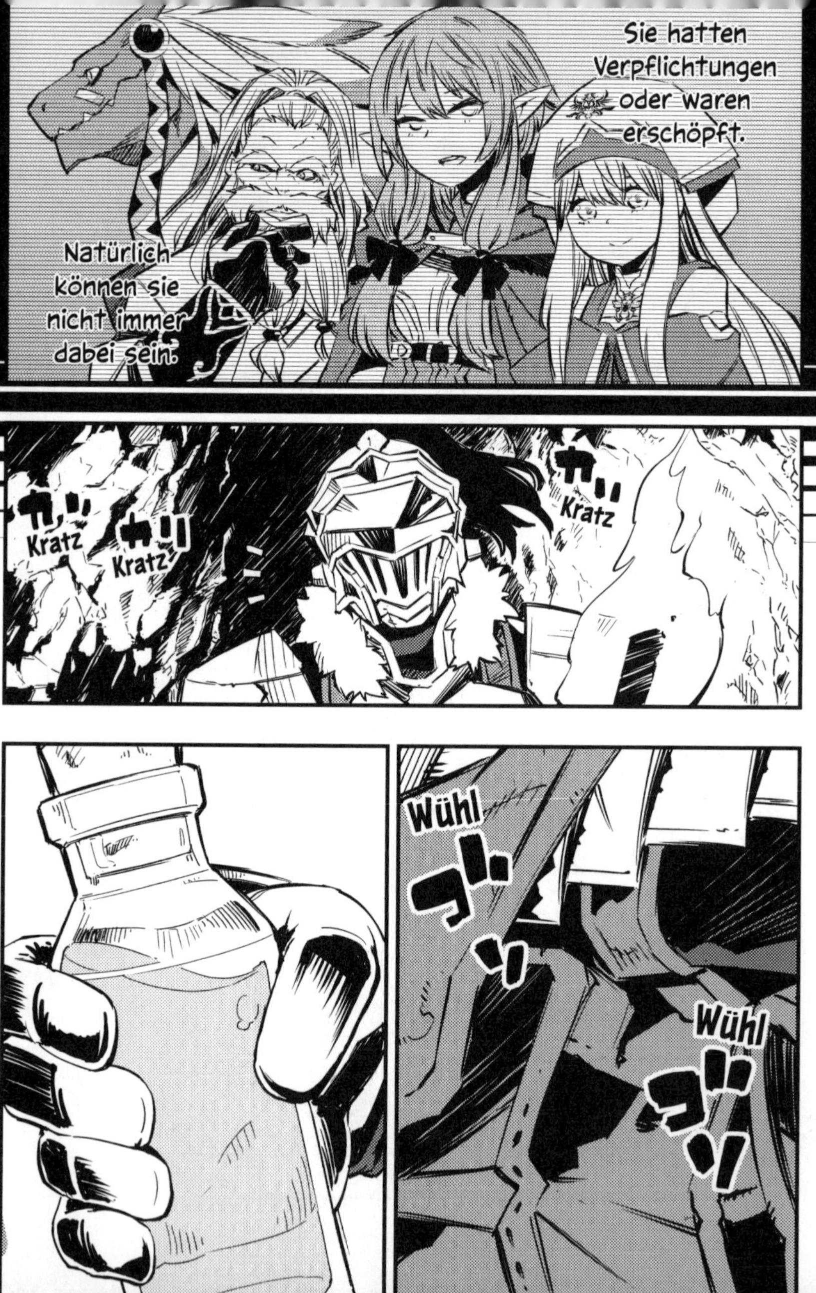
Sie hatten Verpflichtungen oder waren erschöpft.
Natürlich können sie nicht immer dabei sein.
Kratz
Kratz
Kratz
Wühl
Wühl

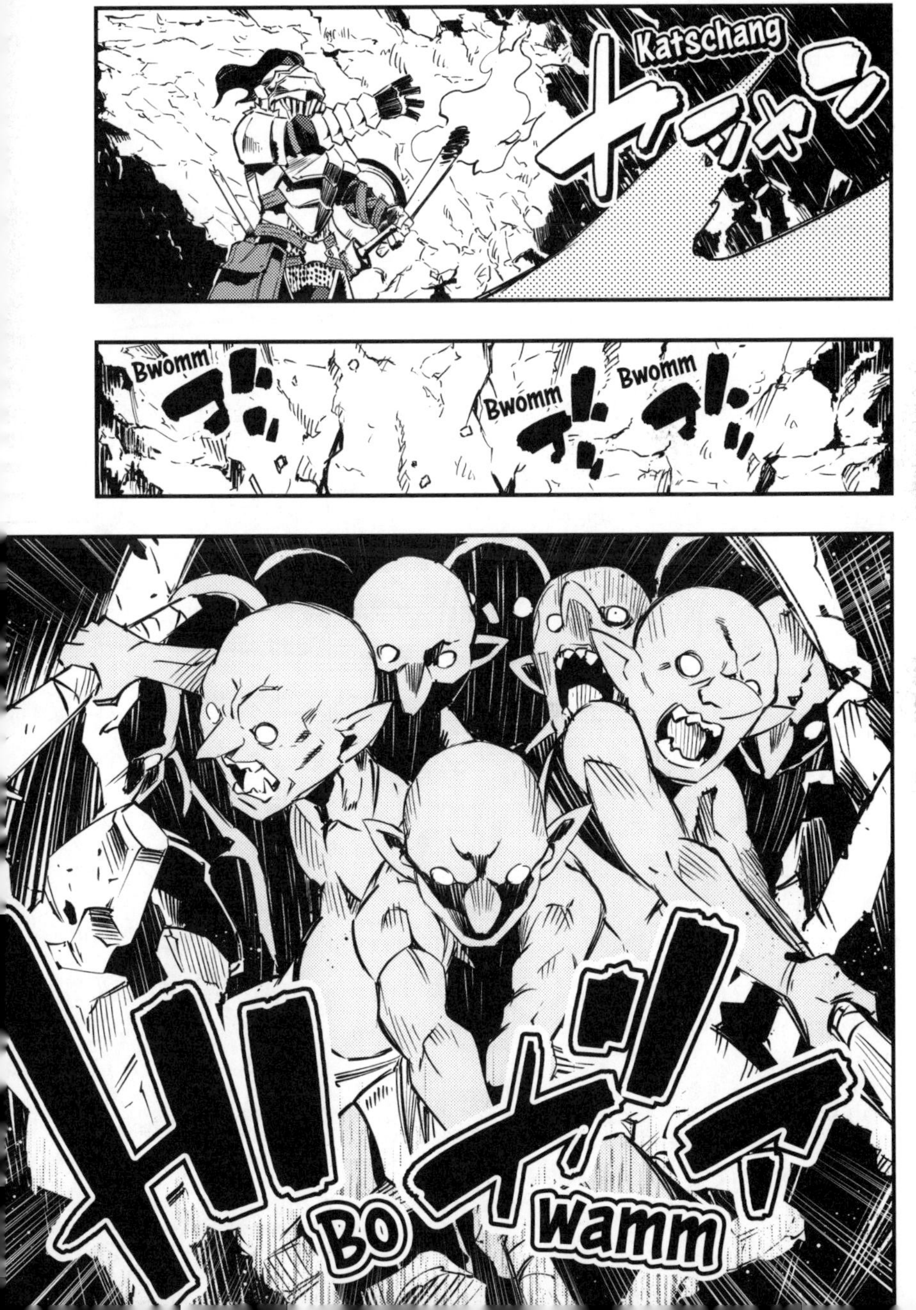
Katschang
Bwomm
Bwomm
Bwomm
Bo
wamm

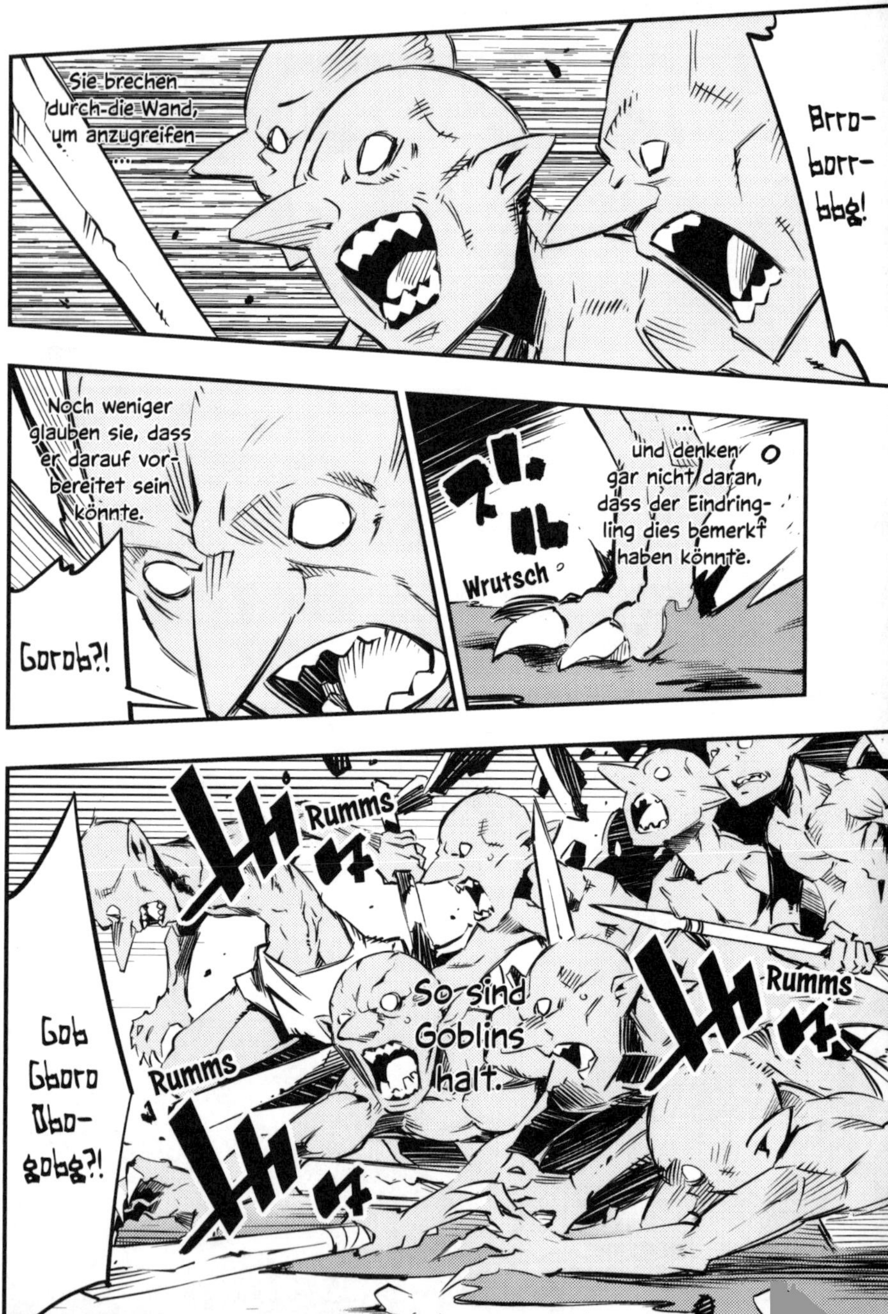
Brro-borr-bbg!
Sie brechen durch die Wand, um anzugreifen ...
... und denken gar nicht daran, dass der Eindringling dies bemerkt haben könnte.
Wrutsch
Noch weniger glauben sie, dass er darauf vorbereitet sein könnte.
Gorob?!
Rumms
Rumms
So sind Goblins halt.
Rumms
Gob Gboro Obo-gobg?!

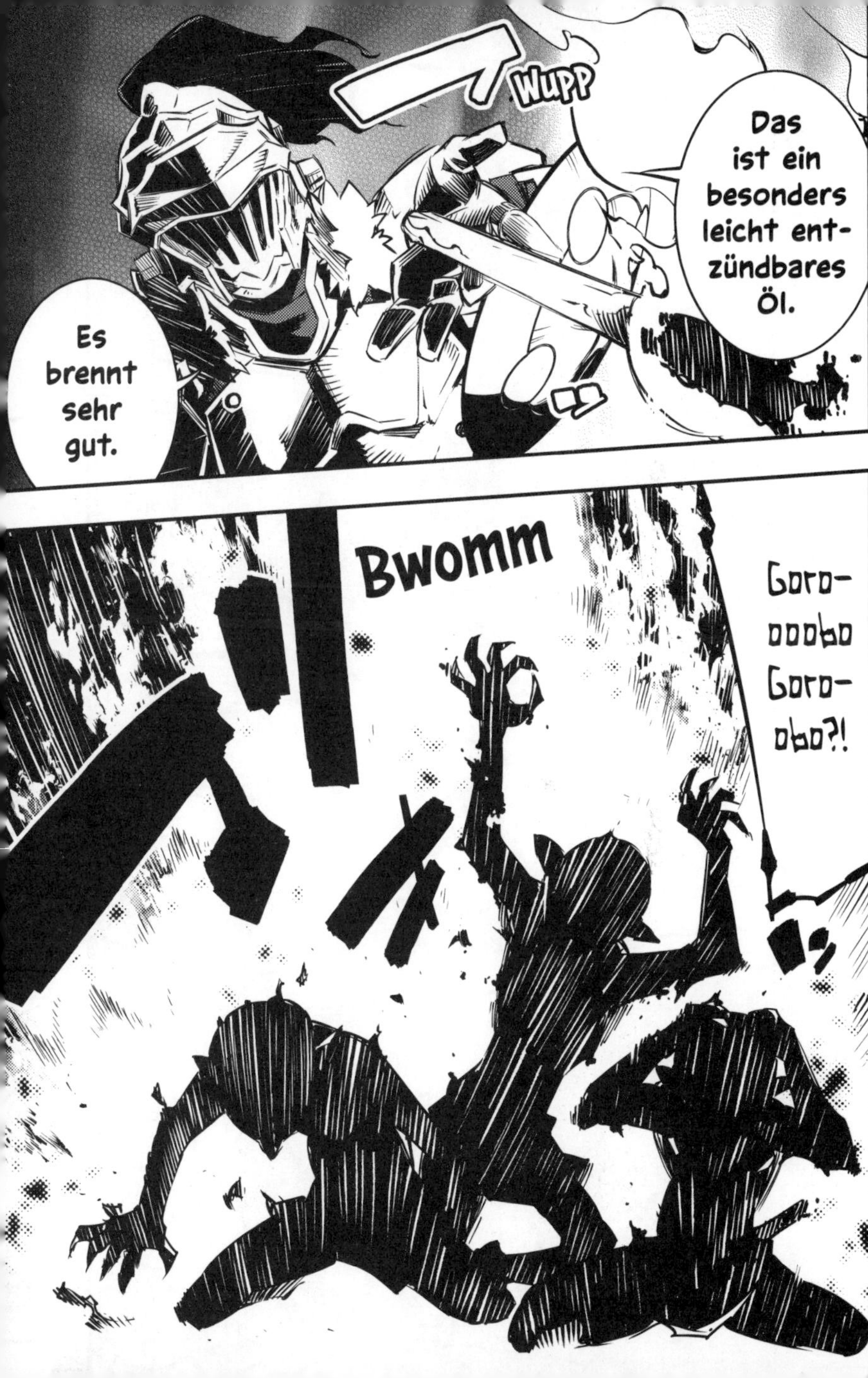

Wupp
Das ist ein besonders leicht entzündbares Öl.
Es brennt sehr gut.
Bwomm
Goro-ooobo Goro-obo?!

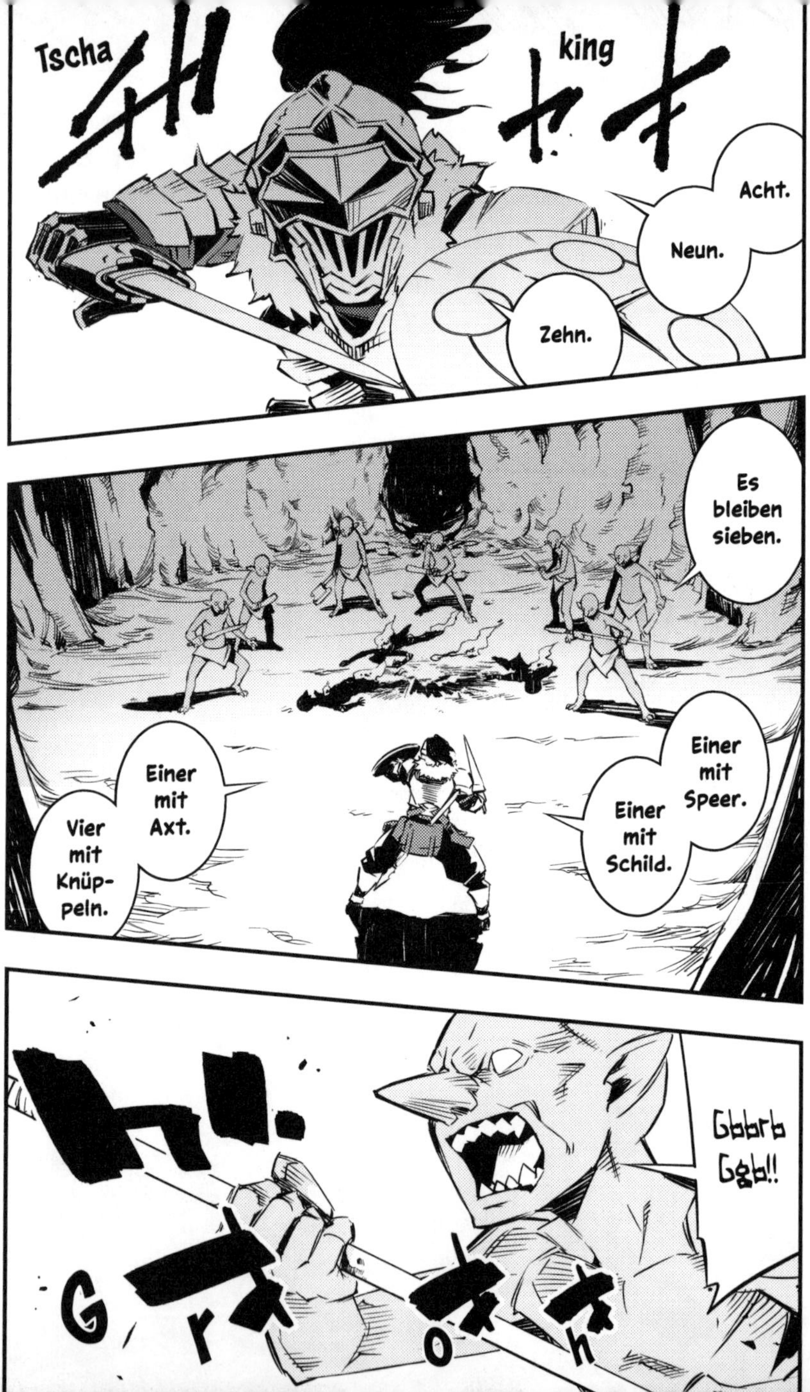
Tscha king
Acht.
Neun.
Zehn.
Es bleiben sieben.
Einer mit Speer.
Einer mit Schild.
Einer mit Axt.
Vier mit Knüppeln.
Gbbrb Gbb!!
Groh

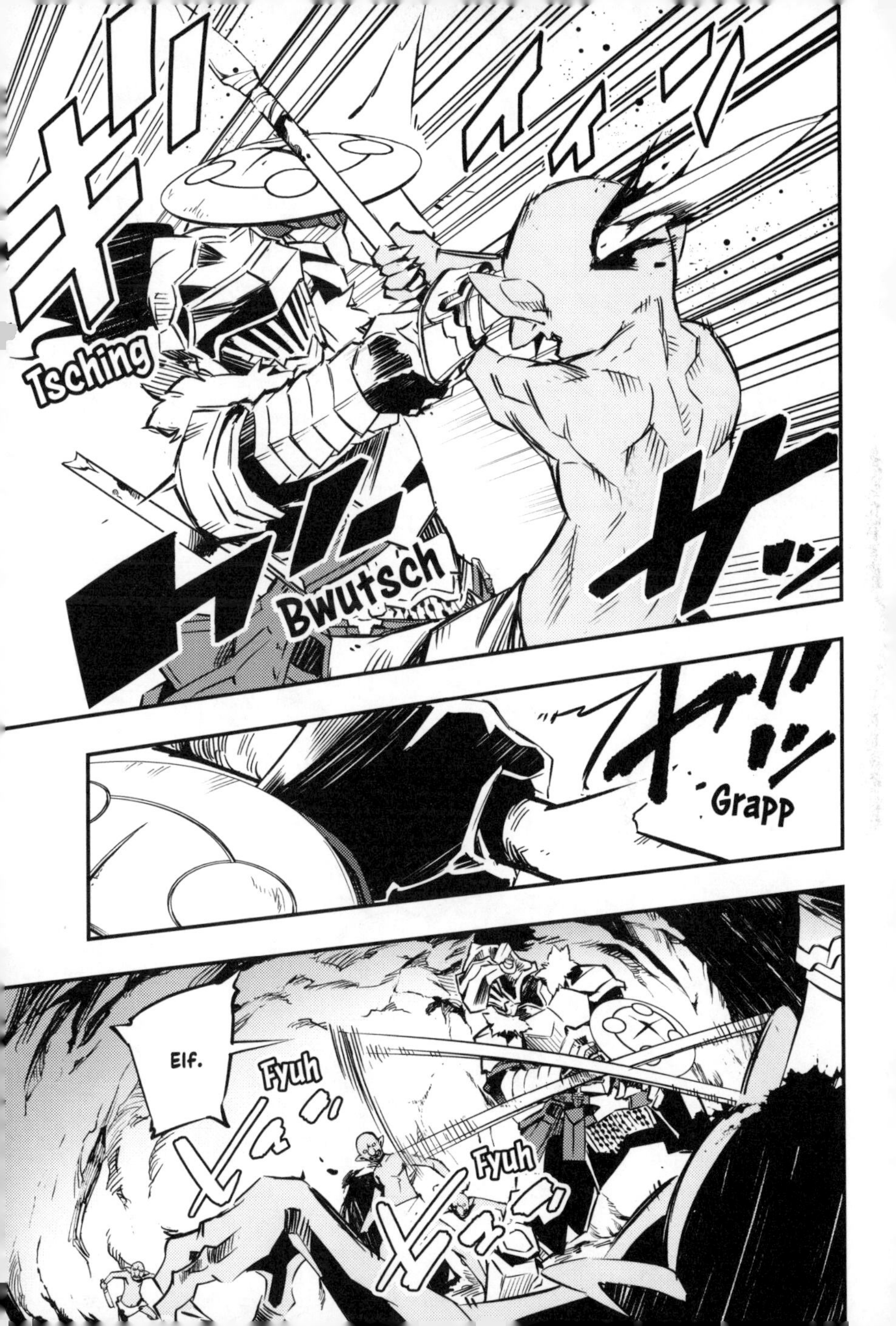
Tsching
Bwutsch
Grapp
Elf.
Fyuh
Fyuh

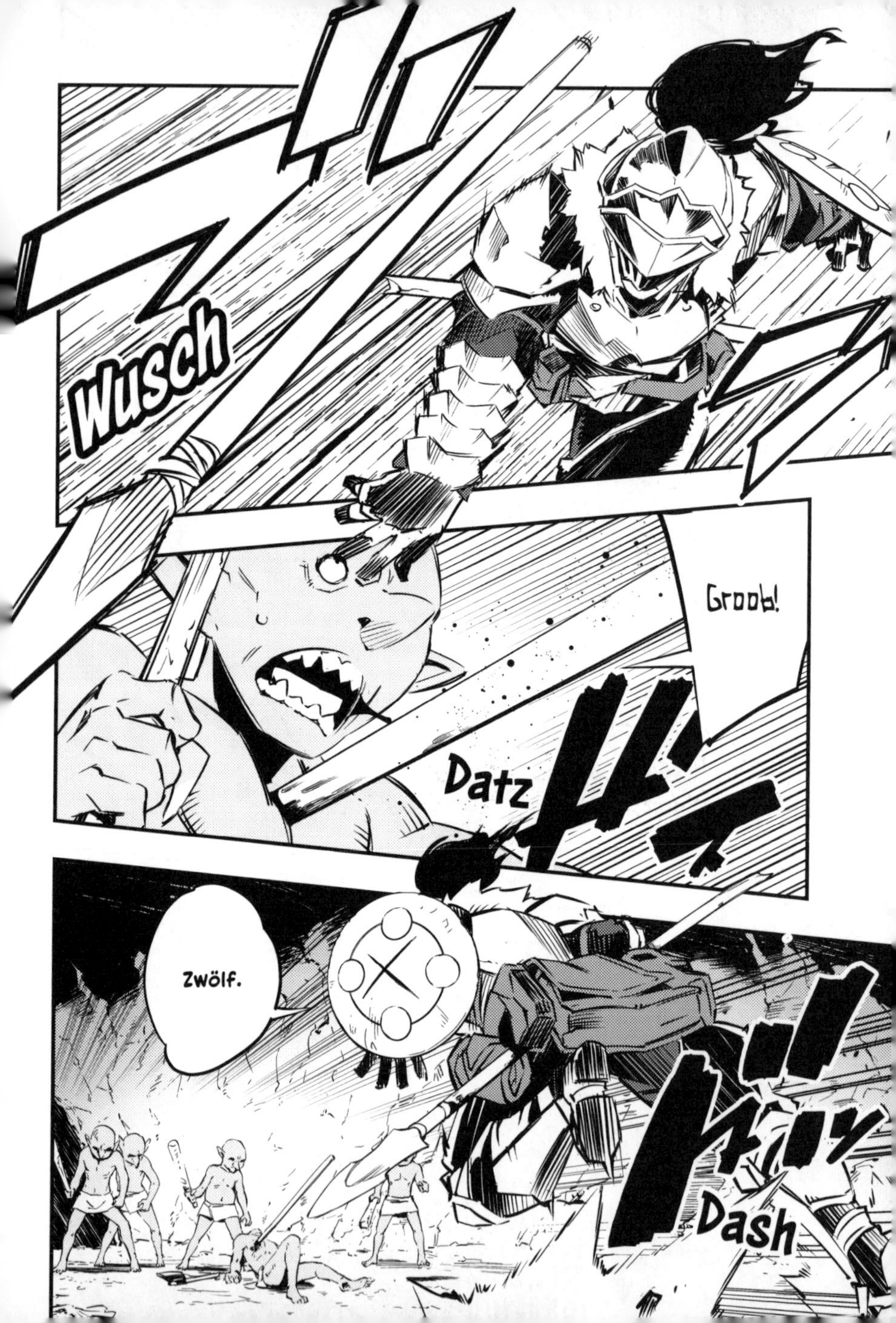
Wusch
Groob!
Datz
Zwölf.
Dash

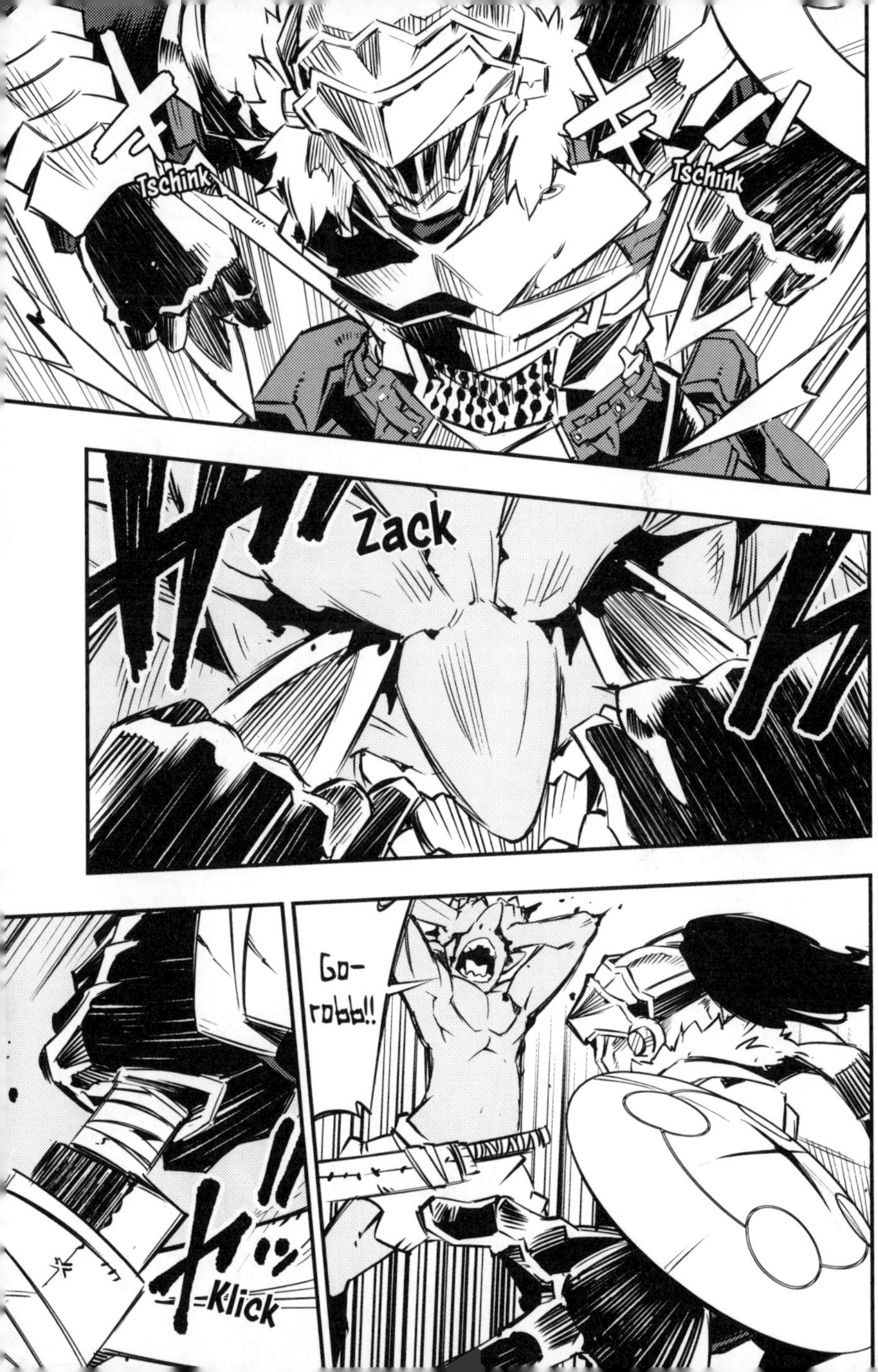

Tschink
Tschink
Zack
Go-
robb!!
Klick

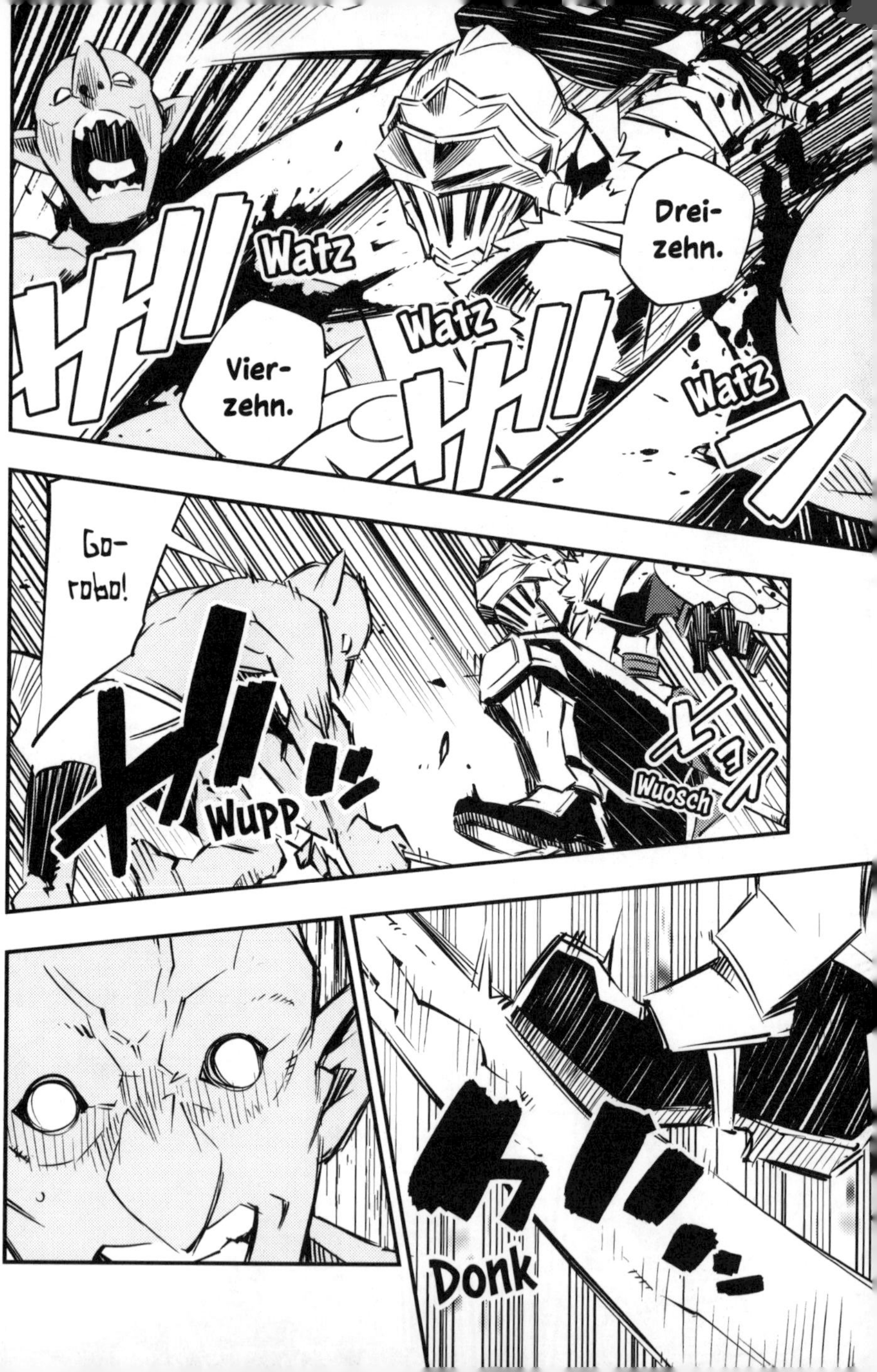
Drei-
zehn.
Watz
Watz
Vier-
zehn.
Watz
Go-
robo!
Wuosch
Wupp
Donk

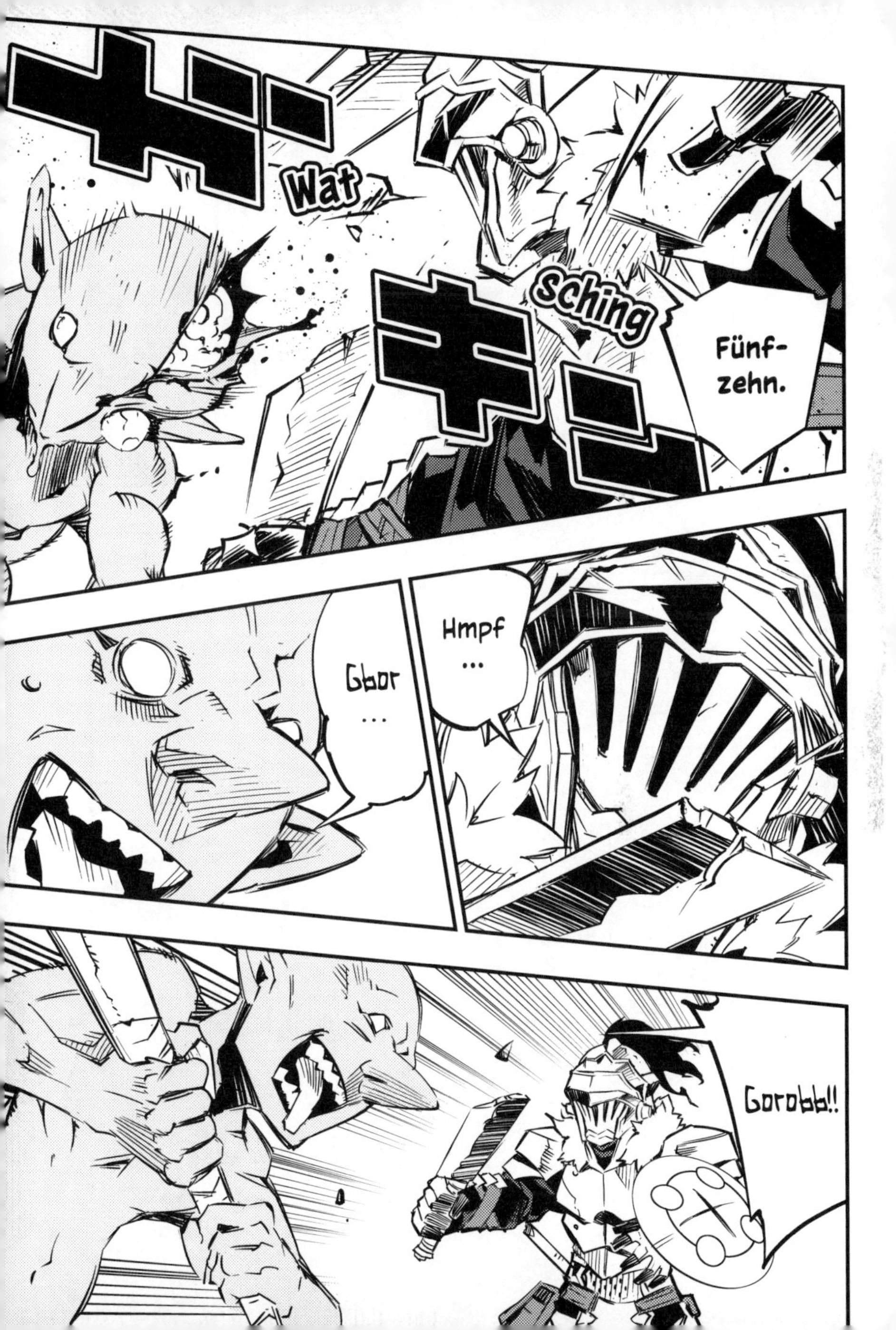

Wat
sching
Fünf-zehn.
Hmpf ...
Gbor ...
Gorobb!!

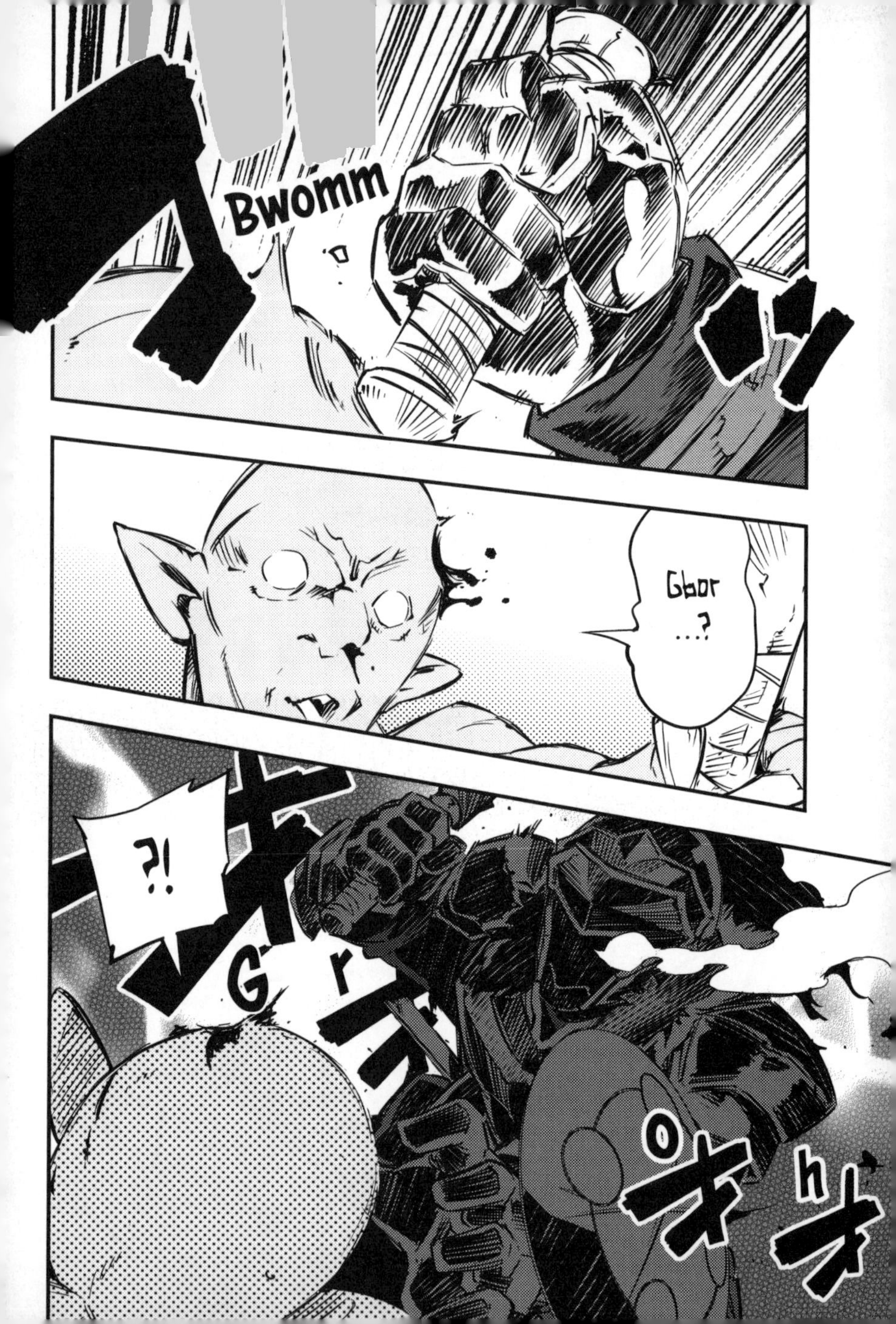
Bwomm
Gbor
...?
?!
Grr
oh

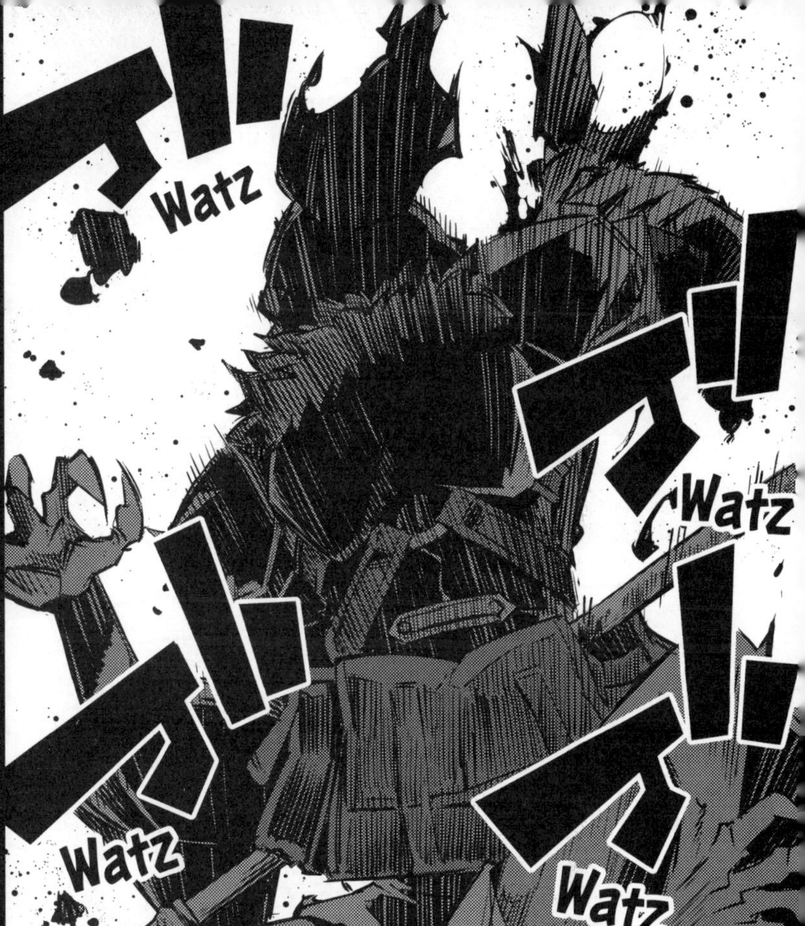
Watz
Watz
Watz
Watz
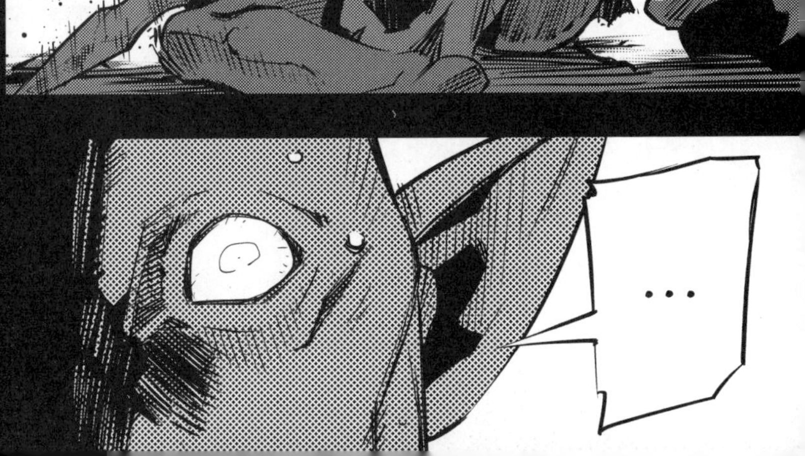
…

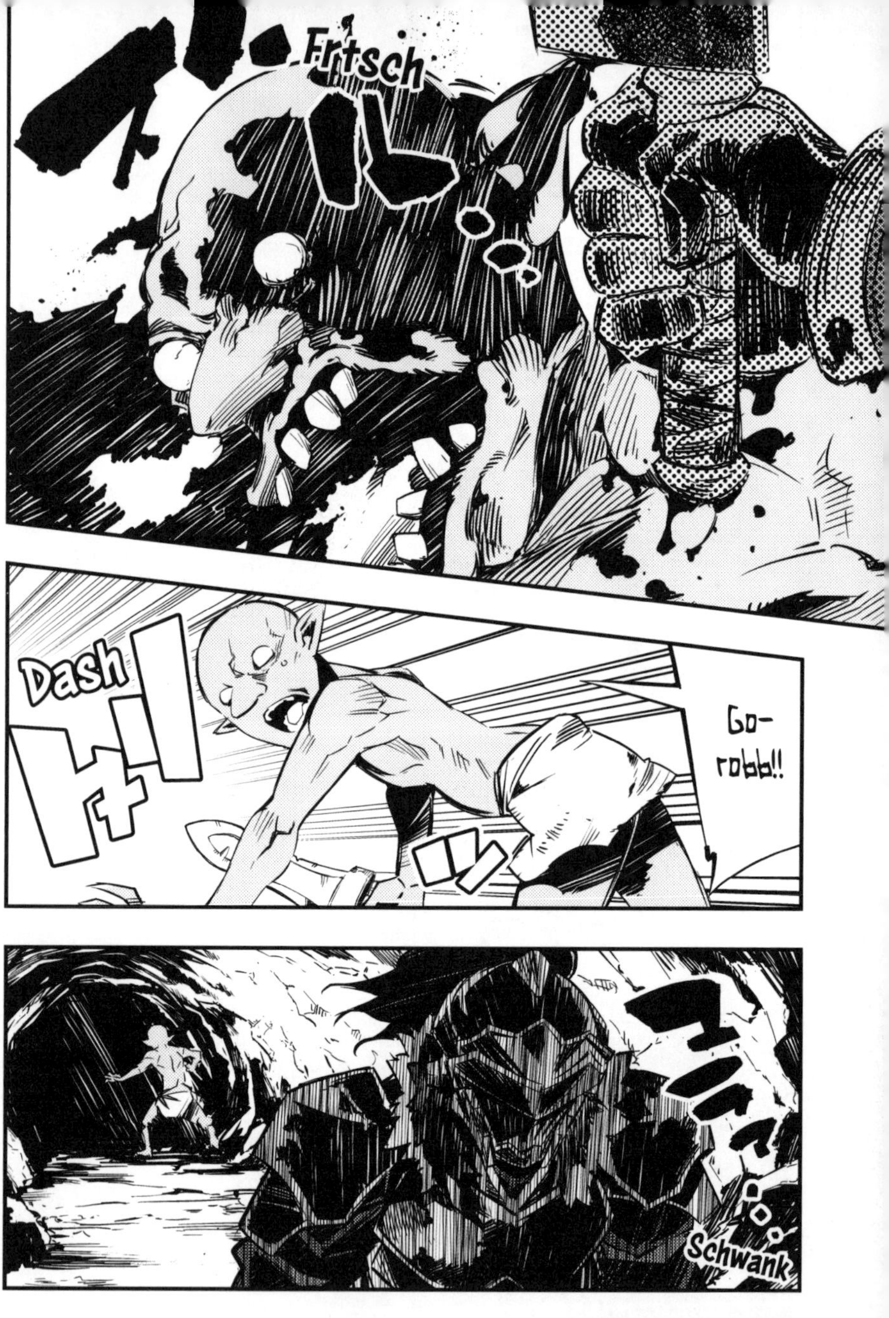
Frtsch
Dash
Go-
robb!!
Schwank

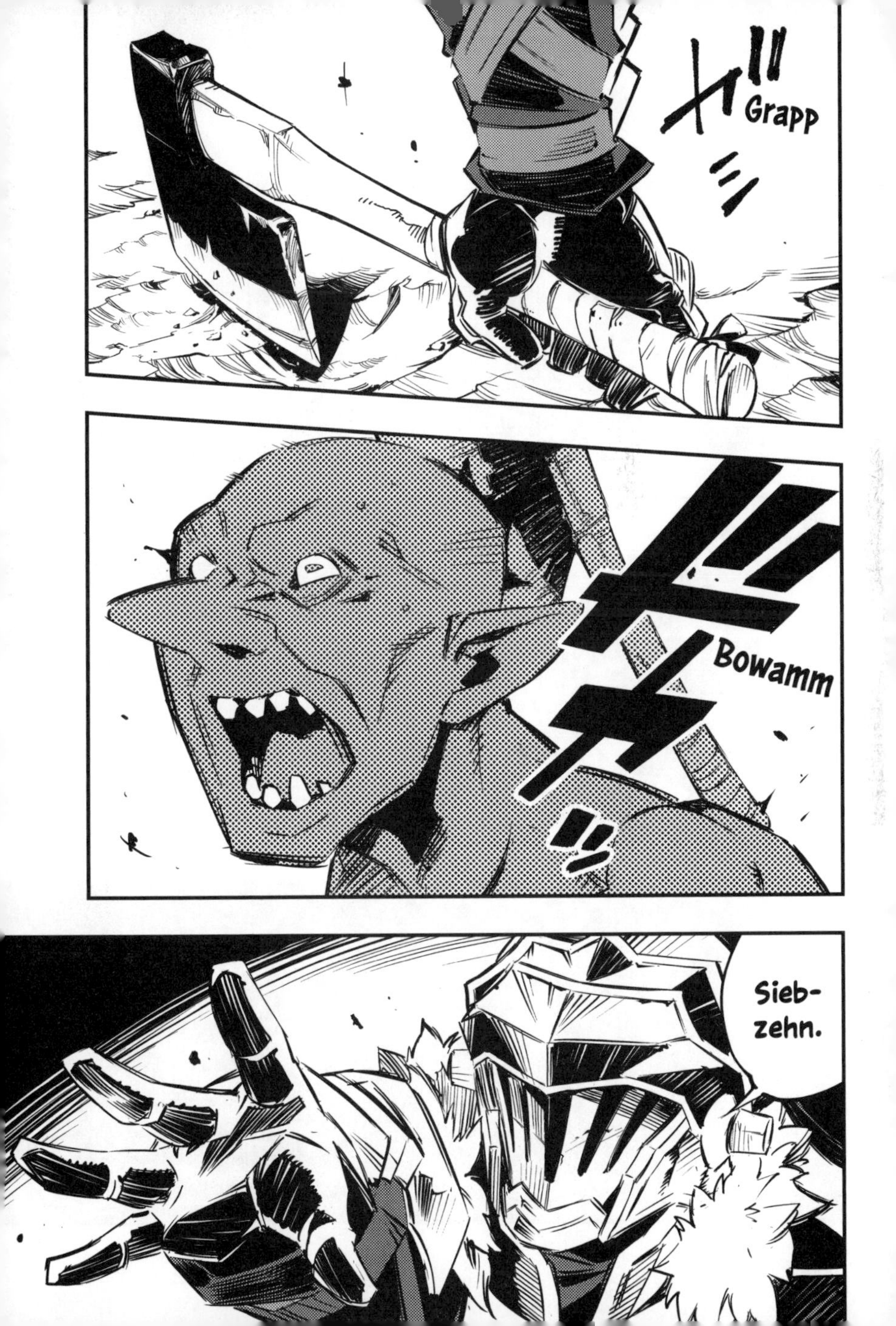
Grapp
Bowamm
Sieb-
zehn.

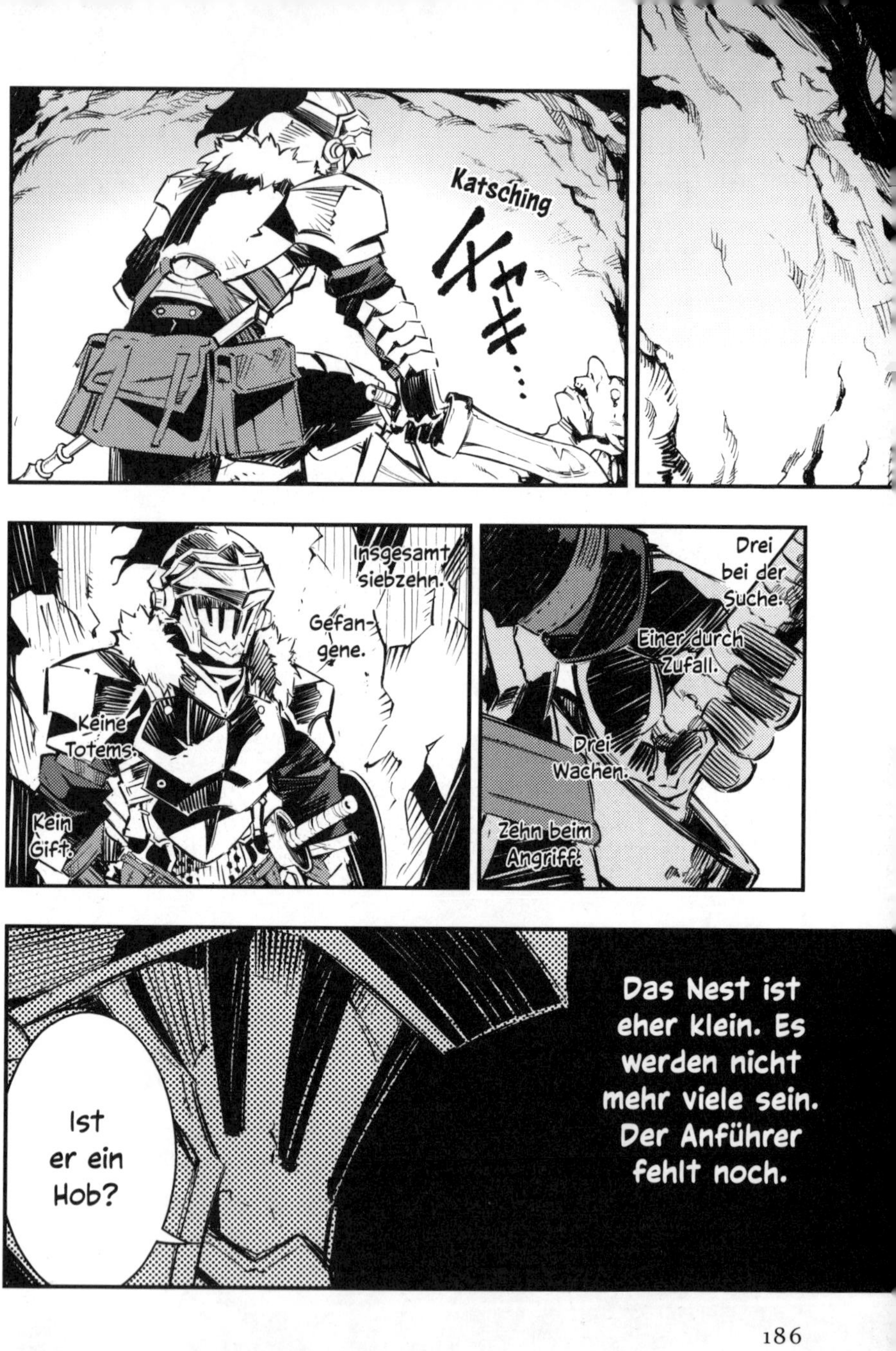
Katsching
Drei bei der Suche.
Einer durch Zufall.
Drei Wachen.
Zehn beim Angriff.
Insgesamt siebzehn.
Gefan-gene.
Keine Totems.
Kein Gift.
Das Nest ist eher klein. Es werden nicht mehr viele sein. Der Anführer fehlt noch.
Ist er ein Hob?

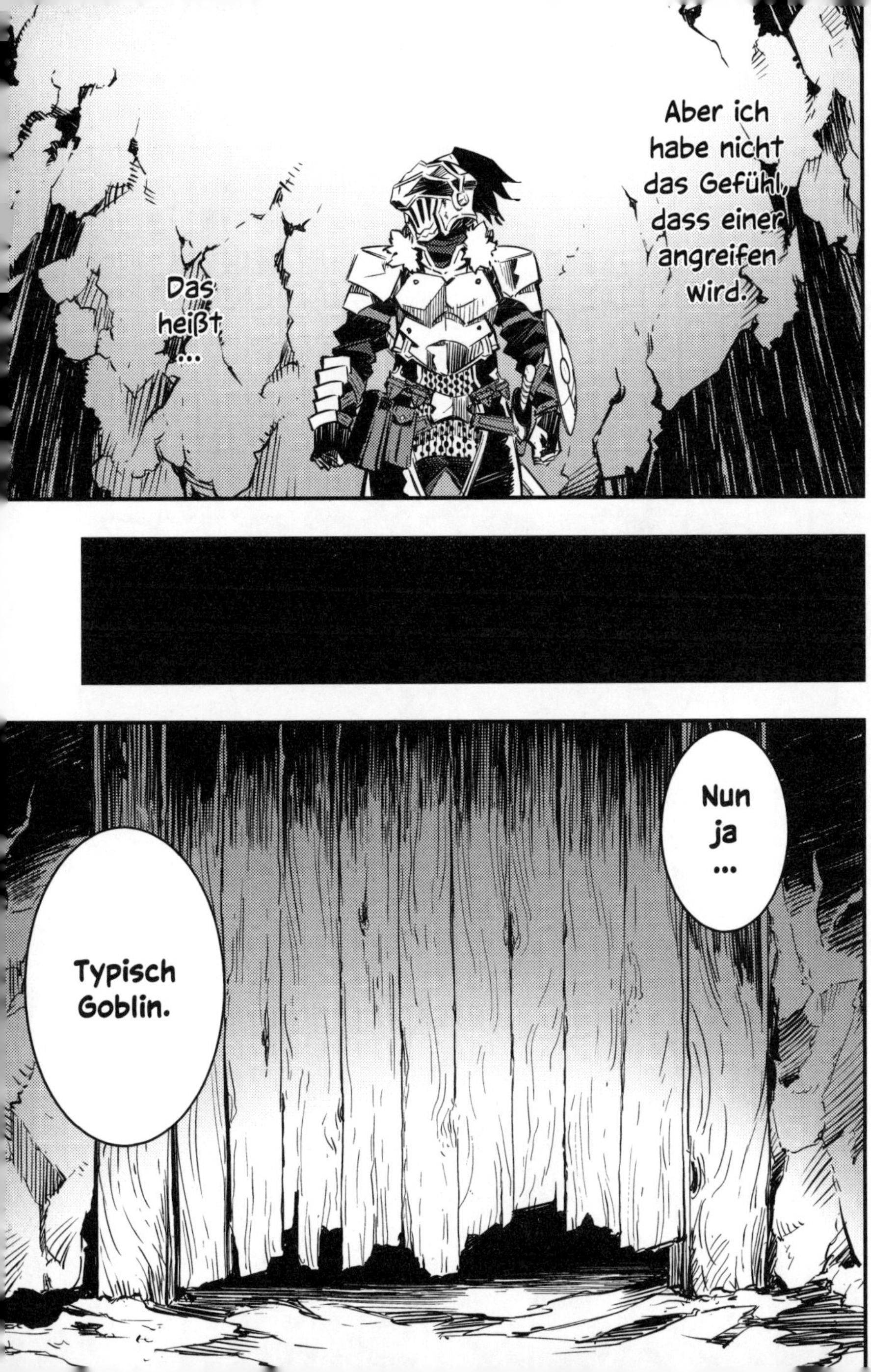
Aber ich habe nicht das Gefühl, dass einer angreifen wird.
Das heißt ...
Nun ja ...
Typisch Goblin.

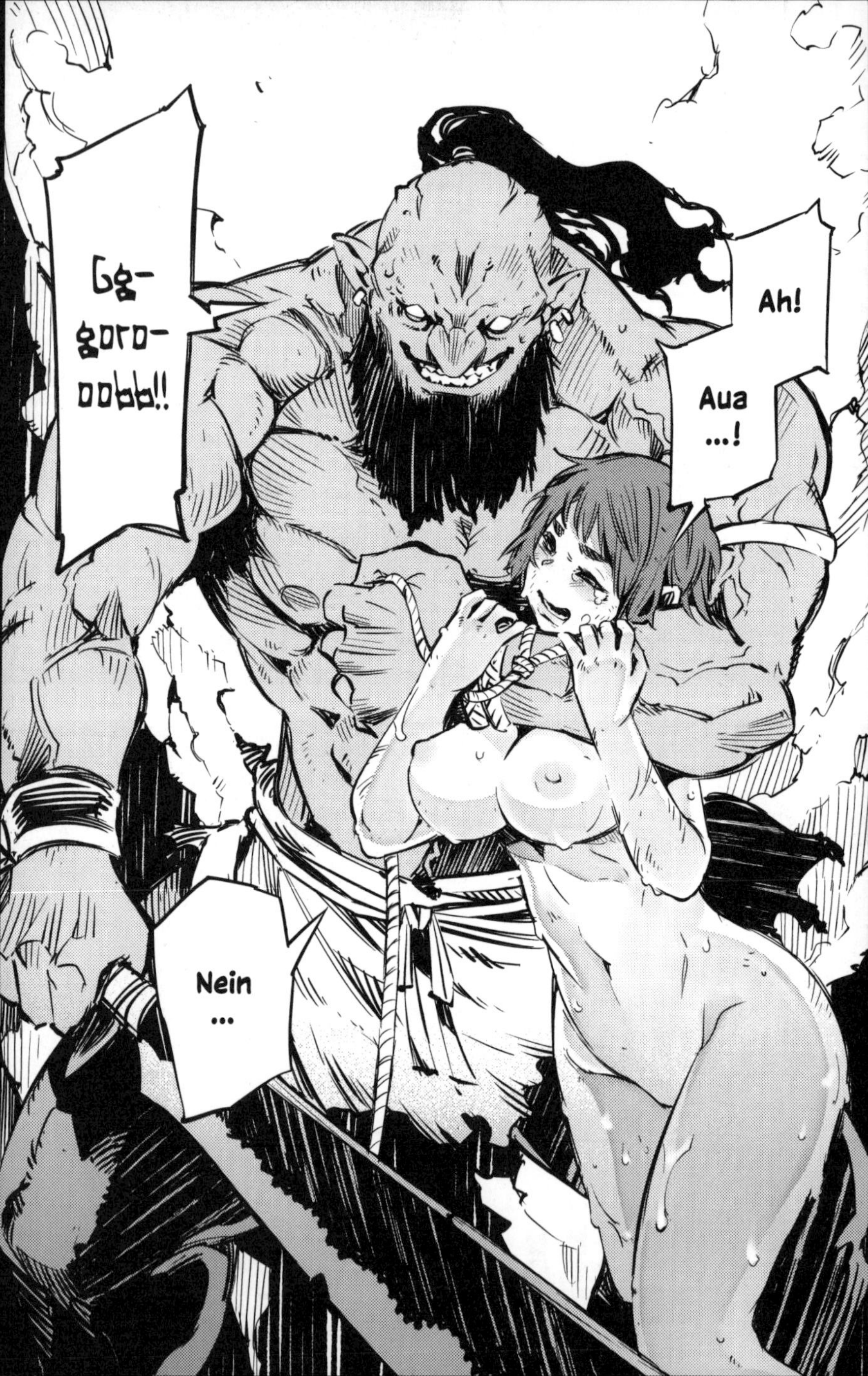
Ah!
Aua ...!
Gg-goro-oobb!!
Nein ...

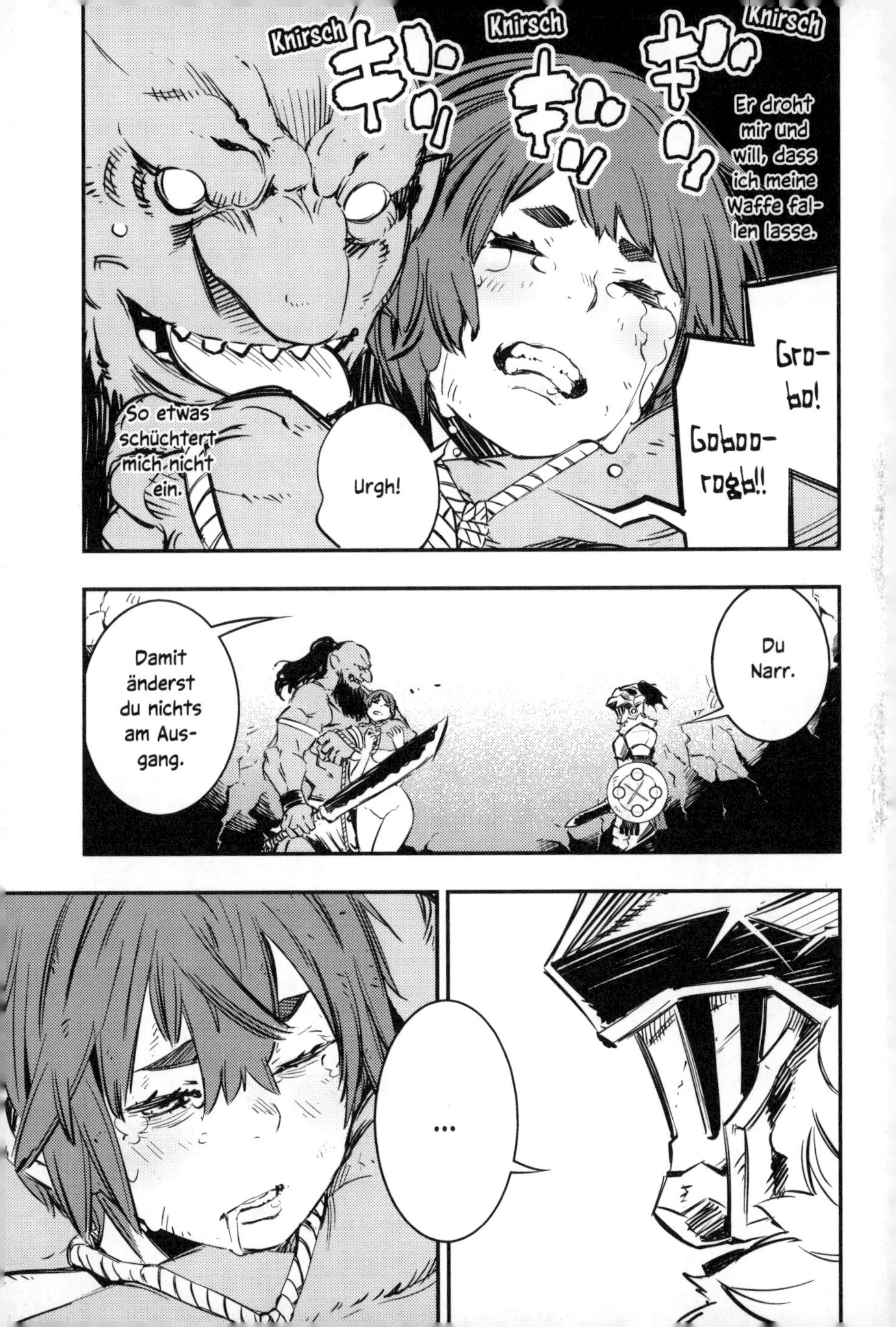
Knirsch
Knirsch
Knirsch
Er droht mir und will, dass ich meine Waffe fallen lasse.
Gro-bo! Goboo-rogb!!
Urgh!
So etwas schüchtert mich nicht ein.
Du Narr.
Damit änderst du nichts am Ausgang.
...

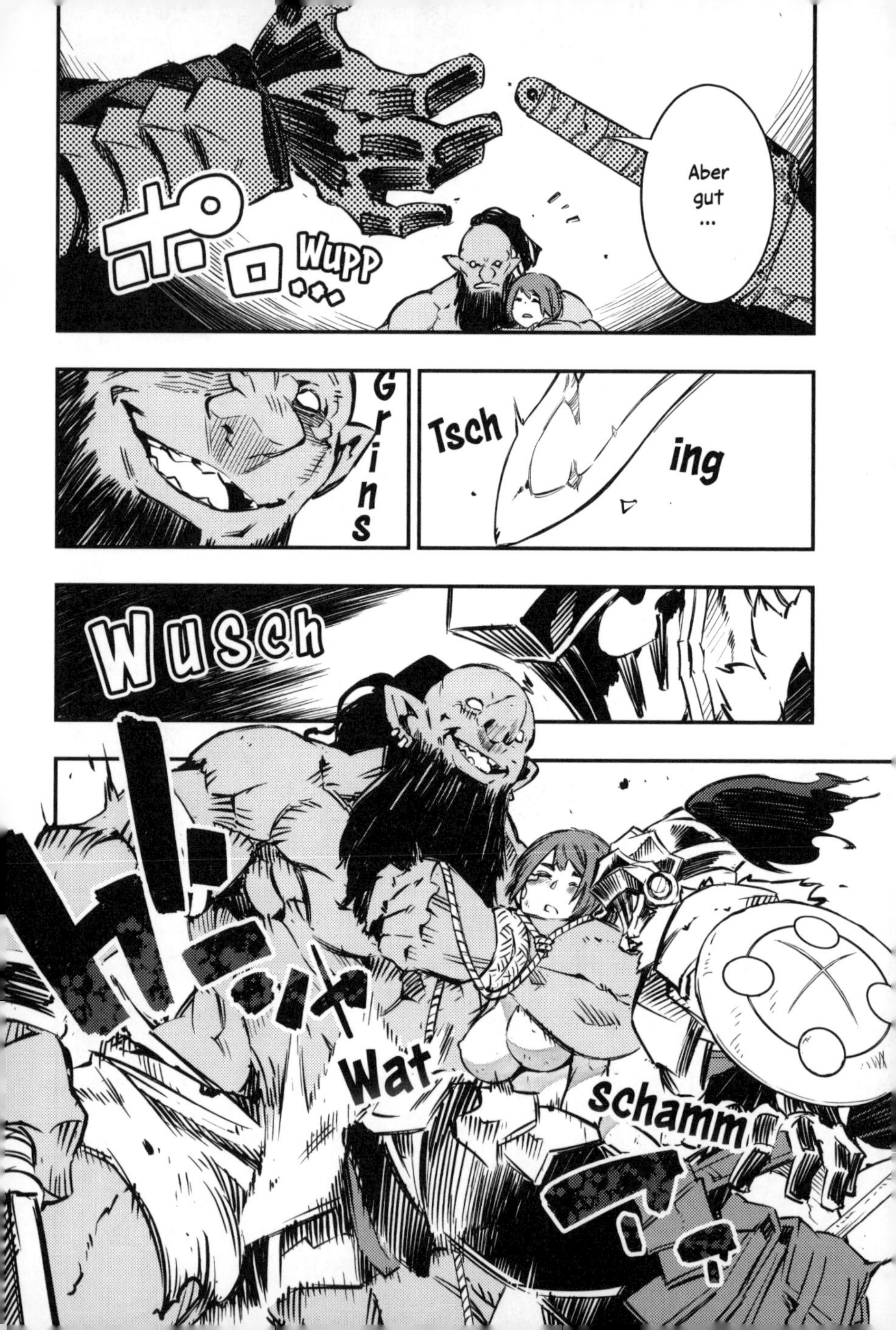

Aber gut ...
Wupp ...
Grins
Tsch ing
Wusch
Wat
schamm

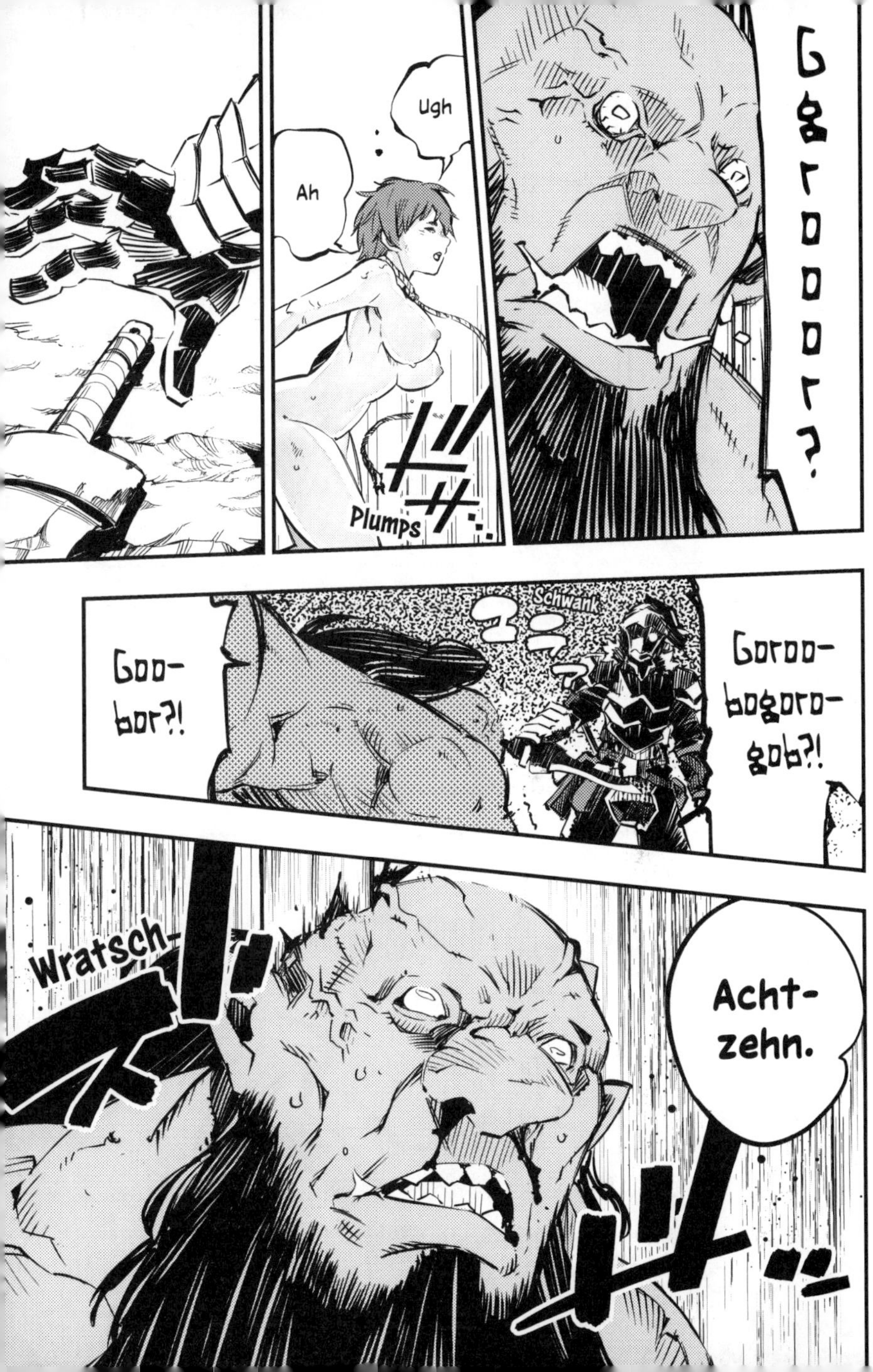
Gorooooor?
Ugh
Ah
Plumps
Goroo-bogoro-gob?!
Schwank
Goo-bor?!
Acht-zehn.
Wratsch

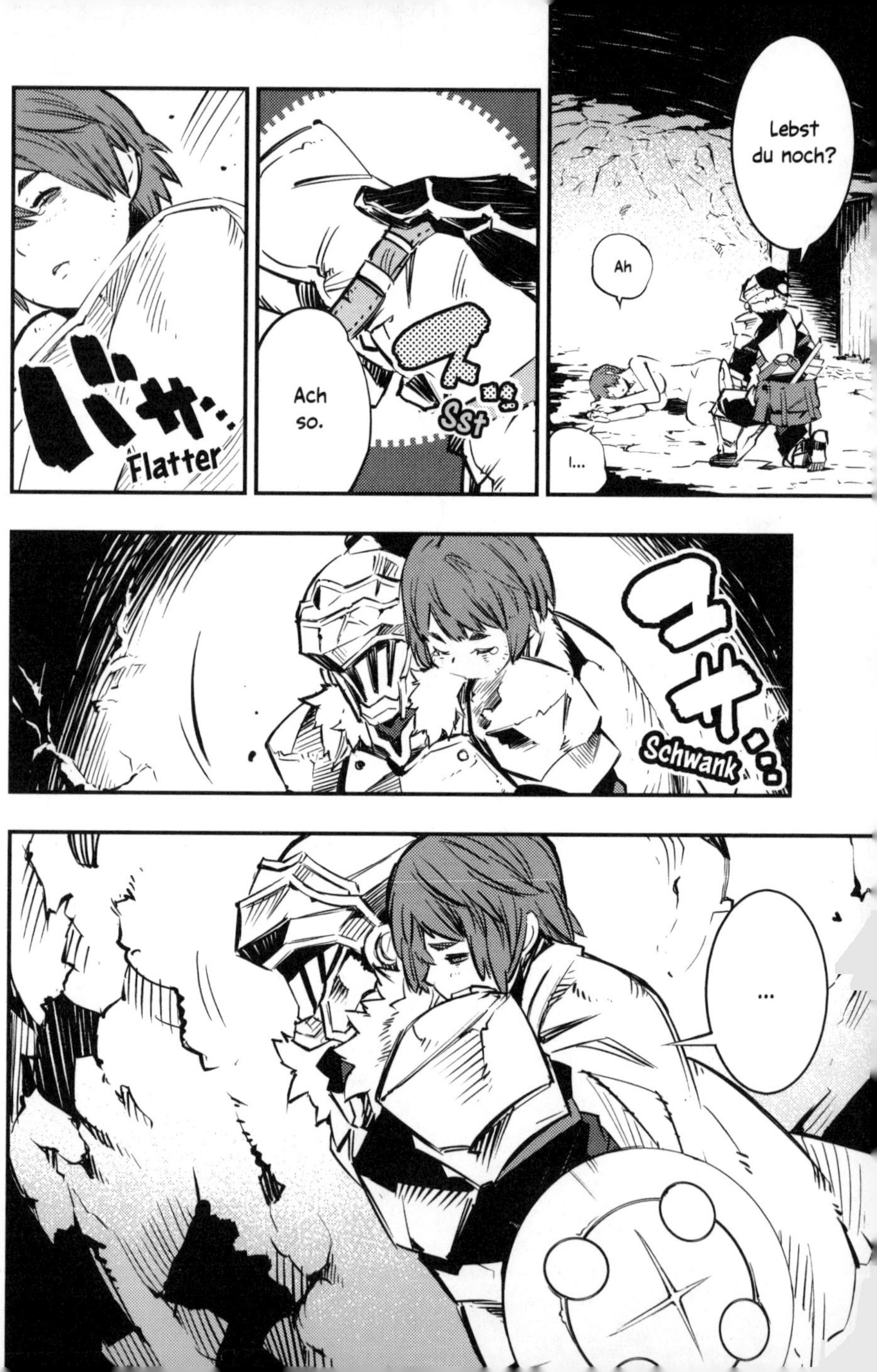
Lebst du noch?
Ah
I…
Ach so.
Sst
Flatter
Schwank
…

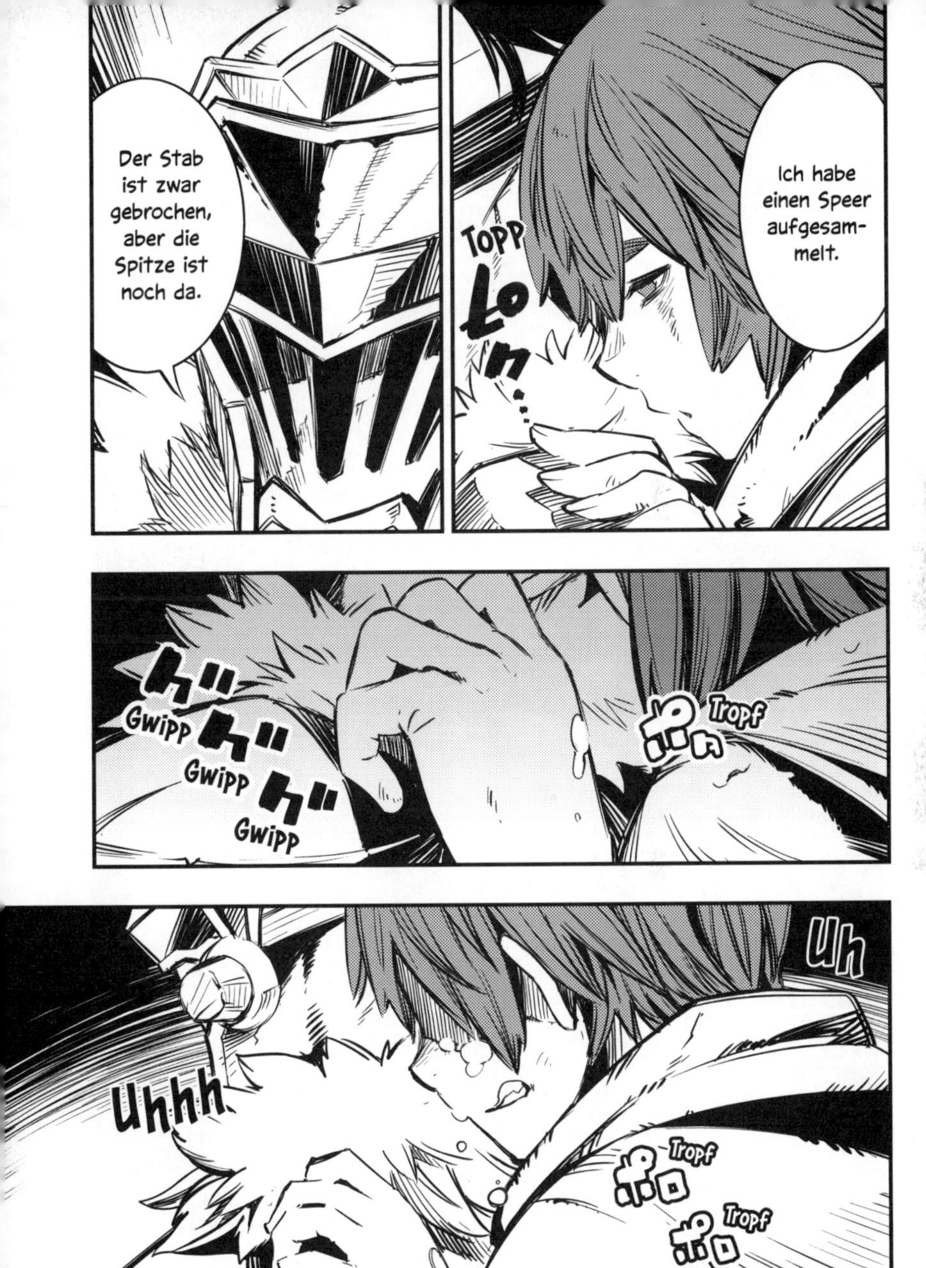
Ich habe einen Speer aufgesammelt.
Topp
Der Stab ist zwar gebrochen, aber die Spitze ist noch da.
Tropf
Gwipp
Gwipp
Gwipp
Uh
Uhhh
Tropf
Tropf

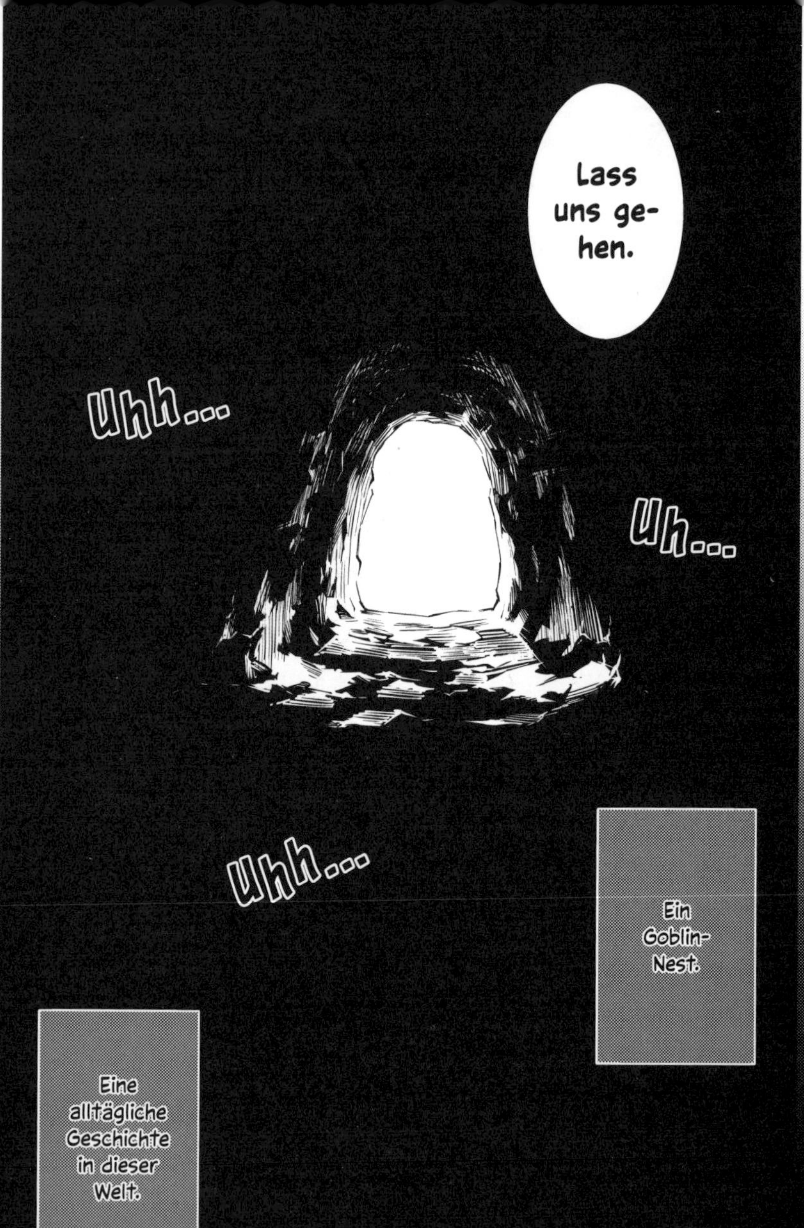

Goblin Slayer! Brand New Day 1 ENDE

Bonus: Abenteurer brauchen kleine Pausen

Kumo Kagyu

»Ich habe Hunger …«

»Hör endlich auf damit. Das ist peinlich.«

Die Heilige in Ausbildung traf sich mit dem Krieger-Anfänger. Sie stieß ihrem Kindheitsfreund, der am Straßenrand saß und den Kopf hängen ließ, mit dem Stab in den Rücken. Faulheit war eine Sünde und musste auch so bestraft werden. Es sollten schließlich keine schlimmen Gerüchte über sie aufkommen.

»Aber ich sterbe echt vor Hunger«, maulte der Krieger-Anfänger weiter. Nun ja, der Heiligen in Ausbildung ging es eigentlich nicht besser und es war zudem unfassbar heiß.

Sie hatten den ganzen Tag in der Kanalisation gegen Ratten und Schaben gekämpft und fühlten sich jetzt dreckig. Keuchend merkte die Heilige, wie ihre Augenlider schwerer wurden. Sie musste herzhaft gähnen.

»Du benimmst dich doch gerade selbst nicht besser.« Während der Krieger sie von unten anstarrte, konnte sie nur zustimmend nicken.

»Mhm.« Sie rieb sich die Augen. Es störte sie nicht, dass ihre Finger schmutzig waren, oder genauer gesagt, sie hatte nicht mehr die Kraft, sich daran zu stören. Erschöpft setzte sie sich auf den Boden und lehnte sich an ihren Kindheitsfreund.

»Hey, was hast du?«

»Ich bin echt kaputt …«

Der Krieger sagte besorgt, als er sah, wie blass sie war: »Oh nein. Hat dich der Gott der Bergpässe erwischt?!«

»Bergpässe? Wir sind doch in einer Stadt?«

»Mein Großvater hat mir von ihm erzählt!«

Der Gott der Bergpässe wurde auch der Gott des Sonnenaufgangs genannt und war dafür bekannt, Besitz von Leuten zu ergreifen, die in der Hitze einen Berg überqueren wollten. Manche behaupteten, dass hinter ihm eigentlich die Seelen von Toten einer Hungersnot oder Ähnliches stecken würden. Die Wahrheit kannte niemand.

Jedenfalls befiel dieser Gott Menschen, die sich irgendwo, es musste nicht auf einem Berg sein, in der Hitze verausgabten. Er setzte sich auf ihren Rücken und dadurch verlor die befallene Person jegliche Kraft und konnte davon sogar sterben.

»Mo… Moment mal! Werde ich sterben?!« Die Heilige war den Tränen nahe.

»Meinen Großvater hat es auch mal erwischt, aber er hat überlebt. Ähm … Also …« Der Krieger dachte mit voller Kraft nach und beanspruchte damit sein Gehirn, das sonst nicht sonderlich viel zum Einsatz kam, härter als sonst. »Genau! Du musst einen Bissen essen, etwas trinken und dich an einem kühlen Ort ausruhen!«

Sie schüttelte kraftlos den Kopf und sagte mit leiser Stimme: »Unseren Proviant haben wir schon gegessen und die Wasserbeutel sind leer …«

Der Krieger-Anfänger schaute in den Himmel. Die Sonne war im Sommer wirklich erbarmungslos. Sie schien immer noch brennend heiß von oben herunter. Er musste ihr zumindest einen Platz zum Ausruhen suchen.

Seine Kameradin tragend, begann er zu schwitzen. Es war nicht einfach einen kraftlosen Menschen zu tragen. Der Kopf seiner Kindheitsfreundin wippte hin und her. Als …

»Ojemine?« Plötzlich sprach jemand die beiden an. »Was ist mit euch beiden? Warum ist sie denn so kaputt? Habt ihr wieder eure Waffen verloren?«

Das Lächeln der Padfoot-Kellnerin, die den beiden fröhlich zuwinkte, sah für den Krieger wie das Lächeln einer Göttin aus.

*

»Aaaaaah …« Nachdem die Heilige in Ausbildung in die Gilde gebracht worden war, gab sie ein komisches Geräusch von sich. Es mochte am Aufbau des Gebäudes oder an Magie liegen, aber im Inneren war es schön kühl. Obwohl die meisten Abenteurer noch nicht von ihren Aufträgen zurückgekommen waren, war es bereits sehr belebt. »Ich lebe wieder …«

»Ein Mädchen in deinem Alter sollte sich besser benehmen«, machte sich die Kellnerin über die Heilige lustig, aber sie war noch in keiner Verfassung, sich zu wehren.

»Tut mir leid für all die Arbeit.« Der Krieger-Anfänger ließ den Kopf hängen.

»Nein, ist schon gut. Wir müssen uns gegenseitig helfen«, antwortete der Lehrling aus der Schmiede, der zur Hilfe geeilt war.

»Du bist echt stark. Ich bin überrascht.« Die Kellnerin umfasste mit ihren Händen, an denen sich wie bei einer Katze Ballen befanden, einen seiner Arme. Während der Lehrling lächelte, fuhr sie fort: »Aber ihr müsst wirklich besser aufpassen. Es ist jetzt mehrere Tage sehr heiß, daher müsst ihr ausreichend trinken, essen und Pausen einlegen.«

»Okay.« Der Krieger-Anfänger kratzte sich verlegen am Kopf. Seit er sich entschieden hatte, Abenteurer zu werden, war bereits so einiges passiert. »Ich muss noch viel lernen …«

»Tja, so ist das nun mal.« Der Lehrling nickte eifrig. Auch er hatte noch viel zu lernen. Sowohl der Weg zu einem richtigen Abenteurerdasein als auch der zum Schmiedemeister waren beschwerlich und die beiden befanden sich erst am Anfang.

»Der Gott der Bergpässe ist nicht immer nur böse.«

»Wie bitte?«, fragte der Krieger verdutzt.

»Er hat euch gewarnt, damit ihr von jetzt an besser auf euch aufpasst«, erklärte der Lehrling.

Der Krieger dachte kurz nach, bevor er nickte. Er hatte recht. Dem Krieger war jetzt bewusst, wie gefährlich Übermüdung war. Von jetzt an würden sie richtig essen, Wasser trinken und immer wieder kleine Ruhepausen einlegen.

»Man könnte fast schon behaupten, dass ihr Erfahrungspunkte gesammelt habt.«

»Ach … Mann … Ist mir völlig egal …« Ganz anders als sonst, zeigte die Heilige sich heute von ihrer schlechten Seite. Sie wedelte mit ihrem Kragen und die Jungs wurden rot im Gesicht.

Die Kellnerin lachte amüsiert und stand schwanzwedelnd auf. »Wartet mal kurz. Ich bring euch was Gutes!«

»Etwas Gutes?« Der Krieger legte seinen Kopf schief.

»Genau«, erwiderte sie fröhlich, während sie trappelnd loslief.

»Sie ist echt nett zu uns«, sagte er und sank in sich zusammen.

»Sie ist immer so.« Der Lehrling lachte. »Sie macht das gerne, von daher müsst ihr euch nicht schlecht fühlen.«

»Ach, wirklich?«

»Aber sich nur verwöhnen lassen, darf man auch nicht«, erklärte er.

Der Krieger warf einen Blick auf die Heilige neben ihm. Sie kümmerte sich immer so gut um ihn, weshalb er sich heute revanchieren musste.

»Da bin ich wieder! Hier, esst das! Brombeeren mit Zucker!« Die Kellnerin kam mit einem Teller in der Hand zurückgeeilt.

Misstrauisch nahm der Krieger einige Beeren von dem Teller und steckte sie sich in den Mund, um danach ein paar der Heiligen hinzuhalten.

Genau. Es lief zwar noch nicht alles perfekt. Aber das Leben war voll von süßsauren Erfahrungen.

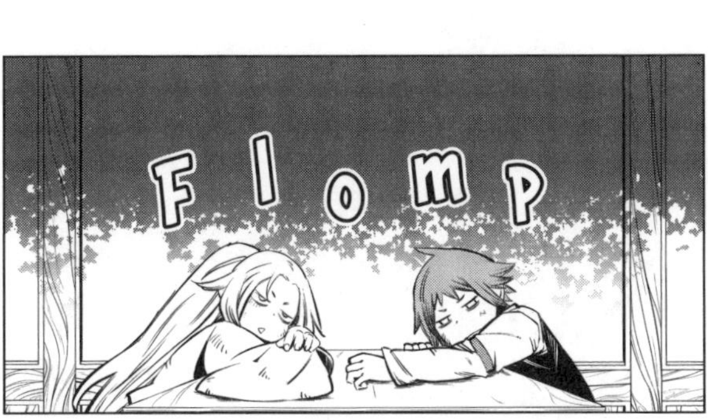
Flomp

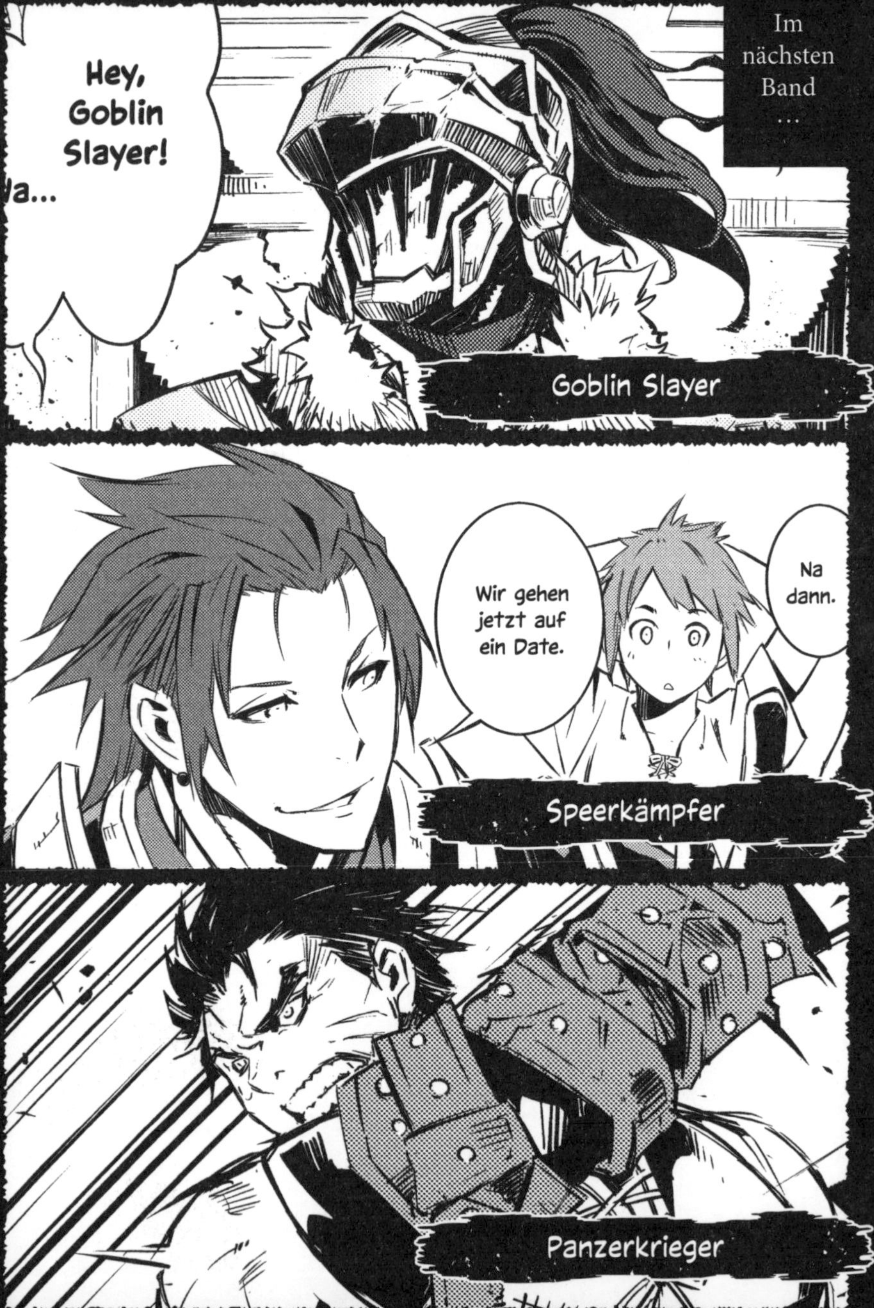
Im nächsten Band …
Hey, Goblin Slayer!
…a…
Goblin Slayer
Na dann.
Wir gehen jetzt auf ein Date.
Speerkämpfer
Panzerkrieger

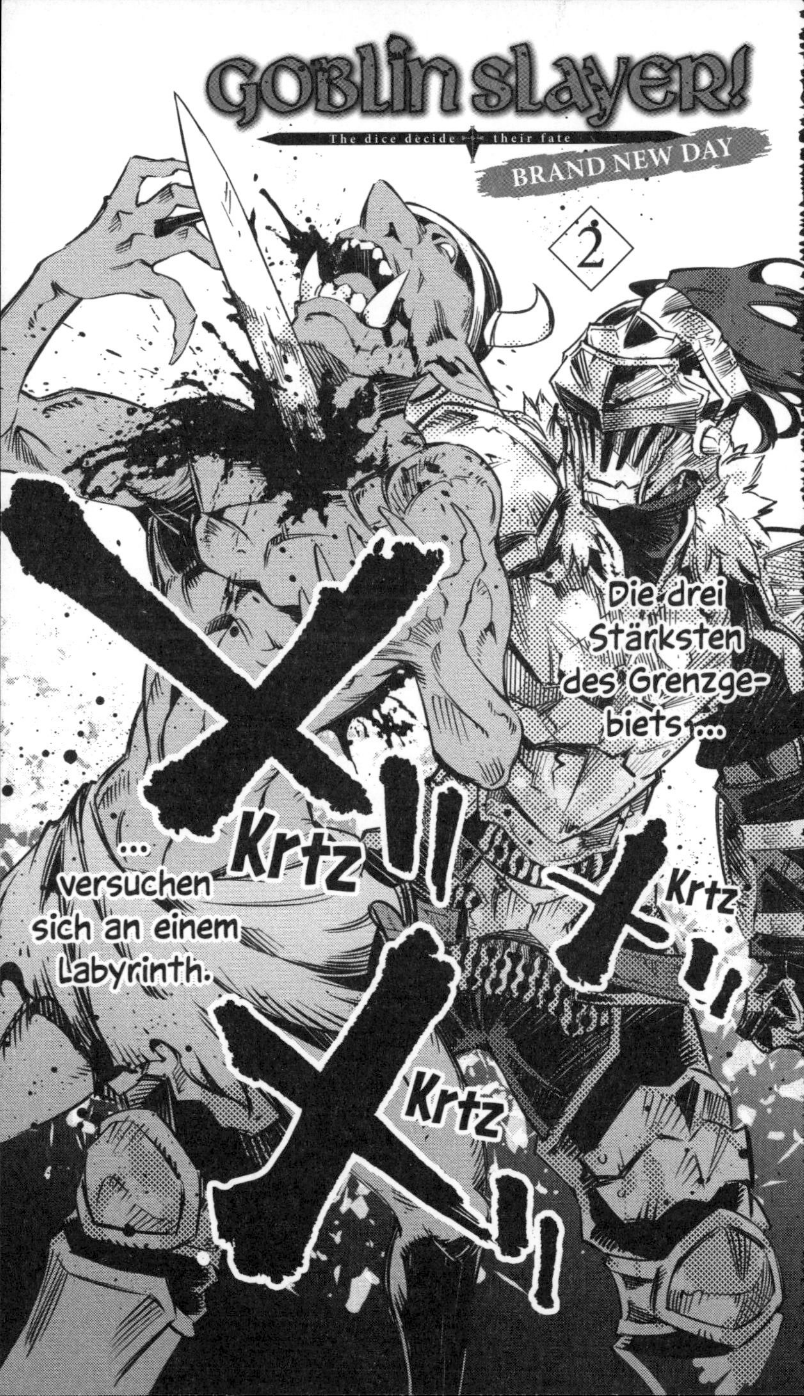
GOBLIN SLAYER!
The dice decide their fate
BRAND NEW DAY
2
Die drei Stärksten des Grenzgebiets ...
... versuchen sich an einem Labyrinth.
Krtz
Krtz
Krtz

Kumo Kagyu

Freut mich. Ich bin es, Kumo Kagyu! Schon die dritte Manga-Adaption! Bei *Brand New Day* handelt es sich um die Umsetzung des vierten Bands der Light Novel. Natürlich ist die Welt nicht nur im Grenzgebiet seltsam. Das ist selbstverständlich, aber solange ich es nicht sage oder schreibe, wollen es einige nicht verstehen. Deshalb ist der Manga von Herrn Ikeno so fantastisch! Er ist so spannend!

Masahiro Ikeno

Ich werde zwar nur einen Band der Light Novel umsetzen, aber ich gebe mein Bestes, damit alle *Goblin Slayer*-Fans nicht enttäuscht sind! Viel Spaß beim Lesen!

Fantasy 16 +

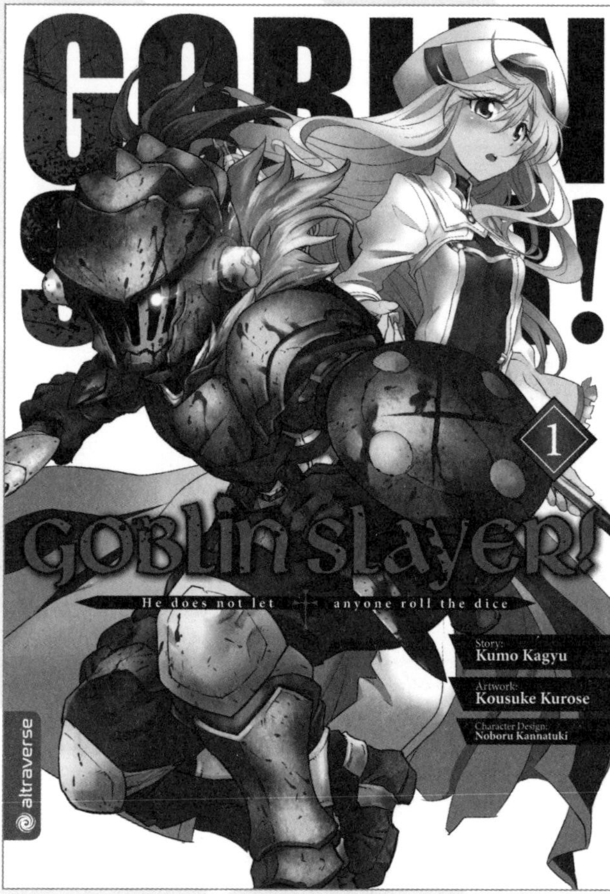

Goblin Slayer!

Kumo Kagyu | Kousuke Kurose | Noboru Kannatuki

Eine junge Priesterin schließt sich ihrer ersten Abenteurergruppe an, nur um sich kurz darauf in einem Goblin-Hinterhalt wiederzufinden. Doch sie hat Glück, denn Goblin Slayer hat sich genau diese Goblins als seine heutigen Opfer ausgesucht.

Fantasy 16+

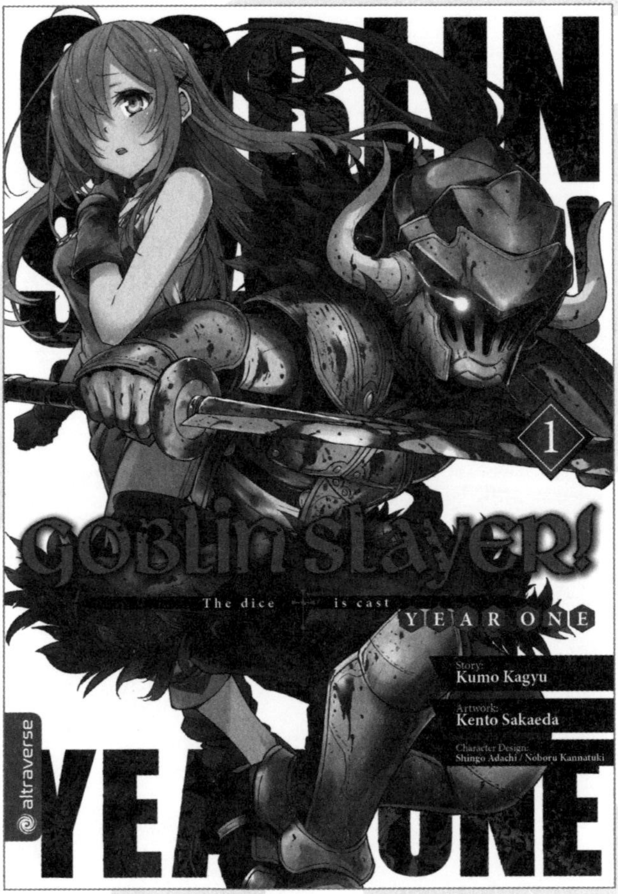

Goblin Slayer! Year One

Kumo Kagyu | Kento Sakaeda | Shingo Adachi | Noboru Kannatuki

Als einziger Überlebender eines Goblin-Angriffs auf sein Dorf sinnt ein Junge auf Rache und schwört sich, jeden einzelnen Goblin auf dieser Welt zu jagen und zur Strecke zu bringen. Dies ist der Beginn der Geschichte des legendären Helden Goblin Slayer.

altraverse

Deutsche Ausgabe / German Edition
Altraverse GmbH – Hamburg 2023
Aus dem Japanischen von Lasse Christian Christiansen

Redaktion: Johannes Marschallek
Herstellung: Stephanie Gieck
Lettering: Vibrant Publishing Studio

Druck: CPI books GmbH, Leck
Printed in Germany

MIX
Papier
FSC FSC® C083411

ISBN 978-3-96358-314-8
2. Auflage 2023

www.altraverse.de